汽车底盘构造与原理

主 编 李 凡 朱礼贵
副主编 郭殿臣 王海涛 田俊岩
参 编 孙运江 张智超 向志勇

机械工业出版社

本书从应用教育教学的特点出发，结合汽车工程类各专业毕业生工作岗位需求，系统介绍了现代汽车底盘的基本构造和工作原理。本书主要包括汽车底盘概述、汽车传动系统、汽车行驶系统、汽车转向系统、汽车制动系统、认识新能源汽车底盘6部分内容，同时引入真实案例，强调实践知识的运用。本书提供了丰富的教学资源，包括电子课件、习题答案、相关视频等。

本书可作为高等院校汽车工程类各专业专科生或本科生的教材，也可作为高职、高专、成人教育、汽车技术培训等相关课程教材，还可供汽车从业人员参考和汽车爱好者阅读。

图书在版编目（CIP）数据

汽车底盘构造与原理/李凡，朱礼贵主编 . —北京：机械工业出版社，2023.9（2025.1重印）

ISBN 978-7-111- 73514-4

Ⅰ.①汽… Ⅱ.①李… ②朱… Ⅲ.①汽车-底盘-结构-教材 ②汽车-底盘-理论-教材 Ⅳ.①U463.1

中国国家版本馆 CIP 数据核字（2023）第 130766 号

机械工业出版社（北京市百万庄大街 22 号 邮政编码 100037）
策划编辑：刘元春 责任编辑：刘元春
责任校对：闫玥红 刘雅娜 封面设计：陈 沛
责任印制：张 博
北京建宏印刷有限公司印刷
2025 年 1 月第 1 版第 2 次印刷
184mm×260mm · 13 印张 · 315 千字
标准书号：ISBN 978-7-111-73514-4
定价：43.00 元

电话服务 网络服务
客服电话：010-88361066 机 工 官 网：www.cmpbook.com
010-88379833 机 工 官 博：weibo.com/cmp1952
010-68326294 金 书 网：www.golden-book.com
封底无防伪标均为盗版 机工教育服务网：www.cmpedu.com

Preface

前 言

随着我国人民生活水平的逐步提高，汽车保有量迅速增加，汽车工业的繁荣使汽车及其相关产业的人才需求量大幅度增长。同时全球新一轮科技革命和产业变革蓬勃发展，汽车作为新技术的集合体与能源、交通、信息通信等领域的有关技术加速融合，电动化、网联化、智能化成为汽车产业的发展潮流和趋势。新技术、新工艺和新材料的不断应用使得汽车结构不断改进和完善。

本书力求将汽车专业领域技能型紧缺人才的后市场需求与应用型本科教育发展的新形势相结合，注重从应用教育教学的特点出发，结合维修企业对汽车专业技术人员职业技能的要求，阐述了汽车底盘的基本结构和工作原理。为培养理论基础扎实、专业知识面广、实践能力强、综合素质高的应用型人才，本书在内容上简化了传统技术的理论推导，增加了对新能源汽车与汽车新技术的介绍，引入了真实案例，强调实践知识的运用。

本书以轿车为主，通过采用大量立体图、实物图及简图深入浅出地介绍了汽车底盘各个系统、零部件的构造和工作原理，紧密结合现代汽车中成熟的新结构、新工艺、新材料、新标准、新技术，突出了对电控自动变速器、电控悬架、四轮转向系统、线控转向系统、驱动防滑系统、新能源汽车底盘结构等知识的介绍。本书每章都配有案例分析及常见故障分析，突出了实践性和应用性。本书力求做到文字准确、简练、流畅、符合规范要求，文图配合恰当，内容阐述循序渐进，富有启发性，便于自学。

本书注重落实党的二十大报告中关于"坚持尊重劳动、尊重知识、尊重人才、尊重创造"的要求，在详细介绍基础理论知识的同时融入探索性实践内容，以增强学生的自信心和创造力，即用学科理论知识促进学生活跃思维、敢于创新，尽可能地让学生将新思路在实践中进行创造性的转化，从而推动科学技术实现创新性发展。

在编写过程中，编者参考了一些相关教材和汽车专著，在此向有关作者表示衷心感谢。由于编者水平有限，书中难免存在疏漏和不当之处，望各位读者批评指正。

编　者

Contents

目 录

汽车底盘概述

☞ 教学目标：

1. 掌握汽车底盘的基本组成及功能。
2. 了解汽车底盘各系统的安装位置及基本工作原理。
3. 了解汽车底盘技术的发展方向。

☞ 思考：

汽车底盘由几部分组成？各部分在汽车运行时主要起到怎样的作用？

1.1 汽车底盘的功用及组成

汽车底盘是整个汽车的基体，支撑着发动机、车身等各种零部件，同时将发动机的动力进行传递和分配，并按驾驶人的意志行驶（加速、减速、转向和制动等）。它一般由传动系统、行驶系统、转向系统、制动系统组成，如图 1-1 所示。

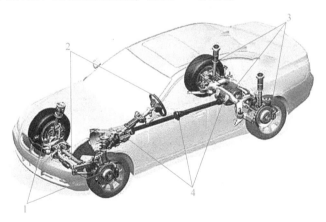

图 1-1 汽车底盘的组成

1—制动系统 2—转向系统 3—行驶系统 4—传动系统

1.1.1 传动系统

汽车传动系统的作用是将发动机的转矩传递给驱动车轮；同时根据行驶条件的需要，改变转矩的大小。

现代汽车普遍采用活塞式内燃机，与之匹配的传动系统主要包括机械式和液力机械式两种。发动机发出的动力依次经过离合器、手动变速器、万向传动装置以及安装在驱动桥中的主减速器、差速器和半轴，最终传到驱动轮的传动系统，此种传动系统被称为机械式传动系统（图1-2）。

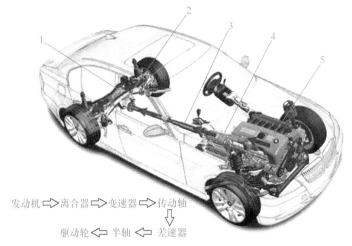

图 1-2 机械式传动系统的组成
1—后驱动桥 2—后差速器 3—传动轴 4—变速器 5—发动机

液力机械式传动系统则包括自动变速器、万向传动装置、驱动桥等部件（图1-3）。

图 1-3 液力机械式传动系统的组成
1—发动机 2—自动变速器 3—驱动桥 4—万向传动装置 5—液力变矩器

具有四轮驱动功能的汽车还需要装备有分动器，以完成两轮驱动和四轮驱动模式的切换（图1-4）。

1.1.2 行驶系统

汽车行驶系统的作用是将汽车各总成及部件安装在适当的位置，产生驱动力并承受各个方向的力，减少振动，缓和冲击，对全车起支撑作用，以保证汽车正常行驶。

汽车行驶系统一般由车架（或车身）、悬架、车桥（驱动桥、从动桥）和车轮和传动轴等部件组成（图1-5）。

汽车行驶系统的结构形式因车型和行驶条件的不同而有所差异。除被广泛应用的轮式结

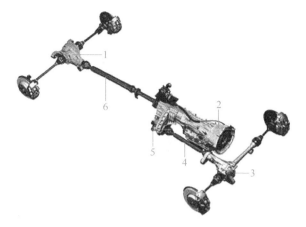

图 1-4　保时捷卡宴汽车四轮驱动传动系统的组成

1—后驱动桥　2—变速器　3—前驱动桥　4—前传动轴　5—分动器　6—后传动轴

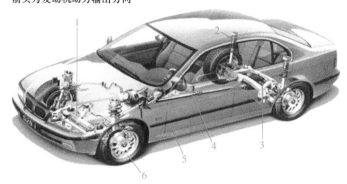

图 1-5　汽车行驶系统的组成

1—从动桥　2—悬架　3—驱动桥　4—传动轴　5—车架　6—车轮

构以外，还有半履带式、履带式、车轮-履带式等几种类型。水陆两用汽车除具有一般轮式汽车的行驶系统以外，还备有一套水中航行的行驶机构。

1.1.3　转向系统

汽车转向系统的作用是保证汽车能够按照驾驶人选定的方向行驶。汽车转向通过转向系统部件改变车轮的偏转角来实现。转向系统主要由操纵机构、转向器、转向传动机构等组成，汽车液压助力转向系统的组成如图 1-6 所示。

1.1.4　制动系统

汽车制动系统的作用是使汽车减速、停车并能保证可靠的驻停。汽车制动系统一般包括行车制动系统和驻车制动系统两套相互独立的制动系统，每套制动系统都由制动器和制动传动机构组成（图 1-7）。

小型汽车一般采用液压式制动系统，货车和大客车常采用气压制动系统。现代汽车的制动系统一般都装配有防抱制动系统（Antilock Brake System，ABS）和驱动防滑控制系统（Acceleration Slip Regulation，ASR），以保证车辆获得最佳制动效能和行车安全。

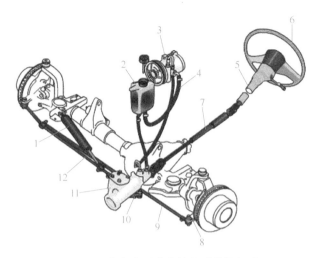

图 1-6　汽车液压助力转向系统的组成

1—转向减振器　2—转向油罐　3—转向油泵　4—转向油管　5—转向轴　6—转向盘　7—转向中轴
8—转向节臂　9—转向横拉杆　10—转向摇臂　11—整体式转向器　12—转向直拉杆

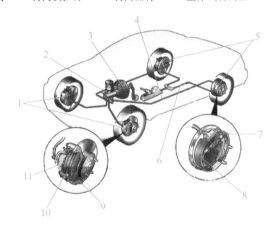

图 1-7　汽车制动系统的组成

1—盘式制动器　2—制动总泵　3—真空助力器　4—制动油管　5—鼓式制动器　6—驻车制动线
7—后制动分泵　8—制动蹄片　9—制动盘　10—前制动分泵　11—制动片

1.2　汽车底盘技术的发展

　　随着我国汽车市场的快速发展，我国汽车产销量已占据全球汽车市场近三分之一的份额，汽车已经从代步工具演变为人们生活中不可或缺的部分。底盘作为汽车的"骨骼"和"肌肉"，对汽车安全行驶起到了重要的保障作用，相对于传统的汽车底盘，现代的汽车底盘发展已经趋于成熟，各方面的性能都得到了良好提升。同时电子信息技术的不断发展，给汽车底盘又带来了更深层次的发展空间，对汽车底盘安全性、电子新技术、新工艺、新材料等方面也提出了更高的要求。

1. 底盘电动化

　　随着各种汽车电子辅助功能在底盘上的应用，汽车的主动安全性和驾驶舒适性得到了明显提高。底盘电子控制系统越来越向电子化发展，出现了很多电子控制系统，这些系统包括 ABS、ASR、ESP（Electronic Stability Program）集成控制系统、自适应巡航控制系统（Adaptive Cruise Control，ACC）、智能泊车辅助系统（德语 Parklen kassistent，PLA）、车道偏离和驾驶人警示系统、胎压监测系统（Tire Pressure Monitoring System，TPMS）、自适应阻尼控制悬架系统（Adjuster Damping Control Suspension System，ADS）等。

未来新能源汽车的占比将越来越高，新能源汽车的底盘较传统燃油车结构发生了巨大变化，如图 1-8 所示为特斯拉 model X 四驱系统。新能源汽车底盘越来越趋于平面化，车身与底盘分离，利用整体化设计概念，减少底盘的空间。新能源汽车电气化设计水平越来越高，此外还可通过减少部分零部件，释放部分空间，如可取消离合器及变速器，分别将电动机布置在前后轴。由电动机提供动力，经传动轴传递至主减速器。这种传动方案使得传递效率得到提高，使汽车质量有效减小，另外，前后电动机设置有利于均匀分配动力，继而充分利用空间。

图 1-8　特斯拉 model X 四驱系统
1—后轮电机驱动单元　2—锂电池组　3—前轮电机驱动单元

2. 底盘智能化

智能化是我国汽车发展的重要方向，"智能汽车"是在普通车辆的基础上增加先进的传感器识别技术（如雷达、摄像头等）、自动驾驶技术、人工智能技术、高级驾驶辅助系统（Advanced Drive Assist System，ADAS）及执行器等技术，通过车载传感系统和信息终端实现与人-车-路-云等的信息交换，使车辆具备智能的环境感知能力，使之能够自动分析车辆行驶的安全性并及时处理突发状况，通过人工智能（Artifical Intelligence，AI）替代人为操作，使车辆按照人的意愿到达目的地，并使乘车人获得良好的交互体验。汽车底盘发展趋势如图 1-9 所示。

随着汽车电动化与智能化技术的革命，底盘也迎来了从传统底盘、电动底盘到智能底盘的技术变革。智能底盘为自动驾驶系统、座舱系统、动力系统提供承载平台，其具备认知、预判和控制车轮与地面间的相互作用、管理自身运行状态的能力，还具备实现车辆智能行驶任务的系统。

3. 底盘轻量化

汽车底盘在未来的发展方向之一便是底盘轻量化，在新能源汽车总重量中，电池的重量占比高达 30%，车身与配件占比为 70%，因此底盘轻量化有助于提高汽车的性能和能源效率。底盘轻量化的方法主要为完善结构，采用科学的工艺技术与先进的材料，通过采用空心结构或改变尺寸、形状使零件质量减小。轻量化材料主要有高强度钢、铝合金、镁合金、碳纤维等。轻量化材料的选择需要考虑重量、成本、工艺等多个因素。高强度钢性能优异，价格较低，但密度较高；铝合金和镁合金减重效果较好，但成本略贵；碳纤维减重效果好，但

图 1-9　汽车底盘发展趋势

成本最高。综合来看，铝合金具有减重效果好、安全性好、性价比高等突出优点，是汽车轻量化最佳选择之一。宝马 i3 的碳纤维框架结构如图 1-10 所示。

图 1-10　宝马 i3 的碳纤维框架结构

✎ 练习题

1. 汽车底盘各系统的作用是什么？
2. 汽车底盘由哪些系统组成？结合实物找到各系统的安装位置。
3. 上网搜索我国汽车底盘新技术有哪些？未来将如何发展？

第 2 章

汽车传动系统

☞ 教学目标：

1. 掌握离合器的功用、基本结构及工作原理。
2. 掌握摩擦式离合器的基本结构及工作原理。
3. 掌握手动变速器的基本结构及工作原理。
4. 理解自动变速器的基本结构及工作原理。
5. 理解机械式无级自动变速器的基本结构及工作原理。
6. 理解分动器的基本结构及工作原理。
7. 掌握万向传动装置的功用、种类及速度特性。
8. 掌握驱动桥的功用、基本结构及工作原理。

☞ 思考：

发动机是汽车的心脏，是汽车的动力源，动力是如何从发动机传送到车轮上的呢？

2.1 汽车传动系统概述

2.1.1 传动系统概述

1. 传动系统的功用

传动系统的基本功用是将发动机的转矩传递给驱动车轮，同时根据行驶条件的需要，改变转矩的大小。

2. 传动系统的组成

汽车传动系统的组成及其在汽车上的布置形式，取决于发动机的形式和性能、汽车的总体结构、汽车行驶系统及传动系统本身的结构等诸多因素。目前，广泛应用的是机械式传动系统，发动机纵向安置在汽车前部，并以后轮为驱动轮，其主要组成部件有离合器、变速器、万向传动装置（由万向节和传动轴组成）、驱动桥壳、主减速器、差速器和半轴。现代轿车越来越多地采用自动变速器，其传动系统用自动变速器取代了手动变速器。

3. 传动系统的分类

汽车传动系统按照结构和传动介质的不同可分为机械式、液力机械式、静液式（容积液压式）、电力式等。混合动力汽车和新能源汽车由于动力产生装置的变化，其传动系统的结构和特点暂不在本书介绍。

（1）机械式传动系统　机械式传动系统（图 2-1）是最常见的传动系统，具有结构简单、动力响应快、技术成熟、成本低、工作可靠等优点，但是其操控便利性较差，对于新手驾驶人来讲有一定的学习难度，在城市拥堵路面驾驶时，舒适性较差。

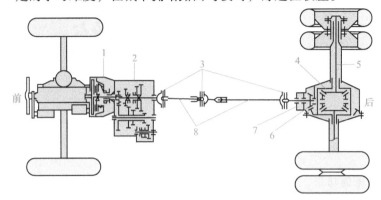

图 2-1　典型的机械式传动系统

1—离合器　2—变速器　3—万向节　4—差速器　5—半轴　6—主减速器　7—驱动桥壳　8—传动轴

机械式传动系统各总成部件的功用如下：

1）离合器。按照需要适时地切断或接合发动机与传动系统的动力传递。

2）变速器。改变发动机输出转速的高低、转矩的大小及旋转方向，也可以切断发动机与驱动轮之间的动力传递。

3）万向传动装置。将变速器输出的动力传递给主减速器，并适应两者之间距离和轴线夹角的变化。

4）驱动桥壳。内部安装主减速器、差速器和半轴，是承受汽车负荷、安装车轮的构件。

5）主减速器。降低转速，增大转矩，改变动力的传递方向（90°）。

6）差速器。将主减速器传来的动力分配给左、右半轴，并允许左、右半轴以不同的角速度旋转，以满足左、右两驱动轮在行驶过程中的差速需要。

7）半轴。将差速器传来的动力传给驱动轮，使驱动轮获得旋转的动力。

在具有四轮驱动功能的传动系统中，在变速器和万向传动装置之间装有分动器，其功用是将发动机的动力分配给前、后桥。

（2）液力机械式传动系统　液力机械式传动系统（图 2-2）是指由液力传动部件和机械部件组成的传动系统。液力传动部件是靠液体介质在主动件和从动件之间循环流动过程中动能的变化来传递动力的，它有液力偶合器和液力变矩器两种，液力偶合器能传递转矩，但不能改变转矩的大小；液力变矩器除具备液力偶合器的全部功能以外，还能实现无级变速，为了满足汽车各种行驶工况的要求，往往需要在

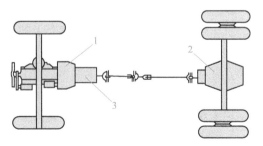

图 2-2　典型的液力机械式传动系统

1—液力变矩器　2—驱动桥　3—自动变速器

液力变矩器后串联一个有级式的机械变速器，以扩大转矩变化范围。

液力机械式传动系统传动具有自适应性，可根据外载荷变化自动改变输出转速和驱动转矩。液力传动利用液体介质传动，传动柔和平稳，能吸收振动和冲击，使传动系统和发动机

的寿命提高；液力传动起步平稳，振动和冲击小，提高了车辆的舒适性。液力变矩器本身相当于一个无级自动变速器，在液力变矩器的转矩变化范围内，不需要换档；超出液力变矩器的转矩变化范围时，可用动力换档变速器换档，动力换档变速器可以不切断动力直接换档，使操纵简化且省力，大大降低了驾驶人的劳动强度。但是液力机械式传动系统相对机械式传动系统而言，其结构复杂、成本高、维修困难；此外，其牵引效率也较差。

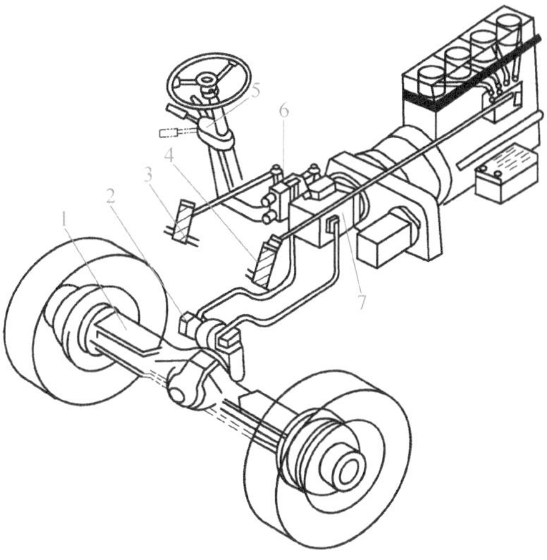

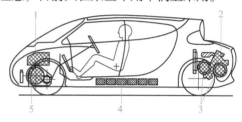

图 2-3　静液式传动系统

1—驱动桥　2—液压马达　3—制动踏板　4—加速踏板
5—变速杆　6—液压自动控制装置　7—液压泵

（3）静液式传动系统　静液式传动系统（图 2-3）又称为容积式液压传动系统，主要由液压泵、液压马达和控制装置等组成。发动机的机械能通过液压泵转换成液压能，然后由液压马达又转换为机械能。静液式传动系统由于机械效率低、造价高、使用寿命和可靠性不够理想，目前只在某些军用车辆上采用。

（4）电力式传动系统　电力式传动系统（图 2-4）主要由发动机驱动的发电机、整流器、逆变装置（将直流电再转变为频率可变的交流电的装置）和电动轮（内部装有牵引电动机和轮边减速器的驱动轮）等组成。电力式传动系统的组成与布置与静液式传动系统相近，采用电力式传动系统的车型主要为电动汽车。

图 2-4　电力式传动系统

1—电动机控制器　2—发动机　3—发电机
4—电池　5—牵引电动机

2.1.2　传动系统的布置方案

汽车传动系统的布置方案与汽车总体布置方案是相适应的，可以归纳为以下几种：

1. 发动机前置后轮驱动（Front Engine Rear Drive，FR）

发动机前置后轮驱动是 4×2 型汽车的传统布置方案（图 2-5、图 2-6），主要用于轻或中

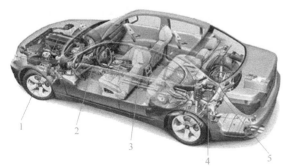

图 2-5　发动机前置后轮驱动传动系统

1—发动机　2—变速器　3—传动轴　4—后差速器　5—半轴

图 2-6　发动机前置后轮驱动传动系统
（无车身）

型货车、客车和部分轿车。这种布置方案的优点是结构简单、工作可靠、前后轮的质量分配比较理想，拥有较好的操控性能和行驶稳定性；缺点是需要一根较长的传动轴，增加了汽车质量，贯穿乘坐舱的传动轴还占据了舱内的地台空间；在雪地或易滑路面上起动加速时，后轮推动车身，易发生甩尾现象。

2. 发动机前置前轮驱动（Front Engine Front Drive，FF）

发动机前置前轮驱动的布置方案（图 2-7）中，发动机、变速器、主减速器、驱动桥等十分紧凑地装配在车辆前部，前轮为驱动轮。这种布置方案为大多数轿车采用，其优点是取消了从前到后的传动轴，增加了驾驶室空间，车辆重心在前轮（驱动轮）附近，行驶稳定性较好；发动机靠近驱动轮，动力传递效率高，燃油经济性好；发动机等总成前置，增加前轴的负荷，提高了轿车高速行驶时的操纵稳定性和

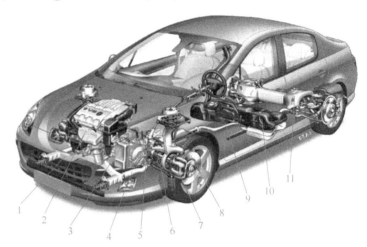

图 2-7　发动机前置前轮驱动传动系统

1—前横梁　2—发动机　3—变速器　4—前纵梁　5—转向机　6—半轴
7—前制动钳　8—前制动盘　9—排气管　10—燃油箱　11—后桥

制动时的方向稳定性。其缺点是结构比较复杂、由于重心靠前导致前后"头重脚轻"；前轮工作条件恶劣，轮胎寿命短；起动、加速或爬坡时，前轮负荷减少，导致牵引力下降。

采用发动机前置前轮驱动的车辆，发动机一般采用横向布置（图 2-8），目前只有奥迪等少数品牌的部分车型采用纵向布置（图 2-9）。相比横向布置，纵向布置发动机使车辆重心更均衡，且横向宽度较窄，便于布置悬架或其他部件；但是纵向布置发动机也使纵向所需空间变长。

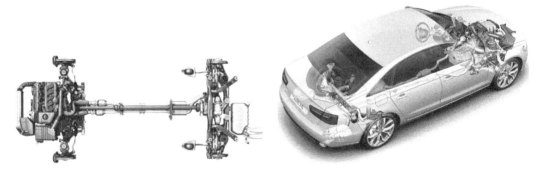

图 2-8　发动机前（横）置前轮驱动传动系统　　图 2-9　发动机前（纵）置前轮驱动传动系统

3. 发动机后置后轮驱动（Rear Engine Rear Drive，RR）

发动机后置后轮驱动的布置方案主要在大、中型客车和部分超级跑车中得到应用（图 2-10）。其主要优点是可获得最佳的轴荷分配，操纵稳定性和行驶平顺性较好；车厢噪

声低，空间利用率高。缺点是发动机冷却条件差，操纵机构距离驾驶人较远，结构相对复杂；车头较轻，所以开始进入转弯时较容易产生转向过度现象。由于后轴承受较大负荷，因此后轮的抓地力达到极限时，会有打滑甩尾现象，且不容易控制。

4. 发动机中置后轮驱动（Middle Engine Rear Drive，MR）

发动机中置后轮驱动布置方案主要应用于大多数赛车或跑车，部分大、中型客车也有使用（图 2-11）。其主要优点是前、后轮质量分配合理，行驶稳定性和操控性较好；发动机邻近驱动桥，无须传动轴，从而减小了汽车质量，具有较高的传动效率。缺点是发动机的布置占据了车厢和行李舱的一部分空间，使车厢内只能安放 2 个座椅；对发动机的隔声和绝热效果差，乘坐舒适性有所降低。

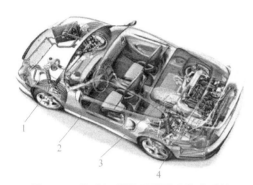

图 2-10 发动机后置后轮驱动传动系统
1—前悬架 2—变速杆 3—变速器 4—发动机

图 2-11 发动机中置后轮驱动传动系统
1—备胎 2—蓄电池 3—发动机 4—变速器 5—半轴

5. 全轮驱动（n Wheel Drive，nWD）

全轮驱动属于 4×4 型汽车布置方案，适用于需要越野能力的越野汽车、SUV、部分旅行轿车（图 2-12、图 2-13）。此方案中发动机产生的动力经变速器后，由分动器分别传递给前、后桥。全轮驱动布置方案根据分动器的类型，分为分时四驱、全时四驱和适时四驱 3 种类型。

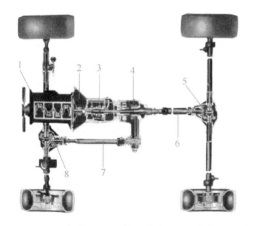

图 2-12 北京吉普切诺基汽车全轮驱动传动系统
1—发动机 2—离合器 3—变速器 4—分动器 5—后
驱动桥 6—后传动轴 7—前传动轴 8—前驱动桥

图 2-13 全轮驱动传动系统
1—分动器 2—变速器 3—前半轴 4—前差速器
5—前传动轴 6—后传动轴 7—后差速器 8—后半轴

2.2 离合器

案例： 一辆五菱 6376AV3 微型汽车，行驶里程为 40000km。据客户反映，发动机怠速转动时，踩下离合器踏板，挂档有齿轮撞击声且难以挂入，即使勉强挂入，在离合器踏板尚未完全放松时，发动机熄火。你知道是什么原因引起的吗？

2.2.1 离合器的功用和分类

1. 离合器的功用

离合器安装于发动机和变速器之间，其主动部分与飞轮相连，从动部分与变速器相连，在汽车行驶过程中，驾驶人可根据需要踩下或松开离合器踏板，使发动机与变速器暂时分离或逐渐接合，以切断或传递发动机向变速器输入的动力。

（1）使发动机与传动系统逐渐接合，保证汽车平稳起步　汽车起步时是从完全静止的状态逐步加速。如果传动系统与发动机刚性连接，则变速器一挂上档时，静止的汽车突然接上动力，将突然向前冲，产生很大的惯性力，对发动机造成很大的阻力矩。在这个惯性阻力矩的作用下，发动机在瞬时间转速急剧下降到最低稳定转速（一般 $300 \sim 500 \mathrm{r/min}$）以下，发动机熄火而不能工作，汽车将不能起步。

在发动机与传动系统之间安装离合器，在发动机起动后，汽车起步之前，驾驶人先踩下离合器踏板，将离合器分离，使发动机和传动系统脱开，再将变速器挂上档位，然后逐渐松开离合器踏板，使离合器逐渐接合。在接合过程中，同时逐渐踩下加速踏板，逐步增加对发动机的输出转矩，使发动机的转速始终保持在最低稳定转速上，而不致熄火。同时，由于离合器的逐渐接合，发动机传递给传动系统的转矩逐渐增加，增大到牵引力足以克服起步阻力时，汽车即平稳起步。

（2）暂时切断发动机的动力传递，保证汽车换档平顺　在汽车行驶过程中，为适应不断变化的行驶条件，传动系统需要更换不同档位工作。实现齿轮式变速器的换档，需使原用档位的某一齿轮副退出传动，再使另一档位的齿轮副进入工作。在换档前必须踩下离合器踏板，中断动力传动，便于使原档位的啮合副脱开，同时使新档位啮合副的啮合部位的圆周速度逐步同步，以减轻啮合时的冲击，从而实现平顺的换档。

（3）限制所传递的转矩，防止传动系统过载　当汽车进行紧急制动时，如将发动机和传动系统刚性连接，发动机转速将急剧降低，所有零件将产生很大的惯性力矩，其数值可能大大超过发动机正常工作时所发出的最大转矩，此惯性力矩将造成传动系统过载而使机件损坏。安装离合器后，便可以依靠离合器主动部分和从动部分之间的打滑来消除这一问题，起到过载保护的作用。

为使离合器具有以上功能，离合器应满足下列要求：

1）接合平顺柔和，保证汽车平稳起步，减少冲击。

2）分离迅速彻底，便于换档和发动机起动。

3）具有合适的储备能力，既能保证传递发动机最大转矩又能防止传动系统过载。

4）从动部分的转动惯量应尽量小，以减少换档时的冲击。

5）具有良好的散热能力。汽车在行驶过程中，当需要频繁操纵离合器时，会使离合器主、从动部分相对滑转，产生摩擦热，热量如不及时散出，会严重影响其工作的可靠性和使用寿命。

6）操纵轻便，以减轻驾驶人的疲劳感。

2. 离合器的分类

汽车离合器有摩擦式离合器、液力式离合器、电磁离合器等几种。

1）摩擦式离合器结构简单、性能可靠、维修方便，目前汽车上应用最广。

① 按从动盘片数分为单片式、双片式和多片式 3 种，轿车、客车及部分中、小型货车多采用单片式离合器，双片式离合器多用于重型车辆。

② 按其压紧弹簧的形式及布置形式分为螺旋弹簧式、中央弹簧式、膜片弹簧式和斜臂弹簧式。目前膜片弹簧式离合器在汽车上应用最为广泛。

③ 按是否浸在油中分为干式和湿式摩擦式离合器，与手动变速器相配合的绝大多数离合器为干式摩擦式离合器，湿式摩擦式离合器一般为多片式，浸在油中以便于散热。

④ 按操纵机构不同可分为机械式、液压式、气压式和空气助力式。

2）液力式离合器主要依靠主、从动件之间的液体介质进行转矩传递，有液力偶合器和液力变矩器两种，主要用于自动变速器，目前液力偶合器在汽车上几乎不采用。液力变矩器结构如图 2-14 所示。

3）电磁离合器指利用磁力传动的离合器，靠线圈的通、断电来控制离合器的接合与分离，如汽车空调电磁离合器，具体如图 2-15 所示。

动力输出　　　　　　　　　　动力输入

图 2-14　液力变矩器结构

1—泵轮　2—涡轮　3—壳体　4—锁止离合器　5—导轮

图 2-15　汽车空调电磁离合器

2.2.2　离合器的基本结构和工作原理

1. 离合器的基本结构

以目前汽车上广泛采用的摩擦式离合器为例，其基本结构如图 2-16a 所示。它主要由主动部分、从动部分、压紧机构和操纵机构 4 部分组成。从动盘一般采用高摩擦因数的耐热材料制成。

2. 离合器的工作原理

离合器在接合状态下，操纵机构各部件在回位弹簧的作用下回到图 2-16b 所示的各自位置，分离杠杆内端与分离轴承之间保持有一定的间隙，压紧弹簧将飞轮、从动盘和压盘三者压紧在一起，发动机的转矩经过飞轮和压盘，通过从动盘两摩擦面的摩擦作用传给从动盘，

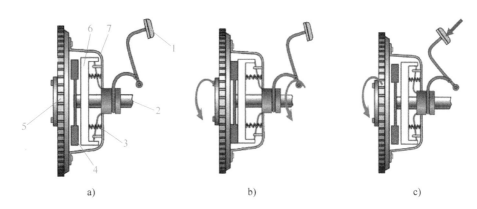

图 2-16　摩擦式离合器的基本结构及工作原理

a）离合器基本结构　b）离合器接合状态　c）离合器分离状态

1—离合器踏板　2—从动轴　3—压紧弹簧　4—从动盘　5—飞轮　6—压盘　7—离合器盖

再由从动轴输出到变速器。

1）分离过程。驾驶人踩下离合器踏板（图 2-16c），分离套筒和分离轴承在分离叉的推动下，先消除分离轴承与分离杠杆内端之间的间隙，然后推动分离杠杆内端前移，使分离杠杆外端带动压盘克服压紧弹簧作用力后移，摩擦作用消失，离合器的主、从动部分分离，中断动力传递。

2）接合过程。接合离合器时，驾驶人缓慢抬起离合器踏板，在压紧弹簧的作用下，压盘向前移动并逐渐压紧从动盘，使接触面间的压力逐渐增加，摩擦力矩也逐渐增加；当飞轮、压盘和从动盘之间接合还不紧密时，所能传递的摩擦力矩较小，离合器的主、从动部分有转速差，离合器处于打滑状态；随着离合器踏板的逐渐抬起，飞轮、压盘和从动盘之间的压紧程度逐渐紧密，主、从动部分的转速也渐趋相等，直到离合器完全接合而停止打滑，接合过程结束。

3. 离合器自由间隙和离合器踏板自由行程

离合器在正常接合状态下，分离杠杆内端与分离轴承之应留间隙，间隙一般为几毫米，这个间隙称为离合器自由间隙，如图 2-17 所示。如果没有离合器自由间隙，从动盘摩擦片磨损变薄后，压盘将不能向前移动压紧从动盘，这将导致离合器打滑，使离合器所能传递转矩下降，车辆行驶无力，并且会加速从动盘的磨损。为了消除离合器的自由间隙和操纵机构零件的弹性变形所需要的离合器踏板行程称为离合器踏板自由行程，如图 2-18 所示。可以通过拧动调节叉来改变分离杠杆的长度，实现对离合器踏板自由行程的调整。

4. 摩擦式离合器构造

摩擦式离合器种类较多，其组成及工作

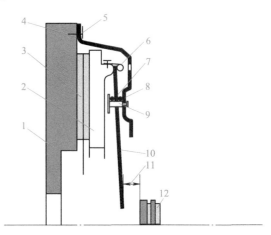

图 2-17　离合器自由间隙

1—飞轮　2—压盘　3—从动盘　4—离合器盖　5—螺栓
6—分离弹簧　7—内钢丝支承圈　8—外钢丝支承圈
9—铆钉　10—膜片弹簧　11—自由间隙　12—分离轴承

原理基本相同，其中膜片式离合器在各种类型的汽车中得到了广泛的使用。

（1）主动部分　主动部分包括飞轮、离合器盖和压盘等，如图 2-19 所示。

离合器盖通过螺栓与飞轮固定，与压盘之间通过传动片来传递转矩。压盘能随飞轮一起旋转，两者一起带动从动盘转动。在离合器的分离和接合过程中，弹性传动片产生弯曲变形，保证压盘可沿轴线做平行移动。

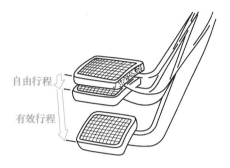

图 2-18　离合器踏板自由行程

（2）从动部分　从动部分由从动盘组件（简称从动盘）组成。从动盘有不带扭转减振器和带扭转减振器两种结构形式。

1）不带扭转减振器的从动盘（图 2-20）。从动盘钢片直接铆接在从动盘毂上。为了提高接合的柔和性，在从动盘钢片与摩擦片之间加铆波浪形弹簧钢片，使从动盘具有一定的轴向弹性。为了获得足够的摩擦力矩，在从动盘钢片上铆接前、后摩擦片。

摩擦片主要采用石棉基摩擦材料，随着国家对环保和安全的要求越来越高，逐渐出现了半金属型摩擦材料、复合纤维摩擦材料、陶瓷纤维摩擦材料，这些材料具有较大的摩擦因数，良好的耐磨性、耐热性和适当的弹性。

2）带扭转减振器的从动盘（图 2-21）。由于发动机传递到汽车传动系统中转矩的周期性变化，使得传动系统中产生扭转振动。如果这一振动的频率与传动系统的某一固有频率相重合，将发生共振并产生噪声，影响传动系统零件的使用寿命。此外，在不分离离合器的情

图 2-19　摩擦式离合器结构图

1—后支承圈　2—前支承圈　3—从动盘
4—曲轴　5—飞轮　6—压盘　7—传动片
8—膜片弹簧　9—离合器盖　10—变速器
输入轴　11—分离轴承　12—分离钩

况下进行紧急制动或猛烈接合离合器时，瞬间会给传动系统造成很大的冲击载荷。为了减少共振和冲击载荷，现在大多数汽车在离合器从动盘中安装有扭转减振器。

带扭转减振器的从动盘的结构及工作原理基本与不带扭转减振器的从动盘相同，只是在从动盘本体中心部分装有扭转减振器。为获得变刚度特性，有些汽车离合器从动盘上采用两组或两组以上不同刚度的减振器弹簧，并将装弹簧的窗孔长度做成不同尺寸，使弹簧起作用的时间不一致，从而使其振动频率不断变化，避免了传动系统的共振。少数减振器中还采用橡胶弹性组件，起到了缓冲和减振作用。

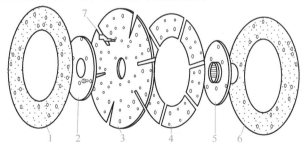

图 2-20　不带扭转减振器的从动盘

1—前衬片　2—压片　3—从动盘钢片　4—波浪形弹簧钢片
5—从动盘毂　6—后衬片　7—平衡片

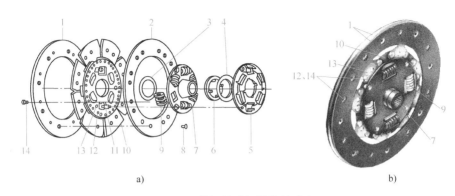

图 2-21　带扭转减振器的从动盘

a）零件分解图　b）实物图

1、2—摩擦片　3—摩擦垫圈　4—碟形垫圈　5—减振器盘　6—摩擦板　7—从动盘毂

8、12、14—铆钉　9—减振器弹簧　10—波形片　11—止动销　13—从动盘本体

（3）压紧装置　压紧装置有螺旋弹簧压紧装置和膜片弹簧压紧装置两种。

1）螺旋弹簧压紧装置（图 2-22）。它由沿圆周分布的压紧弹簧组成，位于压盘和离合器盖之间。在压紧弹簧的压力作用下，压盘将从动盘压紧并使其与飞轮紧密接触，离合器处于接合状态。

2）膜片弹簧压紧装置（图 2-23）。膜片弹簧离合器的离合器弹簧采用了膜片弹簧，膜片弹簧不仅弹性特性好、压紧力均匀、轴向尺寸短，而且在使用中不需要专门设置分离杠杆。膜片弹簧离合器与周布螺旋弹簧离合器相比，零件数量少、机构简单、轴向尺寸小、结构紧凑。目前，膜片弹簧离合器在汽车中得到了广泛应用。

沿圆周布置的螺旋弹簧，周布螺旋弹簧离合器由此得名

图 2-22　螺旋弹簧压紧装置

膜片弹簧离合器工作原理如图 2-24 所示。当离合器盖未固定在飞轮上时，膜片弹簧不受力，处于自由状态。飞轮与离合器盖端面之间有一距离 L（图 2-24a）。当用螺钉将离合器盖紧固在飞轮上时，离合器盖靠向飞轮，消除距离 L，后钢丝支承圈压紧膜片弹簧使之发生弹性变形（锥角变小）；同时，膜片弹簧外端对压盘产生压紧力，使离合器处于接合状态（图 2-24b）。当分离离合器时（图 2-24c），分离轴承左移，膜片弹簧被压在前钢丝支承圈上，其径向截面以支承圈为支点转动（膜片弹簧呈反锥形），于是膜片弹簧外端后移，并通过分离钩带动压盘后移使离合器分离。

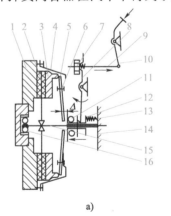

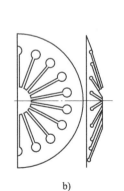

a）　　　　　　　　　　b）

图 2-23　膜片弹簧离合器的结构

a）膜片弹簧离合器　b）膜片弹簧

1—飞轮　2—从动盘　3—压盘　4—离合器盖　5—膜片弹簧
6—膜片弹簧支承圈　7—调整螺母　8—分离拨叉　9—拉杆
10—离合器踏板　11—分离轴承　12—分离套筒　13—回位弹簧
14—支架　15—离合器轴　16—离合器轴承

其中，膜片弹簧起到压紧弹簧和分离杠杆的双重作用。

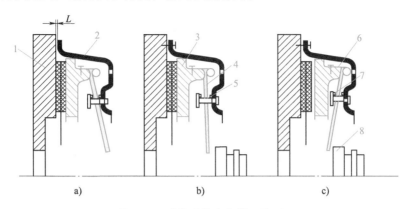

图 2-24　膜片弹簧离合器工作原理

a）安装初始位置　b）接合状态　c）分离状态

1—飞轮　2—离合器盖　3—压盘　4—分离钩　5—膜片弹簧　6—后钢丝支承圈　7—前钢丝支承圈　8—分离轴承

（4）离合器操纵机构　离合器操纵机构是驾驶人借以使离合器分离和接合的一套机构。它起始于离合器踏板，终止于飞轮壳内的分离轴承。

按照分离离合器的操纵能源不同，操纵机构分为人力式和助力式两类。人力式按所用传动媒介的不同又分机械式和液压式两种；助力式又可以分为气压助力式和弹簧助力式。人力式操纵机构以驾驶人作用在踏板上的力作为唯一的操纵能源。助力式操纵机构除了驾驶人的力以外，一般主要以其他形式的能源作为操纵能源。在轿车中应用较多的为机械式操纵机构、液压式操纵机构和弹簧助力式操纵机构，其中液压式操纵机构应用最广。

1）机械式操纵机构。机械式操纵机构有杆式和绳索式两种。

① 杆式操纵机构由一组杆系组成，其特点是结构简单、工作可靠、故障少，但杆件间接点多、摩擦损失大、车架或车身变形会影响其工作，远距离工作时杆系布置困难，这种操纵机构主要用于重型汽车离合器。

② 绳索式操纵机构（图 2-25）。它通过操纵绳索，拉动分离叉传动臂，使分离叉转动，从而使分离轴承移动进行离合，它可消除杆式操纵机构的一些缺点，并能采用便于驾驶人操纵的吊挂式踏板。但绳索使用寿命较短，拉伸刚度较小，故绳索式操纵机构只适用于轻型、微型货车和轿车。

驾驶人在踩下离合器踏板后，需要先消除操纵机构中的机械、液压间隙和离合器分离间隙，然后才能分离离合器。为消除这些间隙所

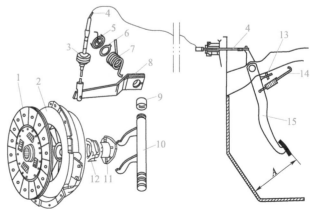

图 2-25　离合器绳索式操纵机构

1—从动盘　2—离合器盖总成　3—调整螺母　4—操纵绳索
5—轴承衬套及防尘罩　6—卡环　7、14—回位弹簧
8—分离叉传动臂　9—黄铜衬套　10—分离拨叉　11—分离套筒
12—分离轴承　13—调节螺钉　15—离合器踏板　A—踏板高度

需要的离合器踏板行程，称为离合器踏板自由行程。通常汽车每行驶一定距离都要调节离合器分离间隙、踏板高度和自由行程。由调节螺钉调整踏板高度，由螺母调整离合器分离间隙和踏板自由行程。有些汽车装有自动调节装置，不需要人工调整。

2）液压式操纵机构。液压式操纵机构以油液作为传力介质，如图 2-26 所示，它一般由离合器踏板、主缸、工作缸等组成。目前，液压式操纵机构在各类车型上均有广泛应用。

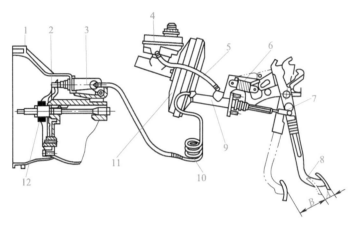

图 2-26　离合器液压式操纵机构

1—变速器壳体　2—分离叉　3—工作缸　4—储液罐　5—低压油管　6—回位弹簧　7—推杆接头　8—离合器踏板
9—主缸　10—高压油管　11—真空助力器　12—分离轴承　A—踏板自由行程　B—踏板有效行程

离合器主缸构造如图 2-27 所示。主缸体借助补偿孔、进油孔通过低压油管与储液罐相通。主缸体内装有活塞，活塞中部较细，使活塞右方的主缸内形成油室。活塞两端装有皮碗。活塞左端中部装有单向阀，经小孔与活塞端主缸内腔的油室相通。当离合器踏板处于初始位置时，活塞左端皮碗位于补偿孔与进油孔之间，两孔均开放。

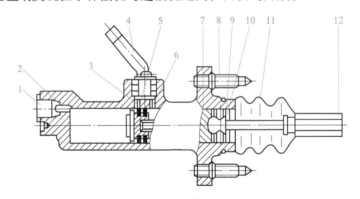

图 2-27　离合器主缸构造

1—出油口　2—壳体　3—补偿孔　4—管接头　5—皮碗　6—进油孔　7—阀芯
8—固定螺栓　9—卡簧　10—挡圈　11—护套　12—推杆

离合器工作缸构造如图 2-28 所示。工作缸内装有活塞、皮碗、推杆等，缸体上还设有放气螺塞。当管路内有空气存在而影响离合器操纵时，可拧松放气螺塞放气。

踏下离合器踏板时，通过主缸推杆使活塞向左移动，单向阀关闭。当皮碗将补偿孔关闭后，管路中油液受压，压力升高。在油压作用下，工作缸活塞被推动向右移，工作缸推杆接头直接推动分离板，从而带动分离轴承，使离合器分离。

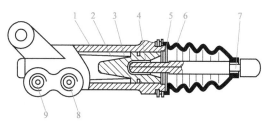

图 2-28　离合器工作缸构造

1—壳体　2—液压缸　3—管接头　4—皮碗　5—挡圈
6—护套　7—推杆　8—进油孔　9—放气孔

通过调节主缸推杆接头在踏板臂上的连接位置，可以调节推杆在缸内的位置，即关闭补偿孔的时刻，从而调整了踏板自由行程。

当迅速松开离合器踏板时，踏板回位弹簧通过主缸推杆使主缸活塞较快右移，由于油液在管路中流动有一定阻力，流动较慢，使活塞左侧可能形成一定的真空度。在左、右压差的作用下，少量油液通过进油孔经过主缸活塞的单向阀流到左侧弥补真空。在原先已由主缸压到工作缸去的油液又重新流回到主缸时，由于已有少量补偿油液经单向阀流入，故总油量过多。多余的油液将从补偿孔流回储液罐。当液压系统中因漏油或因温度变化引起油液的容积变化时，则借助补偿孔适时地使整个油路中油量得到适当的增减，以保证正常油压和液压系统工作的可靠性。

3）弹簧或气压助力式操纵机构。在中型或重型汽车上，离合器压紧弹簧力很大，为了在减小所需踏板力的同时不加大踏板行程，可在机械式或液压式操纵机构上加设各种助力装置。目前常用的有弹簧助力机械式操纵机构、气压助力液压式操纵机构和气压助力机械式操纵机构 3 种。弹簧助力式操纵机构组成与杆式机械操纵机构相同，只是在踏板与车架之间挂装助力弹簧，如奥迪 100、Honda Prelude、雅阁（Accord）车离合器中就有这种结构。气压助力式操纵机构一般是利用由发动机带动的空气压缩机作为主要的操纵能源或与气动制动系统共用一个空气源，其结构较为复杂，可以装在机械式操纵机构中，也可以装在液压式操纵机构中。

2.2.3　离合器常见故障分析

离合器常见故障及原因见表 2-1。

表 2-1　离合器常见故障及原因

故障名称	故障现象	故障原因
离合器打滑	汽车不能起步或起步困难，行驶无力，车速提不高，上坡打滑，严重时可嗅到摩擦片烧蚀的焦味，拉紧驻车制动手柄，用低档起步，发动机不熄火，油耗上升	① 离合器调整不当：踏板无自由行程或自由行程过小；分离杠杆与分离轴承之间无自由间隙或间隙过小；分离杠杆高度不符合要求 ② 离合器装配不符合要求：离合器盖与飞轮连接松动；操纵机构机械故障，如分离轴承不能回位，拉索卡滞，自调装置失效等 ③ 离合器零件损坏：压紧弹簧压紧力不足，如断裂或弹力下降；工作表面状况不良，如摩擦片、压盘或飞轮磨损严重、表面有油污，从动盘变形；液压操纵离合器的主缸工作不良，有堵塞现象
离合器接合发抖	汽车在起步时，离合器接合时出现抖动。汽车不能起步，伴有冲撞，严重时车身明显抖动	① 分离杠杆高度不一致 ② 离合器弹簧弹力分布不均或个别弹簧折断 ③ 从动盘或压盘翘曲不平或变形，从动盘破裂 ④ 从动盘花键严重磨损及变速器第一轴弯曲变形 ⑤ 离合器盖与飞轮的连接螺栓松动

（续）

故障名称	故障现象	故障原因
离合器分离不彻底	发动机怠速运转时，踩下离合器踏板，挂档时有齿轮撞击声，且难以挂上档；如果勉强挂上档，则在离合器踏板尚未完全分离放松时，汽车就开始行驶或发动机熄火	① 离合器调整不当：离合器踏板自由行程过大；离合器分离杠杆高度调整不一致；分离杠杆调整螺母松动或其浮动销脱出；液压操纵系统油液不足、渗进空气以及出现泄漏等现象 ② 压盘翘曲变形 ③ 从动盘盘毂与变速器第一轴花键磨损、锈蚀而使从动盘轴向移动不畅，分离时从动盘不能离开压盘；从动盘翘曲变形，铆钉松动 ④ 离合器压盘和飞轮工作表面磨损不均 ⑤ 弹簧失效，如离合器压紧弹簧折断、脱落、过软或高度不一致 ⑥ 新换摩擦片过厚，造成分离杠杆和分离轴承之间的间隙过大；离合器从动盘装反
离合器异响	当离合器分离或接合时，发出不正常的响声，当踏板放松时，异响消失，有时踏下或放松踏板时，都有不正常的声响出现	① 分离轴承缺油，损坏发响 ② 分离轴承回位弹簧过软、伸长或脱落 ③ 踏板回位弹簧折断、软弱，使分离轴承与分离杠杆相碰击 ④ 从动盘减振弹簧损坏 ⑤ 从动盘盘毂花键与第一轴花键配合间隙过大而发响 ⑥ 中间压盘与传动销之间配合间隙过大而发响 ⑦ 发动机和变速器连接轴中心线不在同一直线上

2.3 手动变速器

案例：一辆捷达都市春天轿车，行驶里程为 42800km。据客户反映，变速器经常出现挂不到需要档位的情况，偶尔还会出现同时挂上两个档的故障，经维修人员检查，该车离合器技术状况正常，你知道上述问题是什么原因引起的吗？

2.3.1 变速器概述

汽车广泛使用活塞式发动机，发动机的输出转速非常高，最大功率及最大转矩在一定的转速区出现。为了发挥发动机的最佳性能，就必须有一套变速装置来协调发动机的转速和车轮的实际行驶速度，这样的装置就是变速器。

1. 变速器作用

1）改变传动比，扩大驱动轮转矩和转速的变化范围，以适应经常变化的行驶条件，如起步、加速、上坡等，使发动机在有利的工况下工作。

2）在发动机旋转方向不变的前提下，使汽车能倒退行驶。

3）利用空档，中断动力传递，以使发动机能够起动、怠速，并便于变速器的换档或进行动力输出。

2. 变速器类型

1）按传动比变化，变速器可分为有级式、无级式和综合式 3 种。

① 有级式变速器具有若干个数值一定的传动比，根据所采用的齿轮机构不同，有级式变速器又可分为普通齿轮变速器（也称为固定轴线式齿轮变速器或者定轴轮系变速器）和

行星齿轮变速器（也称为旋转轴线式齿轮变速器或周转轮系变速器）两类。

② 无级式变速器的传动比可以在一定数值范围内连续变化，有电力式、液力式和机械式 3 种。电力式传动部件为串励直流电动机，液力式传动部件为液力变矩器，机械式有摩擦传动和钢带传动两种。

③ 综合式变速器也称为液力机械式变速器，由液力变矩器和齿轮式有级变速器组成，其传动比可以在最大值和最小值之间的几个间断的范围内做无级变化，是目前车用自动变速器的主要结构类型。

2）按操纵方式不同，变速器可分为强制操纵式变速器、自动操纵式变速器和半自动操纵式变速器 3 种。

① 强制操纵式变速器。靠驾驶人直接操纵变速杆换档。

② 自动操纵式变速器。传动比的选择和换档是自动进行的，驾驶人只需操纵加速踏板，变速器就可以根据发动机的负荷信号和车速信号来控制执行元件，实现档位的变换。

③ 半自动操纵式变速器。其分为两种：一种是部分档位自动换档，部分档位手动换档；另一种是预先按钮选定档位，在踩下离合器踏板或松开加速踏板时，由执行机构自动换档。

3）按前进时变速器的档位数不同，变速器可分为 3 档手动变速器、4 档手动变速器、5 档手动变速器和 6 档手动变速器。

3. 普通齿轮变速器的工作原理

汽车用手动变速器都采用齿轮传动，以实现变速、变矩、变向及切断动力传递等效果。

（1）变速、变矩原理　如图 2-29 所示为一对外啮合齿轮传动原理示意图。齿轮 1 为主动齿轮，其转速为 n_1，齿数为 z_1，其输入的转矩为 M_1；齿轮 2 为从动齿轮，其转速为 n_2，齿数为 z_2，其输入转矩为 M_2。主动齿轮转速与从动齿轮转速之比称为传动比，用 i_{12} 表示，$i_{12} = n_1/n_2 = z_2/z_1$，当 $i_{12} > 1$ 时，输出转速降低，为减速传动；当 $i_{12} < 1$ 时，输出转速升高，为增速运动。如果传动时无效率损失，则传动比 i_{12} 还可以表示为 $i_{12} = M_2/M_1$，可见传动比既是变速比又是变矩比。降速则增矩，增速则降矩。

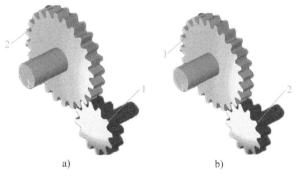

图 2-29　齿轮传动原理示意图

a）减速传动　b）增速传动

1—主动齿轮　2—从动齿轮

当多级齿轮传动时，传动比为

$$i_{1,2} = \frac{n_1}{n_2} = \frac{\text{所有从动齿轮齿数的乘积}}{\text{所有主动齿轮齿数的乘积}} = \text{各级齿轮传动比的连乘积}$$

齿轮式变速器在改变转速的同时也改变了输出转矩，传动比既是变速比也是变矩比，汽车变速器就是利用这一原理，通过改变各档传动比来改变输出转速，从而改变其输出转矩，以适应汽车行驶阻力的变化。

从前述可知：当 $i > 1$ 时，为降速增矩传动，其档位称为降速档；当 $i < 1$ 时，为增速降矩传动，其档位称为超速档；当 $i = 1$ 时，为等速等矩传动，其档位称为直接档。

习惯上把变速器传动比较小的档位称为高档，传动比较大的档位称为低档；变速器档位的变换称为换档，由低档向高档变换称为加档（或升档），反之称为减档（或降档）。变速器就是通过档位变换来改变传动比，从而实现多级变速的。

（2）变向原理　齿轮传动的旋转方向与齿轮的啮合方式和啮合对数有关。当外啮合的齿轮对数为奇数对时，转向相反；当外啮合的齿轮对数为偶数对时，转向相同。内啮合的齿轮转向相同。在手动变速器中通常采用外啮合齿轮传动。因此，只要改变外啮合齿轮的对数，就可在不改变发动机转向的条件下实现汽车的前进或后退。

（3）切断动力原理　在汽车行驶的过程中，变速器传递动力时都是在齿轮啮合的状态下进行的，因此要切断动力就需将原先啮合的齿轮退出啮合状态，即可实现切断动力传递的目的。

2.3.2　手动变速器的分类、结构与原理

1. 手动变速器分类

汽车手动变速器的结构包括变速机构和操作机构两部分。变速机构的功能是实现转矩、转速等数值大小和方向的改变；操作机构的功能是实现换档。手动变速器按传统的分类方式分为两轴式和三轴式，现在按照档位的数量又分为4档5档或6档变速器。手动变速器基本上是由齿轮、轴、轴承、轴承同步器等传动部件组成。

1）两轴式手动变速器是指变速器只有输入轴和输出轴，它在任何前进档工作时，都只有一对齿轮副（倒档时为两对齿轮副）工作，其结构如图2-30所示。两轴式手动变速器主要应用于发动机前置前轮驱动的轿车。

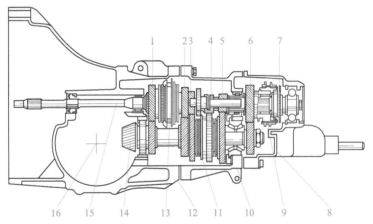

图 2-30　两轴式手动变速器结构图

1—4档齿轮　2—3档齿轮　3—2档齿轮　4—倒档齿轮　5—1档齿轮　6—5档齿轮
7—5档运行齿环　8—换档机构壳　9—5档同步器　10—齿轮箱　11—1、2档同步器
12—变速器壳　13—3、4档同步器　14—输出轴　15—输入轴　16—差速器

2）三轴式手动变速器是指除输入轴和输出轴外，还有中间轴，输入轴前端通过离合器与发动机曲轴相连，输出轴后端通过凸缘连接万向传动装置。而中间轴则主要用来固定安装各档的变速传动齿轮，其结构如图2-31所示。由于三轴式手动变速器其每个档位都是由两对齿轮传动的，因此输入和输出轴的旋转方向相同（倒档时两轴旋转方向相反）。这种变速器适应于发动机前置后轮驱动的布置形式，在货车变速器和部分小型轿车变速器上被广泛应用。

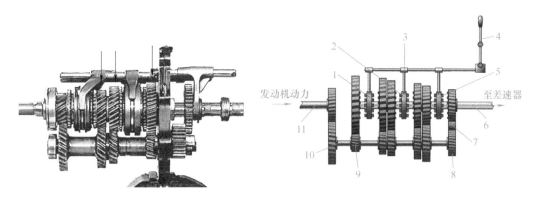

图 2-31　三轴式手动变速器结构图

1——1、2 档同步器　2——3、4 档同步器　3——换档叉　4——变速杆　5——5 档、倒档同步器　6——动力输出轴
7——倒档中间齿轮　8——倒档主动齿轮　9——1 档主动齿轮　10——主动轴　11——动力输入轴

下面以两轴式手动变速器为例介绍其结构与原理。

2. 两轴式手动变速器基本结构

如图 2-32 所示为桑塔纳 2000GS 轿车用的 330 型两轴式变速器机构简图。

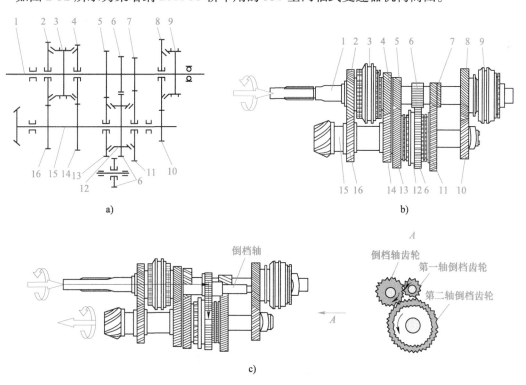

图 2-32　桑塔纳 2000GS 轿车用的 330 型两轴式变速器机构简图

a) 机构简图　b) 空档　c) 倒档

1——第一轴　2——第一轴 4 档齿轮　3——3、4 档同步器接合套　4——第一轴 3 档齿轮
5——第一轴 2 档齿轮　6——倒档齿轮　7——第一轴 1 档齿轮　8——第一轴 5 档齿轮　9——5 档接合
套同步器组件　10——第二轴 5 档齿轮　11——第二轴 1 档齿轮　12——1、2 档接合套同步器组件
13——第二轴 2 档齿轮　14——第二轴 3 档齿轮　15——第二轴（带主动锥齿轮）　16——第二轴 4 档齿轮

第一轴 1 又称为输入轴或主动轴，第一轴前端用轴承支承在曲轴中心孔内，前端与离合器从动盘通过花键连接，中段及后段 3 处通过轴承支承在变速器壳体上。第一轴上共有 6 个齿轮，2 个同步器。其中 3、4、5 档齿轮（分别见图中 4、2、8）分别用滚针轴承空套在第一轴上，3、4 档齿轮中间有个同步器 3，5 档齿轮右侧有一个同步器 9，它们通过花键毂与轴连接，并能在拨叉作用下左右移动。1、2、倒档齿轮（分别见图中 7、5、6）与第一轴固定。

第二轴 15 又称为输出轴或从动轴，第二轴前、后端两处通过轴承安装在壳体上，第二轴上有 7 个齿轮，1 个同步器。其中，6 个圆柱齿轮与第一轴齿轮对应，1 个锥齿轮作为主减速器的主动齿轮。3、4、5 档齿轮（分别见图中 14、16、10）与第二轴固定，1、2 档齿轮（分别见图中 11、13）用滚针轴承空套在第二轴上，同步器 12 位于 1、2 档齿轮中间，第二轴上倒档齿轮 6 与同步器接合套连成一体。

在第二轴中部一侧，还装有一根较短的倒档轴。它是固定式轴，倒档齿轮 6 空套在倒档轴上，它可在倒档拨叉的作用下左右移动。

3. 动力传递路线

（1）1 档　每当离合器接合时，发动机转矩传到输入轴使得输入轴转速与发动机转速相同。主传动小齿轮与中间轴齿轮啮合，驱动中间轴转动。中间轴上的 1 档齿轮驱动主轴上的 1 档从动齿轮。当驾驶人选择 1 档时，1 档/2 档同步器向后移接合 1 档从动齿轮将其锁定在输出轴上，1 档从动齿轮带动输出轴、输出轴将动力经输出轴传递到差速器。当慢速行驶或爬坡时，汽车通常降到低档以取得较大的转矩。

（2）2 档　从 1 档换到 2 档时，换档拨叉将 1 档/2 档同步器与 1 档从动齿轮分离，并移动它直到它将 2 档从动齿轮锁定到输出轴上。

动力传递路线依然是通过输入轴和 2 档齿轮到达中间轴。然而，此时 2 档齿轮将动力传递到锁在输出轴上的 2 档从动齿轮。动力从 2 档变速齿轮经输出轴传递到差速器齿圈，并到达差速器，继而输送到半轴。

当变速器处于 2 档时，要求汽车速度和加速度应明显增加。为满足这些要求，输出轴上的 2 档从动齿轮结构上稍小于 1 档从动齿轮。这使传动比为 1.944∶1，此时发动机转矩下降，速度增加。

（3）3 档　从 2 档换到 3 档时，换档拨叉使 1 档/2 档同步器退到空档位置，同时使 3 档/4 档同步器滑动，直到它将 3 档从动齿轮锁到输出轴上。此时，动力传递路线通过中间轴 3 档齿轮到达 3 档从动齿轮，通过输出轴到达差速器，并进入半轴。

变速器要求 3 档齿轮进一步降矩增速。3 档从动齿轮结构上小于 2 档从动齿轮，可以注意到 3 档传动比为 1.3∶1。

（4）4 档　变速器处于 4 档时，输出轴与输入轴机械锁定，动力流以 1∶1 的传动比直接从输入轴传到输出轴。因此 4 档也称为直接档。

换档拨叉使 3 档/4 档同步器滑动，直到它将 4 档从动齿轮锁到输出轴上。此时，动力传递路线通过中间轴 4 档齿轮到达 4 档从动齿轮，通过输出轴到达差速器，并进入半轴。

（5）5 档　从 4 档换到 5 档时，换档拨叉使 4 档/5 档同步器退到空档位置，同时使 5 档/倒档同步器滑动，直到它将 5 档从动齿轮锁到输出轴上。此时，来自输入轴的动力通过中间轴 5 档齿轮到达 5 档从动齿轮，传递至输出轴后到达差速器，并进入半轴。

5 档为超速档，在超速档运行时，变速器要求输出轴的转速高于输入轴的转速，故 5 档传动比为 0.838：1。

（6）倒档　倒档时要求主轴转动方向相反，通过将倒档惰轮引入动力流通路线来达到这一目的。惰轮位于中间轴倒档齿轮和第二轴上的倒档从动齿轮之间。惰轮组件由短的传动轴构成，该轴与中间轴平行，独立地装在变速器壳体中。

选择倒档时，5 档/倒档换档拨叉轴和换档拨叉移动 5 档/倒档同步器。该同步器将倒档齿轮与第二轴锁在一起。输入轴和离合器齿轮沿顺时针方向转动，沿逆时针方向带动中间齿轮。中间齿轮再沿顺时针方向驱动倒档惰轮装置，沿顺时针方向转动的倒档惰轮逆时针方向驱动倒档变速齿轮、同步器、输出轴和传动轴。这样，汽车就可以倒车。

4. 同步器

（1）同步器的作用　变速器在换档过程中，必须使所选档位要啮合的一对齿轮轮齿的圆周速度相等，才能平顺地啮合而挂档。同步器的功用就是使接合套与待啮合的齿圈迅速同步，实现无冲击换档，缩短换档时间，简化驾驶人换档操作。

（2）同步器的基本结构及工作原理　同步器有常压式、惯性式、自行增力式等种类。目前广泛采用的同步器是惯性式同步器，它有锁环式和锁销式等形式。

1）锁环式惯性同步器。如图 2-33 所示为锁环式惯性同步器，它由锁环、滑块、弹簧圈、花键毂和接合套等组成。

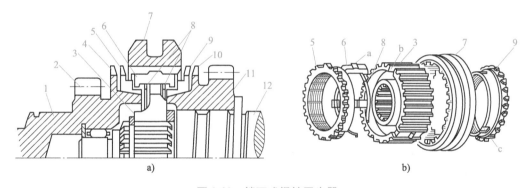

图 2-33　锁环式惯性同步器

a）装配图　b）分解图

1—第一轴　2—第一轴齿轮　3—花键毂　4、10—接合齿圈

5、9—锁环（同步环）　6—滑块　7—接合套　8—弹簧圈　11—3 档齿轮　12—第二轴

a—滑块凸起　b—滑块槽　c—缺口

接合套的外圆柱面加工有与换档拨叉配合的环槽，在换档拨叉的拨动下，接合套可以沿花键毂（固定在第二轴上）做轴向移动。花键毂的内孔和外圆柱面上都加工有花键。外花键与接合套的内花键可以滑动连接，花键毂通过内花键与第二轴连接，并用垫圈和卡环作轴向定位。花键毂的两端与齿轮之间各有一个锁环。锁环的外圆柱上有短花键齿圈，其断面轮廓及尺寸与齿轮上的接合齿圈的外花键齿相同。接合齿圈可以与齿轮加工成一体，也可单独加工后与齿轮焊接在一起。所有外花键齿在对着接合套的一端都有倒角，锁环上的倒角称为锁止角，并且与接合套内花键齿端的倒角相同。锁环的内孔加工成内圆锥面，它与接合齿圈的外圆锥面相配合组成锥面摩擦副。通过这对锥面摩擦副的摩擦，可使转速不等的两轮齿在

接合之前迅速达到同步。

在锁环的内锥面加工出螺纹槽，两锥面接触后油膜破坏，使两锥面直接接触，增强锥面之间的摩擦作用。滑块分别装在花键毂的轴向槽中，滑块可沿槽做轴向移动。滑块的中部有凸起，在两个弹簧圈的径向弹力作用下，将滑块压在接合套的内表面上，使滑块中部凸起正好嵌在接合套中部的内环槽中。此外，滑块的两端伸入锁环的缺口中，只有当滑块位于缺口的中央时，接合套方能穿过锁环挂档。

以 3 档挂入 4 档（直接档）为例说明其工作过程。当接合套刚从 3 档退出到空档位置时（图 2-34a），接合齿圈（与齿轮制成一体）、接合套与锁环在惯性作用下，继续沿原方向转动。设它们的转速分别为 n_2、n_4 和 n_3，则此时 $n_3 = n_4$，$n_2 > n_4$ 即 $n_2 > n_3$。锁环的内锥面与接合齿圈的外锥面并不接触。

挂入 4 档时，驾驶人通过操纵机构拨动接合套并带动滑块一同向左移动。当滑块左端面与锁环缺口的内端面接触时，便推动锁环移向接合齿圈，使具有转速差（$n_2 > n_3$）的两锥面一经接触便产生摩擦作用。接合齿圈便通过摩擦作

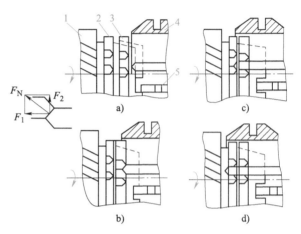

图 2-34　锁环式惯性同步器工作过程示意图
1—第一轴　2—接合齿圈　3—锁环（同步环）
4—接合套　5—滑块

用带动锁环相对于接合套超前一个角度，到锁环缺口的另一个侧面与滑块接触时，锁环便与接合套同步转动。由于滑块已紧靠锁环缺口的一侧，较位于缺口中央时，接合套花键齿相对于锁环花键齿错开了约半个齿厚，使接合套的齿端倒角与锁环相应的齿端倒角正好互相抵触而不能接合（图 2-34b）。若接合齿圈 2 与锁环 3 没有达到同步，则存在旋转方向相同的惯性力矩。该力矩阻碍了锁环相对接合套后退，使接合套无法进步左移与锁环进入啮合。

当继续增加操纵力于接合套上时，摩擦作用就迅速使接合齿圈的转速 n_2 降低到与锁环转速 n_3 相等，两者保持同步旋转，惯性力矩便消失。由于轴向分力 F_1 的作用，两个摩擦锥面还是紧密接合。因而，此时切向分力 F_2 所形成的拨环力矩便使锁环连同接合齿圈及与之相连的所有零件一起相对于接合套向后退转一个角度，使滑块又移到锁环缺口的中央，两花键齿不再抵触，此时接合套压下弹簧圈继续左移并与锁环的花键齿进入接合（图 2-34c），锁环的锁止作用即行消失。

接合套与锁环接合后，轴向分力 F_1 已不复存在，锥面之间的摩擦力矩也就消失了。如果此时接合套花键齿与接合齿圈的花键齿发生抵触，作用在接合齿圈的花键齿端斜面上切向分力，使接合齿圈及其与之相连的所有零件一起相对于接合套向后退转一个角度，使接合套与接合齿圈的花键齿圈进入接合（图 2-34d），最后完成了换入 4 档的全过程。

锁式式惯性同步器在汽车上广泛采用，但锁环式惯性同步器因结构上的限制，其锥面间的摩擦力矩不大。

2）锁销式惯性同步器。如图 2-35 所示为锁销式惯性同步器，其为东风 EQ109 型汽车 5 档变速器装 4 档、5 档同步器。它有两个内锥面的摩擦锥盘 2，其内齿分别固装在带有齿圈的

齿轮 1 和 6 上，随齿轮一同旋转。带外锥面的摩擦锥环 3，通过在圆周上间隔均布的 3 个锁销 8 和 3 个定位销 4 与接合套 5 相连。定位销 4 与接合套 5 的相应孔为间隙配合，即接合套可沿定位销轴向移动。定位销 4 正中间一小段沿圆周方向切有凹槽，依次装入接合套 5 斜孔内的弹簧 11 和钢球 10（图 2-35 的 A—A 断面）。

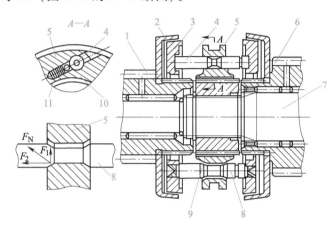

图 2-35　锁销式惯性同步器

1—第一轴齿轮　2—摩擦锥盘　3—摩擦锥环　4—定位销　5—接合套　6—第二轴 4 档齿轮
7—第二轴　8—锁销　9—花键毂　10—钢球　11—弹簧

定位销 4 的两端伸入两锥环的内侧孔中，但是有周向间隙，可使摩擦锥环 3 相对于接合套 5 在一定范围内做周向摆动。锁销 8 中间一段的直径较前后相邻段的直径小，接合套 5 上相应的孔与相邻段为间隙配合。因此，在空档位置时该孔四周是隔开一定距离空套在锁销 8 上的。在锁销 8 中部直径变化的区段切有倒角，接合套 5 相应孔两端也切有相同的倒角。只有在锁销与相应孔同心的情况下，才能使接合套 5 沿锁销 8 轴向移动。锁销 8 两端插入摩擦锥环 3 相应的孔中并铆固。这样 2 个锥盘、3 个锁销、3 个定位销及接合套 5 组成一个整体部件，然后套装在花键毂 9 的外齿圈上。当接合套受到向前的轴向推力时，通过钢球 10 和定位销 4 带动摩擦锥环 3 向前移动，使之与摩擦锥盘 2 接触，由于摩擦锥盘 2 的转速大于摩擦锥环 3 的转速，因此，摩擦锥盘 2 便通过接触面使锥环连同锁销 8 一起相对接合套转过一个角度。这样，锁销 8 与相应孔不再同心，于是锁销中部倒角与销孔端倒角互相抵触，以阻挡接合套继续前移（图 2-35 左下图）。此时接合套受到的轴向推力是经倒角抵触处、锁销 8 而传到摩擦锥环 3 上并使之与摩擦锥盘 2 压紧，产生的摩擦力矩迫使第一轴后端外齿圈迅速与接合套内齿圈同步。只要锁销倒角选择适当，在达到同步之前，无论用多大的推力，都无法克服倒角抵触面的阻挡作用，因而在同步之前，不可能挂上档。只有当接合套 5 与第一轴外齿圈达到同步，锥面摩擦力矩消失，作用于倒角面上的正压力 F_N 的切向分力才能通过锁销使摩擦锥环 3、摩擦锥盘 2 和第一轴齿轮 1 一同相对于接合套转回一个角度，使锁销重新与销孔达到同心。这样，接合套在挂档力的作用下才能沿锁销滑动，直至与第一轴齿轮 1 外齿圈套合，实现挂档。

5. 手动变速器操纵机构

变速器操纵机构用来执行驾驶人的换档操作，将变速器挂入某个档位，并根据路况使之退到空档。根据变速器变速杆与变速器相互位置的不同，变速器操纵机构可分为直接操纵式和远距离操纵式两种类型。

（1）变速器操纵机构的结构及工作原理　各种变速器的操纵机构基本相同，都包含两个重要部分：换档拨叉和定位锁止装置。

1）直接操纵式变速器操纵机构。直接操纵式变速器操纵机构的特点是变速器布置在驾驶人座位旁，变速杆由驾驶室地板伸出，变速杆及所有操纵装置都设置在变速器壳体上，驾驶人直接操纵变速杆拨动变速器盖内的换档操纵装置进行换档。这种形式的操纵机构多用在后轮驱动车型上，如图2-36所示为典型的直接式6档变速器操纵机构示意图。

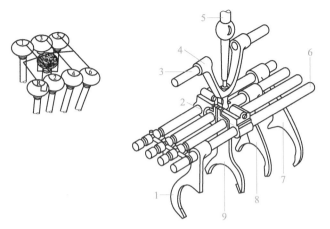

图2-36　典型的直接式6档变速器操纵机构示意图

1—5、6档拨叉　2—5、6档拨块　3—换档轴
4—叉形拨杆　5—变速杆　6—5、6档拨叉轴
7—倒档拨叉　8—1、2档拨叉　9—3、4档拨叉

2）远距离操纵式变速器操纵机构。当变速器距离驾驶人座位较远时，变速杆及其他操纵装置不能安置在变速器壳上，而是需要加装一些辅助传动机构，称为远距离操纵式变速器操纵机构。轿车变速器的操纵机构大多采用远距离操纵机构，其变速杆大多安置于转向柱旁。

远距离操纵式变速器操纵机构由内、外两部分操纵机构组成。外部操纵机构由杠杆或拉索组成，它们通过控制拨叉轴的运动与变速器壳体内的操纵机构连接，从而实现选档和换档。

如图2-37所示为手动变速器杆件式操纵机构，其由变速杆、铰链、限位及防护装置、换档连接杆件等构成。变速杆通过一系列中间连接杆件操纵变速器的内部操纵机构，以球形铰链为支点，可以前后、左右摆动，以便进行选档、换档。

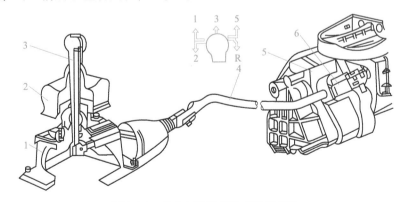

图2-37　手动变速器杆件式操纵机构

1—换档机构支座　2—防护罩　3—变速杆　4—换档连接杆　5—变速器总成　6—换档铰链总成

有的汽车变速杆手柄与变速器之间采用拉索来传递驾驶人的操纵力。如图2-38所示为

拉索式变速器操纵机构。选档及换档用两根拉索分别控制。当变速杆手柄 1 左右摆动时，便操纵换档拉索 3；当变速杆前后移动时，便操纵换档拉索 2。拉索的运动传递到变速器内便进行档位的变换。选档回位弹簧 5 的作用是当变速器从啮合档位退出后，使变速杆自动返回并保持在空档，采用拉索方式，发动机的振动很难传到变速杆上，换档操作手感好。

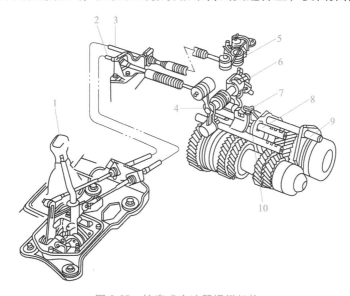

图 2-38　拉索式变速器操纵机构

1—变速杆手柄　2、3—换档拉索　4—换档臂轴　5—选档回位弹簧
6—倒档锁装置　7—换档拨块　8—3、4 档拨叉轴　9—5、倒档拨叉轴　10—1、2 档拨叉轴

（2）变速器安全装置　变速器操纵机构要保证变速器在任何情况下都能准确、安全、可靠地工作，其应满足下列要求：防止变速器自行挂档或挂档后自行脱档，并能保持传动齿轮全齿宽啮合；防止同时挂入两个档；防止误挂入倒档。

为了达到上述要求，在变速器操纵机构中设置了自锁装置、互锁装置和倒档锁装置。

1）自锁装置。在挂档过程中，若变速杆推动拨叉前移或后移的距离不足时，则滑动齿轮（或接合套）与相应的齿轮（或接合齿圈）将不能在全齿宽上啮合，因而降低齿轮的使用寿命。即使达到全齿宽啮合，也可能由于汽车振动或其他原因，使滑动齿轮或接合套自行轴向移动，因而使啮合宽度减小，甚至完全脱离啮合，即自动脱档。采用自锁装置就是用来防止自动脱档并保证齿轮以全齿宽啮合。

在每根拨叉轴上制有 3 个自锁定位凹槽（图 2-39），移动拨叉轴，挂入某一档位（或回到空档）后，自锁钢球 1 在自锁弹簧 2 的推力作用下，正好落入拨叉轴 3 的凹槽内，拨叉轴的轴向位置即被固定，不能自行脱出，从而滑动齿轮或接合套也被固定在某一档位的工作位置或空档位置，形成自锁。拨叉轴上相邻凹槽之间的距离，等于为保证全齿宽啮合或完全退出啮合所必需的拨叉及其轴的移动距离。当需要换档时，驾驶人通过变速杆对拨叉轴施加一定的轴向力，克服自锁弹簧 2 施加于自锁钢球 1 的压力，

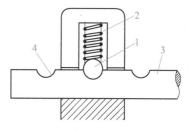

图 2-39　自锁装置工作原理图

1—自锁钢球　2—自锁弹簧
3—拨叉轴　4—自锁定位凹槽

将钢球经凹槽边缘挤回孔内，拨叉轴进行轴向移动，直至钢球又落入相邻的另一凹槽，即可挂上另一档位或退回空档。

2）互锁装置。钢球式互锁装置一般与自锁装置在一起，该结构紧凑、工作可靠。它由互锁钢球和互锁销组成。每根拨叉轴朝向互锁钢球的侧面都有一个深度相等的凹槽，任一拨叉轴处于空档位置时，其侧面凹槽都正好对着互锁钢球。两个互锁钢球的直径之和正好等于相邻两拨叉轴表面之间的距离加上一个凹槽的深度。中间拨叉轴上两个侧面凹槽之间有孔相通，孔中有一根可以滑动的互锁销，互锁销的长度等于拨叉轴的直径减去凹槽的深度。

钢球式互锁装置工作原理（图2-40）是每次换档时只允许移动一根拨叉轴，同时自动地锁住其他拨叉轴。当变速器处于空档时，所有拨叉轴的侧面凹槽同互锁钢球、互锁销均处在同一条直线上。当移动中间拨叉轴3时，拨叉轴3两侧的内钢球从其侧凹槽中被挤出，而两个外互锁钢球2和4则分别嵌入拨叉轴1和5的侧面凹槽中，将拨叉轴1和5刚性地锁止在空档位置（图2-40a）。欲移动拨叉轴5时，则应先将拨叉轴3退回空档位置。在移动拨叉轴5时，互锁钢球4从拨叉轴5的侧凹槽中被挤出，同时通过互锁销和其他钢球将拨叉轴1和3锁止在空档位置（图2-40b）。同理，移动拨叉轴1时，拨叉轴3和5被锁止在空档位置（图2-40c）。

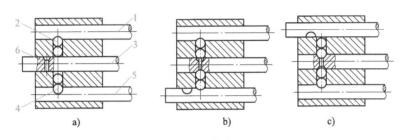

图2-40　钢球式互锁装置工作原理

a）移动拨叉轴3　b）移动拨叉轴5　c）移动拨叉轴1

1、3、5—拨叉轴　2、4—互锁钢球　6—互锁销

3）倒档锁装置。汽车在前进行驶中，换档时由于疏忽而误挂入倒档，将会使轮齿间产生极大的冲击。此外，若汽车起步时误挂倒档则容易发生事故。为防止误挂倒档，操纵机构中应设有倒档锁。倒档锁有弹簧锁销式、锁片式、扭簧式、锁簧式等多种形式，应用最多的是弹簧锁销式。

倒档锁装置由倒档拨块、倒档锁及倒档锁销弹簧组成。当驾驶人要挂倒档时，必须用较大的力使变速杆下端压缩倒档锁弹簧，将倒档锁销推入锁销孔内，才能使变速杆的下端进入倒档拨块的凹槽内，以拨动倒档拨叉轴而挂入倒档。倒档锁装置如图2-41所示。

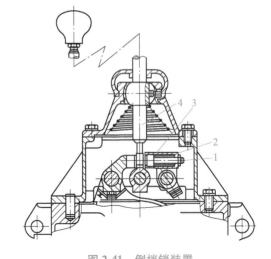

图2-41　倒档锁装置

1—倒档锁销　2—倒档锁弹簧　3—倒档拨块　4—变速杆

2.3.3　手动变速器常见故障分析

手动变速器常见故障及原因见表 2-2。

表 2-2　手动变速器常见故障及原因

故障名称	故障现象	故障原因
换档困难	离合器技术状况良好，但汽车行驶中进行换档时不能顺利挂入档位，常伴随有齿轮撞击声	① 同步器故障，不能保证换档时接合套与待接合齿圈迅速达到同步 ② 变速器拨叉轴弯曲变形，自锁、互锁机构锁销损伤或弹簧过硬，变速器轴弯曲变形或花键损坏，换档时增大拨叉轴、滑动齿轮或接合套等有关构件的轴向移动阻力 ③ 变速器操纵机构调整不当或损坏，换档时不能将滑动齿轮或接合套灵活拨动到规定位置 ④ 变速器壳变形，变速器第一轴与发动机曲轴不同心，变速器轴支承轴承磨损松旷等 ⑤ 齿轮油不足或过量、齿轮油不符合规格
变速器跳档	汽车重载行驶、爬坡、加速行驶或负荷突然变化时，变速杆会从某档自动跳回到空档位置或接合套脱离啮合位置	① 换档操纵机构变形、连接松旷等 ② 自锁装置凹槽与定位钢球磨损松旷，定位弹簧过软或折断 ③ 拨叉弯曲、过度磨损，使齿轮不能正常啮合 ④ 同步器接合齿圈磨损，同步器接合套与拨叉轴向间隙太大 ⑤ 常啮合齿轮轴向间隙太大，各轴轴向间隙或径向间隙太大，或齿套磨损严重 ⑥ 主轴的花键齿和滑动齿轮的花键槽磨损严重，在运转时上下摆动而引起跳档 ⑦ 变速器一轴、二轴与曲轴不同轴，或轴承磨损严重、松旷或轴向间隙过大，使相互啮合的齿轮在传动时摆动或窜动
变速器乱档	在离合器分离彻底的情况下，出现挂不上档或摘不掉档；有时要挂某档，结果挂在别的档上或者同时挂上两个档位	① 互锁装置失效，拨叉轴、自锁钢球、互锁销等磨损严重，失去锁止作用 ② 变速杆定位销磨损松旷或折断，失去定位作用 ③ 变速器拨叉轴弯曲、互锁销槽磨损，不能起锁止作用 ④ 变速器拨叉弯曲或变速杆下端工作面磨损严重，不能正确拨动换档导块而乱档 ⑤ 变速杆支承球头座松动 ⑥ 同步器弹簧、滑块脱出或损坏
变速器异响	变速器齿轮的啮合声、轴承的运转声等噪声太大；变速器发出干磨、撞击等不正常响声	① 变速器内齿轮油不足或品质低劣 ② 变速杆弯曲或操纵机构的各个连接部位松动，拨叉变形或固定螺钉松动 ③ 变速器轮齿磨损，齿侧间隙过大 ④ 变速器常啮合齿轮磨损成阶梯或轮齿磨损 ⑤ 变速器各轴的轴承磨损严重 ⑥ 变速器第二轴、中间轴弯曲 ⑦ 变速器第二轴花键与滑动齿轮配合松旷 ⑧ 变速器新更换的齿轮副匹配不当
变速器漏油	变速器盖、侧盖、轴承盖、油封等处出现齿轮润滑油，变速器齿轮箱的油量减少	① 侧盖太松、密封垫损坏、油封损坏、密封和油封损坏等 ② 各处固定螺栓松动 ③ 变速器壳体破裂 ④ 里程表齿轮限位器松脱破损；变速杆油封漏油 ⑤润滑油选用不当或润滑油量太多，产生过多泡沫

2.4 自动变速器

案例： 一辆广汽丰田逸致轿车，行驶里程为 63000km。客户来电报修并要求救援，且提出无论将变速杆置于前进档还是倒档，车辆都无法行驶，你知道是什么原因引起的吗？

2.4.1 自动变速器概述

1. 自动变速器的定义

自动变速器（Automatic Transmission，AT）是指汽车行驶时，离合器、变速器的操纵全部或部分实行自动化的变速器。

2. 自动变速器的特点

与手动变速器相比，自动变速器具有操作简单省力、行车安全性好、生产率高、舒适性好、机件的使用寿命长、动力性能和排放性能好等优点；但也存在结构复杂、要求制造精度高、成本高、传动效率低、维修困难等缺点。随着科学技术的全面发展，自动变速器的一些缺点正在被克服。自动变速器已经在轿车、部分客车和货车上得到大量应用。

3. 自动变速器的分类

自动变速器可以按照结构和控制方式、驱动方式、齿轮变速器的类型、变速杆位置和形式等不同维度进行分类：

（1）按照结构和控制方式分类　自动变速器按照结构和控制方式的不同，可以分为液力式自动变速器、机械式自动变速器、无级自动变速器、双离合自动变速器。

1）液力式自动变速器（Hydraulic Automatic Transmissions，HAT）是目前应用最为广泛、技术最成熟的自动变速器，按照控制方式的不同，液力自动变速器可以分为液控液力自动变速器和电控液力自动变速器，目前轿车上大多数采用电控液力自动变速器。本书对自动变速器的介绍也以液力式自动变速器为主。

2）机械式自动变速器（Automated Mechanical Transmission，AMT）是在原有手动、有级、普通齿轮变速器的基础上增加了电子控制系统，来自动控制离合器的结合、分离和变速器档位的变换。

3）无级自动变速器（Continuously Variable Transmission，CVT）采用传动带和工作直径可变的主、从动齿轮相配合来传递动力，可以实现传动比的连续改变。

4）双离合自动变速器（Dual Clutch Transmission，DCT）也称直接换档变速器（Direct Shift Gearbox，DSG）。它是基于手动变速器发展而来的，其工作原理是将变速器的档位按奇、偶数分开，分别与两个离合器连接，通过切换两个离合器的工作状态，就可以完成换档动作。它既具有手动变速器的高传动率，又具有自动变速器的舒适性、易用性。装备 DSG 的汽车可以获得更好的燃油经济性、动力性以及更高的车速，而其城市工况和综合工况油耗几乎与搭载手动变速器的车型相同。

（2）按照驱动方式分类　按照车辆驱动方式的不同，自动变速器分为后驱自动变速器和前驱自动变速器（图 2-42）。后驱自动变速器的变矩器和齿轮变速器的输入轴及输出轴在同一直线上，因此轴向尺寸较大；前驱自动变速器也称自动变速桥，除了具有与后驱自动变速器相同的组成外，在自动变速器壳体内还装有主减速器和差速器。前驱纵置发动机自动变速器的机构和布置与后驱自动变速器的机构和布置基本相同，只是后端增加了一个主减速器和差速器；前驱横置发动机的自动变速器由于汽车横向尺寸的限制，要求有较小的轴向尺寸，因此通常将输入轴和输出轴设计成两个轴线的方式，以减小变速器的轴向尺寸。

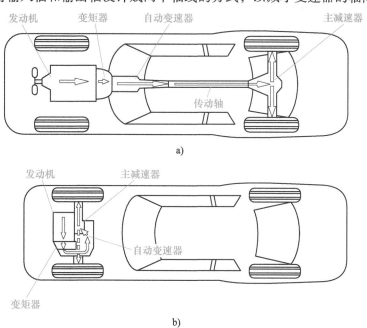

图 2-42 后驱自动变速器与前驱自动变速器
a）后驱自动变速器 b）前驱自动变速器

（3）按照齿轮变速器的类型分类 自动变速器按照齿轮变速器的类型不同，可以分为行星齿轮式和普通齿轮式两种。行星齿轮式自动变速器结构紧凑，能够获得较大的传动比，目前使用较多；普通齿轮式自动变速器的体积较大，最大传动比较小，只有少数车型在使用，如本田雅阁（Accord）等。严格意义上讲，机械式自动变速器（AMT）、无级自动变速器（CVT）、双离合自动变速器（DSG）均属于普通齿轮式变速器。

（4）按照变速杆的位置和形式分类 随着汽车工业的不断发展，自动变速器变速杆的位置和形式也越来越呈现多样化。变速杆经常设置在中央通道（地板档）、转向柱（怀档）（图 2-43）和仪表台（图 2-44）等位置，其形式包括档杆式和按钮式（图 2-45）和旋钮式（图 2-46），而档杆式又分为线性式和蛇形式（图 2-47）。

图 2-43 变速杆在转向柱上

图 2-44 变速杆在仪表台上

图 2-45　变速杆为按钮式

图 2-46　变速杆为旋钮式

图 2-47　变速杆为线性式和蛇性式

4. 自动变速器的型号

一种自动变速器可能被用在多个公司的不同款的汽车上，而同一车型根据其使用的地区和用途不同，也可能装备不同型号的变速器。如果对于变速器的型号不了解，在维修中会对故障分析、资料查找、零配件采购等造成障碍。

（1）自动变速器的编号规则　自动变速器的编号规则见表2-3。

表 2-3　自动变速器的编号规则

变速器类型	A 表示自动变速器、M 表示手动变速器
生产厂家	ZF 表示德国采埃孚公司、AW 表示日本爱信公司
驱动方式	F 表示前驱、R 表示后驱
前进档档位数	数字表示
控制类型	E 表示电控、H 表示液控、EH 表示电-液控
改进序号	表示该变速器在原变速器上进行过改进
额定驱动转矩	通用、宝马等公司的变速器有此参数

例如：宝马 ZF5HP30 编号表示该变速器为 ZF 公司生产、5 前进档、控制类型为液控、齿轮类型为 P（行星齿轮）、额定转矩为 30N·m 的自动变速器。

（2）常见自动变速器型号识别　常见自动变速器型号识别见表2-4。

表 2-4　常见自动变速器型号识别

丰田	型号中字母加 2 位数字，例如：A40、A41、A55、A55F 等	A 表示自动变速器；第 1 位数字为"1""2""5"的为前驱，"3""4"的为后驱；第 2 位数字为生产序号；字母 F 表示自动变速器用于四轮驱动车辆
	型号中字母加 3 位数字，例如：A130L、A241L、A540H 等	A 表示自动变速器；第 1 位数字为"1""2""5"的为前驱，"3""4"的为后驱；第 2 位数字为前进档个数；第 3 位数字为生产序号；字母 H 表示自动变速器用于四轮驱动车辆，L 表示自动变速器有锁紧离合器

（续）

| 克莱斯勒 | 数字和字母组成，共 4 位 | 第 1 位为前进档个数；第 2 位为输入转矩容量；第 3 位为驱动方式，R 为后驱、T 为前驱；第 4 位为控制类型，E 为电控、H 为液控 |
| 通用 | 数字和字母组成，共 5 位，例如：4T60E、4L60E 等 | 第 1 位为前进档个数；第 2 位为驱动方式，T 为变速器横置、L 为后驱；第 3、4 位为额定驱动转矩；第 5 位为控制类型，E 为电控 |

5. 自动变速器的档位

轿车自动变速器通常有 6 或 7 个档位，其档位说明见表 2-5。

表 2-5　常见轿车自动变速器档位说明

档　　位	名　　称	说　　明
P	驻车档	变速器输出轴锁死，驻车使用
R	倒档	倒车使用
N	空档	变速器齿轮机构空转，不能输出动力
D	前进档	正常向前行驶
3	高速发动机制动档	自动变速器只能在 1、2、3 档换档
2	中速发动机制动档	自动变速器只能在 1、2 档换档
L	低速发动机制动档	自动变速器被锁定在 1 档

6. 自动变速器的总体组成

如图 2-48 所示，自动变速器主要由液力变矩器、行星齿轮变速器、液压控制系统、电子控制单元等组成。

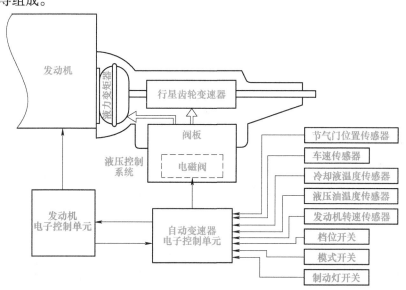

图 2-48　自动变速器的总体组成

　　工作时，汽车各种传感器将发动机转速、节气门开度、车速、发动机冷却液温度、自动变速器液压油温度等参数转变为电信号，并输入自动变速器电子控制单元；自动变速器电子控制单元根据这些电信号，按照设定的换档规律，向换档电磁阀、油压电磁阀等发出电子控制信号；换档电磁阀和油压电磁阀再将电子控制单元的电子控制信号转变为液压控制信号，阀板中的各个控制阀根据这些液压控制信号控制换档执行机构的动作，从而实现自动换档。

2.4.2 液力变矩器

1. 作用

液力变矩器安装在发动机后端，可将发动机的动力通过工作油液传给自动变速器的输入轴，实现发动机与自动变速器的软连接，能有效避免发动机超载，具有一定的变矩功能；同时具有飞轮的作用，使发动机运转稳定，齿圈用于起动发动机，驱动液压控制系统的油泵。

2. 结构

液力变矩器的结构如图 2-49 所示。泵轮与变矩器壳连为一体与曲轴一起旋转，涡轮通过轴承支承在变矩器壳体上并与自动变速器的输入轴相连。导轮布置在泵轮与涡轮之间，导轮通过单向离合器支承在导轮固定套管上。单向离合器的作用是只允许导轮单向转动。泵轮、涡轮、导轮上都有特定角度的叶片和导流槽，泵轮与涡轮之间约有 3mm 的间隙。整个液力变矩器内部充满自动变速器油。

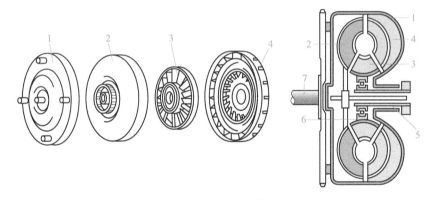

图 2-49　液力变矩器的结构

1—变矩器壳　2—涡轮　3—导轮　4—泵轮　5—导轮固定套管　6—单向离合器　7—发动机曲轴

3. 工作原理（图 2-50）

发动机带动变矩器壳和泵轮一起旋转，在泵轮叶片的作用下，变矩器内的工作油液一起绕轴线旋转。在离心力的作用下，油液沿叶片向外侧射出，高速冲向涡轮，并驱动涡轮以相同的方向转动。由自动变速器的输入轴将动力输出给变速器。

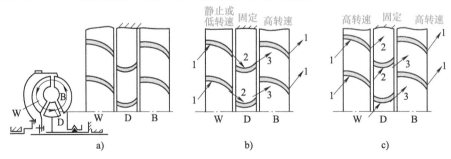

图 2-50　液力变矩器工作原理示意图

a）液力变矩器展开图　b）静止或低速状态　c）高速状态

1—由泵轮冲向涡轮的液压油方向　2—由涡轮冲向导轮的液压油方向

3—由导轮流回泵轮的液压油方向　W—涡轮　D—导轮　B—泵轮

当汽车起步时，涡轮的转矩大于泵轮的转矩，变矩器起增大转矩的作用，以提高汽车起步时的驱动能力。当汽车速度逐渐上升时，从涡轮流出的液压油方向发生变化，逐渐向导轮的背面靠近，导轮工作原理示意图（单向离合器锁止）如图 2-51 所示。

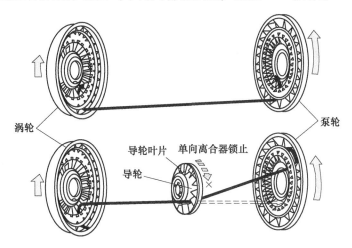

图 2-51　导轮工作原理示意图（单向离合器锁止）

　　当车速达到一定值时，液流从导轮相邻的两叶片孔穿过，不冲击导轮。在这一过程中液流给导轮的冲击力也逐渐减少，直到冲击力等于零。当车速继续上升时，液流冲击导轮叶片背面，由于单向离合器此时打滑，液流给导轮的冲击力也近似地等于零。此时，液力变矩器不改变发动机转矩。导轮工作原理示意图（单向离合器自由转动）如图 2-52 所示。

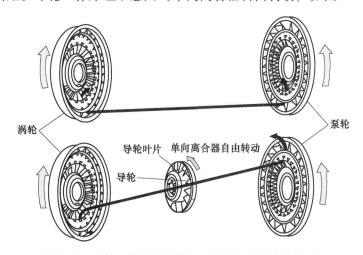

图 2-52　导轮工作原理示意图（单向离合器自由转动）

　　目前，大部分汽车的液力变矩器内还带有锁止离合器。当车速上升到一定值时，锁止离合器起作用，将液力变矩器的泵轮与涡轮直接连接起来，以提高汽车的传动效率。
　　汽车起步时，变矩比最大，传动效率为零；随着车速的提高，变矩比逐渐减小，传动效率逐渐提高；当涡轮转速达到泵轮转速的 0.85 倍时，变矩比为 1，此时导轮开始自由旋转，液力变矩器的变矩功能消失，传动效率已经达到最高且有下降趋势，此时成为偶合点；到达偶合点后，锁止离合器开始工作，传动效率达到 100%。

2.4.3 齿轮变速机构

虽然液力变矩器能进行自动、无级地改变转矩和传动比，但存在变矩系数小、效率低等缺点，难以满足汽车实际需要，目前广泛采用的是液力变矩器后配齿轮变速机构。齿轮变速机构有行星齿轮式和平行轴式，目前绝大多数自动变速器采用行星齿轮变速机构。

1. 行星齿轮变速机构的组成、变速原理及基本应用

（1）组成　行星齿轮变速机构由太阳轮、行星齿轮、行星架、齿圈组成（图 2-53）。

（2）变速原理

1）行星齿轮机构运动规律。行星齿轮机构为动轴轮系，设太阳轮、齿圈、行星架的转速分别 n_1、n_2、n_3（图 2-53 中所示为参考方向，负值表示方向相反），通过分析，行星齿轮机构的运动规律为：

$$n_1 + an_2 - (1 + a)n_3 = 0$$

式中，a 为太阳轮与齿圈的齿数之比。

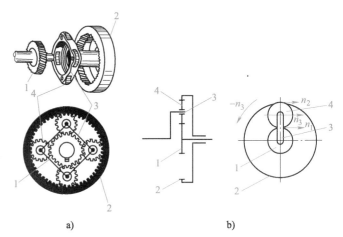

图 2-53　行星齿轮变速机构
a）结构图　b）变速原理示意图
1—太阳轮　2—齿圈　3—行星架　4—行星齿轮

2）行星齿轮机构各种运动情况分析。对行星齿轮机构施加不同的约束，可得到表 2-6 中的 8 种运动。

表 2-6　行星齿轮机构 8 种运动情况分析

序号	太阳轮	齿圈	行星架	传动比	运功特点	适用档位
1	固定	输入	输出	$i = (1+a)/a$ $i > 1$	减速运动 输入与输出同向	减速档
2	固定	输出	输入	$i = a/(1+a)$ $1 > a > 0$	超速运动 输入与输出同向	超速档 （O/D 档）
3	输入	固定	输出	$i = (1+a)$ $i > 1$	减速运动 输入与输出同向	减速档
4	输入	输出	固定	$i = -a$ $\lvert i \rvert > 1$；$i < 0$	减速运动 输入与输出反向	倒档 （R 档）
5	输出	固定	输入	$i = 1/(1+a)$ $1 > i > 0$	超速运动 输入与输出同向	超速档 （O/D 档）
6	输出	输入	固定	$i = -1/a$ $\lvert i \rvert < 1$；$i < 0$	超速运动 输入与输出反向	低档 （R 档）
7	任意两个元件连成一体			1	直接传动	直接档
8	既无任意一个元件固定又无任意两个元件连成一体			自由转动	不传递动力	空档

若不施加约束，则太阳轮、齿圈、行星架各元件都可自由转动，行星齿轮机构不能传递动力，即为空档。

若将 3 件中任意两件连成一体转动，即两件转速相等，则由式 $n_1 + an_2 - (1 + a)n_3 = 0$ 可知，第 3 个元件必然与前两者转速相同，即行星机构中所有元件无相对运动，为直接档。

若太阳轮固定（$n_1 = 0$），齿圈输入运动，行星架输出运动，根据公式 $n_1 + an_2 - (1 + a)n_3 = 0$ 得

$$an_2 - (1 + a)n_3 = 0$$

传动比 $i =$ 输入组件转速 / 输出组件转速 $= n_2/n_3 = (1 + a)/a$，$i > 1$，该运动为减速运动，输入与输出方向相同。

同理可推出其他几种传动结果。

（3）基本应用　自动变速器为了获得多个前进档位，需采用多排行星齿轮机构，多排行星齿轮机构组合方式有辛普森式、拉维娜式、CR-CR 式、单相串联式、组合式等种类。下面介绍前两种组合方式。

1）辛普森式行星齿轮机构。辛普森式行星齿轮机构是两组行星齿轮的前后太阳轮连为一个整体，前排的内齿圈和后排的行星架连为一体或前排的行星架和后排的内齿圈连为一体，如图 2-54 所示。

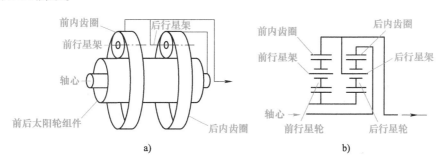

图 2-54　辛普森式行星齿轮机构

a）结构图　b）机构简图

该行星机构只有 4 个独立元件：前内齿圈、前后太阳轮组件、后行星架和前行星架、后内齿圈组件。根据前进档的档数不同，可将辛普森式行星齿轮变速器分为 3 档和 4 档两种。

以丰田 A341E 为例，进行档位分析。如图 2-55 所示为 A341E 档位传动图。表 2-7 为 A341E 各档执行元件工作情况表。

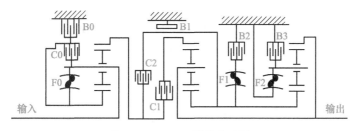

图 2-55　A341E 档位传动图

表 2-7　A341E 各档执行元件工作情况表

变速杆位置	档位	换档执行元件									
		C0	C1	C2	B0	B1	B2	B3	F0	F1	F2
D/R	1 档	●	●						●		●
	2 档	●	●				●		●	●	
	3 档	●	●	●			○		●		
	O/D 档		●	●	●		○				
	倒档	●		●				●	●		
2/L	1 档	●						●	●		
	2 档	●				●	○				
	3 档	●	●	●			○		●		

注："●"表示操纵件起作用，"○"表示操纵件不起作用。

2）拉维娜式行星齿轮机构。拉维娜式行星齿轮机构的显著特点是有一长一短两组行星齿轮，一大一小两个太阳轮，共用一个行星架，共用一个内齿圈，如图 2-56 所示。

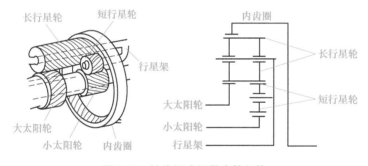

图 2-56　拉维娜式行星齿轮机构

2. 换档执行机构

行星齿轮变速器中所有的齿轮都处于常啮合状态，其档位变换必须通过不同的方式对行星齿轮机构的基本元件进行约束（即固定或连接某些基本元件）来实现。能对这些基本元件实施约束的机构，就是行星齿轮变速器的换档执行机构。

换档执行机构的作用就是约束行星齿轮机构以实现不同档位的传动比。

换档执行机构由离合器、制动器和单向离合器 3 种不同的执行元件组成。换档执行机构有 3 个基本作用，即连接、固定和单向锁止。

所谓连接是指将行星齿轮变速器的输入轴与行星排中的某个基本元件连接，以传递动力，或将前一个行星排的某一个基本元件与后一个行星排的某个基本元件连接成一体运动。

所谓固定是指将行星排的某一基本元件与自动变速器的壳体连接，使之被固定住而不能旋转。

所谓单向锁止是指把行星排中的某一个基本元件单向（顺时针或逆时针）与壳体固定，或将两个基本元件单向连接在一起，从而实现动力传递。

换档执行机构通过一定规律对行星齿轮机构的某些基本元件进行连接、固定或单向锁止，而使行星齿轮机构获得不同的传动比，进而实现档位变换。

自动变速器换档执行机构由液控或电液控系统实现自动控制。

（1）离合器

1）离合器的作用。

① 连接作用：将行星齿轮机构中某一组件与输入部分相连。

② 连锁作用：将行星齿轮机构中任意两个组件连锁为一体，使3个组件具有相同转速，这时行星齿轮机构作为一个刚性整体，实现直接传动。

2）离合器的组成（图2-57）。

① 摩擦片：一般用纸质浸树脂材料制成，也有用铜基烧结粉末冶金制成。其形状为圆盘形，内圆带齿，摩擦片个数日越多，摩擦力越大，一般自动变速器的离合器摩擦片的个数为3~5个，其中低档和倒档离合器摩擦片的个数较多。

② 压板：一般用特殊钢制成，形状为圆盘形，外圆带齿。压板与摩擦片配合成对，但也有部分车型在相邻摩擦片之间放多个压板，这是为了调整间隙。

③ 离合器活塞：一般用铝合金制成，表面镀有软金属，形状为环状圆柱形，四周加工出单向阀和弹簧座。

④ 离合器鼓和缸体：一般由铝合金做成，内有液压缸体及相关油道，摩擦片与压板均装于离合器鼓内并用卡环将压板限位。

⑤ 密封圈：密封圈常用的有O形及开口形密封圈。O形密封圈

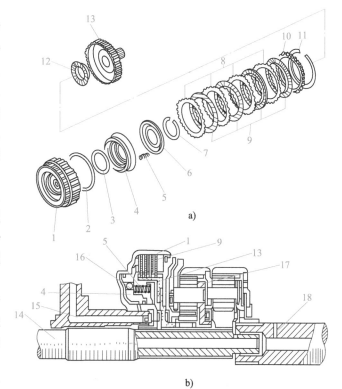

图2-57 离合器的组成
1、13—离合器鼓 2、3—密封圈 4—离合器活塞 5—碟形弹簧
6—弹簧座 7、11—卡环 8—压板 9—摩擦片 10—挡圈
12—推力轴承 14—行星齿轮变速器输入轴 15—油道
16—单向阀 17—前行星排行星架 18—行星齿轮变速器输出轴

安装无方向型，而开口形密封圈安装时，开口必须向缸体。在活塞内外圆各一个密封圈。

⑥ 碟形弹簧：有些自动变速器的离合器中装有碟形弹簧，目的是为了减轻活塞工作时的冲击，同时活塞回位时又可充当回位弹簧。安装时，碟形弹簧小端对向活塞。

⑦ 挡圈：离合器压板最外面一块由于承受较大的冲击力，因此厚度比其他压板大很多（约2~3倍），挡圈平整面安装时朝向摩擦片。

3）离合器的工作原理。

① 接合过程：当需要某一离合器接合工作时，自动变速器液压控制系统将液压油通过

离合器鼓进油道送到活塞后方,给活塞压力,同时压力油将单向阀关闭,活塞受力克服回位弹簧的弹力,逐渐将压板与摩擦片压紧产生摩擦力。离合器的接合过程要求平稳柔和。

② 分离过程:当离合器分离时缸体内主要油压由原油道泄出,同时单向阀打开帮助泄出残余油压,活塞在回位弹簧的作用下迅速回位,离合器摩擦片与压板分离。离合器的分离过程要求迅速彻底。

(2) 制动器 制动器的作用是将行星齿轮机构中某一组件与变速器壳体相连,使该组件受约束而固定。制动器有盘式制动器和带式制动器。盘式制动器结构和工作原理与离合器完全相同,它们的区别在于盘式制动器连接的是运动的组件与变速器壳体,而离合器连接的是两个运动组件。

图 2-58 所示的带式制动器主要组成部件包括:制动带、液压缸和顶杆等,制动鼓通常就是离合器的外壳。当压力油从活塞右端进入时,作用在活塞上的油压克服弹簧力及活塞左端的残余油压,活塞被推向左端,通过顶杆使制动带抱紧离合器的外壳,起制动作用;当需要解除制动时,压力油从活塞左端进入,而活塞的右端卸压,活塞在回位弹簧力的作用下迅速右移,制动带释放。

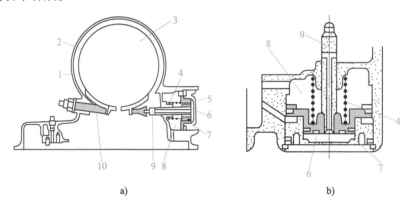

图 2-58 带式制动器
a) 安装示意图 b) 活塞结构
1—变速器壳体 2—制动带 3—制动鼓 4—回位弹簧 5—活塞
6—液压缸施压腔 7—液压缸端盖 8—液压缸释放腔 9—顶杆 10—调整螺钉

(3) 单向离合器

1) 单向离合器在行星齿轮变速器中的作用和离合器、制动器相同,也是用于固定或连接几个行星排中的某些太阳轮、行星架、齿圈等基本元件,让行星齿轮变速器组成不同传动比的档位,它是依靠单向锁止原理来发挥固定或连接作用的,其固定和连接也只能单方向。

当与之相连接的元件受力方向与锁止方向相同时,该元件即被固定或连接;当受力方向与锁止方向相反时,该元件即被释放或脱离连接。

单向离合器也应用在液力变矩器的导轮中,导轮中心孔内的单向离合器的作用是使导轮同泵轮和涡轮同向可转动,反向则不能转动。

单向离合器有多种形式,目前最常见的是滚柱式和楔块式两种。

2) 单向离合器的工作原理。

① 滚柱式单向离合器:工作原理如图 2-59 所示。外圈 1 的内表面上开有若干偏心的弧

形空间，与内圈 2 外表面形成若干个楔形空间，滚柱 4 位于楔形空间内，被碟形弹簧压向较窄的一端。当外圈相对内圈逆时针运动时（图 2-59a），滚柱在摩擦力作用下压缩弹簧被推向楔形空间宽的一端而处于自由状态，外圈和内圈可相对转动。若外圈相对内圈顺时针转动，则情况相反（图 2-59b），滚柱在弹簧压力和摩擦力作用下被推向楔形空间的窄端，于是内、外圈被楔紧在一起而不能相对转动。

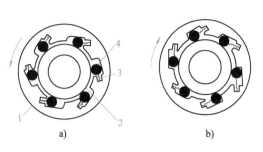

图 2-59　滚柱式单向离合器工作原理
a）自由状态　b）锁止状态
1—外圈　2—内圈　3—弹簧　4—滚柱

② 楔块式单向离合器：工作原理如图 2-60 所示。楔块两个方向的尺寸 A、C 与环形槽的宽度 B 之间关系是 $A>B>C$。当外圈相对内圈逆时针运动时，楔块以小端尺寸 C 介于内、外圈之间自由转动；而做顺时针运动时，则楔块将内、外圈锁在一起，只能一起转动。

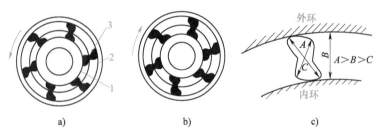

图 2-60　楔块式单向离合器工作原理
a）自由状态　b）锁止状态　c）楔块尺寸
1—内圈　2—外圈　3—楔块

2.4.4　液压控制系统

1. 液压控制系统的总体组成与控制原理

自动变速器液压控制系统主要由油泵、各种阀门组成的自动换档机构和锁止机构等组成。全液压自动换档控制由节气门阀、调速阀分别将负荷信号、车速信号转化为油压信号作用在换档阀上，当负荷、车速变化到某一特定范围时，驱动换档阀动作，接通或断开换档油路，控制相应的离合器、制动器闭合还是分离，改变行星齿轮机构传动关系，从而实现自动换档。驾驶人通过操纵变速杆手动阀位置，接通或断开各换档阀油路，控制某些档位可以自动变档，有的档位则被限制不允许自动换档。

电控液压自动变速器，取消了节气门阀和调速阀，电控单元根据节气门信号和车速信号直接通过电磁阀控制换档阀动作，改变油路，实现换档。

2. 液压控制系统主要组成的结构及功能

（1）油泵　它是自动变速器液压控制系统的压力来源。油泵通常安装在自动变速器前方，由发动机驱动，也有部分汽车油泵安装在自动变速器的后方（如马自达 6）。自动变速器用油泵有齿轮泵、转子泵、叶片泵几种形式，目前广泛采用的是齿轮泵和叶片泵。齿轮泵有内啮合式和外啮合式。图 2-61 所示为内啮合式齿轮油泵结构。主动齿轮 3 是外齿结构，从动齿轮 2 是内齿结构，主、从动齿轮采用内啮合偏心装配。主动齿轮用键与液力变矩器泵轮轮毂连接，与泵轮一同由发动机曲轴驱动，带动从动齿轮同向旋转。为了防止吸油腔与排油腔之间的泄漏，在两腔之间设置了月牙形隔板 5。主从动齿轮、月牙形隔板、前后盖之间形成了多个分隔的密闭空间。

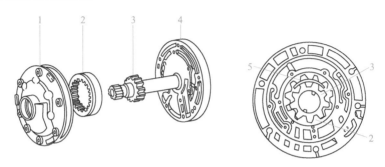

图 2-61　内啮合式齿轮油泵的结构

1—前壳体　2—从动齿轮　3—主动齿轮　4—泵盖　5—月牙形隔板

当齿轮旋转时，进油容积由小变大，产生真空度，不断吸油；同时出油容积由大变小，提高油压，不断泵油。

（2）节气门阀　在行驶过程中，驾驶人会根据各种情况来控制节气门开度，液压控制系统中反映节气门开度的控制阀称为节气门阀，根据节气门信号输入的方式不同有机械式和真空式两种。真空式节气门阀是利用发动机进气总管的真空（负压）使控制阀中的真空节流阀工作。真空式节气门阀安装在变速器的外壳上，用真空管与进气总管相通。其构造如图 2-62 所示。

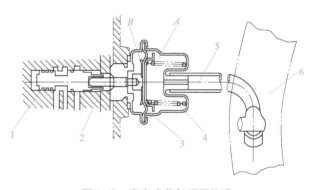

图 2-62　真空式节气门阀构造

1—真空节流阀　2—推杆　3—膜片　4—回位弹簧　5—真空管
6—发动机进气总管　A—真空室　B—大气室

当节气门全开且发动机转速尚未充分上升时，此时，进气总管内的混合气流速较慢，总管内真空度较低。膜片连同推杆左移，从而推动真空节流阀的滑阀左移。反之，当发动机转速很高、混合气流速很快或节气门关闭时，进气总管内的真空度变大，作用于膜片右侧的压力减小，膜片连同推杆右移，从而使真空节流阀的滑阀右移，使真空节流阀调节出完全反映发动机负荷状态的油路压力送给控制阀，以确定最佳换档时刻。

机械式节气门阀直接由节气门拉索拉动凸轮驱动阀芯，达到调压的目的。

（3）调速阀　它安装在输出轴上，位于油流分配器的后面，它由初级调速阀 1 和次级调速阀 4 所组成（图 2-63），随输出轴一同旋转。调速阀能够将油路压力调制成随输出轴转速即车速变化的油压，此油压称为调速油压。调速压力作为控制油压去控制换档阀的动作。调速阀的工作原理如图 2-64 所示。

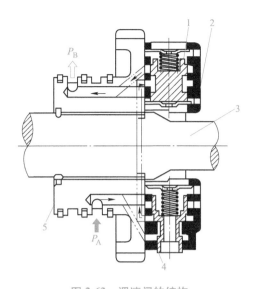

图 2-63　调速阀的结构

1—初级调速阀　2—调速阀壳体　3—输出轴
4—次级调速阀　5—油流分配器
P_A—主油路压力　P_B—调速压力

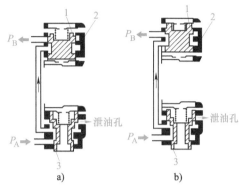

图 2-64　调速阀的工作原理

a）车速较低时　b）车速较高时
1—初级调速阀　2—调速阀壳体
3—次级调速阀

初级调速阀的作用是将次级调速阀所调节的调速压力送往各控制阀。当车速较低时，由于弹簧的作用力大于阀芯的离心力，初级调速阀的出油口被关闭。但是，随着车速的提高，阀芯的离心力逐渐增大，推动阀芯往外移动，当车速增大到一定程度时，使出油口开启，从而将调速压力送往各控制阀。

次级调速阀的作用是将主油路压力调节成调速压力。当车速较低时，次级调速阀内泄油孔的开度较大，因而，油路压力较低，从而调速油压也较低。当车速提高时，次级调速阀阀芯受离心力的作用逐渐向外移动，泄油孔开度变小，油路压力上升，从而调速油压也相应提高。

（4）调压装置　调压装置能将油泵泵出的油压稳定在一定的范围（0.5~1MPa）内，以供液压系统在各档位工作时使用。调压装置通常采用阶梯式滑阀（图 2-65），它主要由主阀芯、调压柱塞、调压弹簧、弹簧座、套筒等组成。

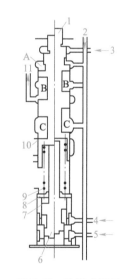

图 2-65　阶梯式滑阀

1—主阀芯　2—主油路
3—来自压力校正阀的反馈油路
4—来自手控制阀的倒档反馈油路
5—来自节气门阀的油路
6—调压柱塞　7—套筒
8—弹簧座　9—调压弹簧
10—泄油道　11—去液力变
矩器的油路　A、B、C—油腔

当车速较高时，来自压力校正阀的油压较高，通过反馈油路 3 作用在主阀芯 1 的上部，使泄油道 10 的开度变大，主油路油压下降；反之，车速较低时，主油路油压上升。

当发动机转速上升时，来自节气门阀的反馈油压上升，通过油路 5 作用在调压柱塞底部，使泄油道 10 的开度变小，主油路油压上升。

当变速杆手柄位置处于 R 档位时，来自手控制阀的油压通过倒档反馈油路 4 作用在调压柱塞的环形油腔内，使泄油道 10 的开度变小，主油路油压上升。另外主油路油压还可以通过油腔 B、油路 11 送到液力变矩器。调压弹簧的弹力始终让泄油道 10 的开度变小，增大油压。

阶梯式滑阀调压装置的调压特点如下：

① 当车速较高时，主油路油压较低，反之，主油路油压较高。

② 当发动机转速较高时，主油路油压较高，反之，主油路油压较低。

③ 倒档油压比前进档油压高。

④ 调压弹簧的弹簧力越大，主油路油压越高。

（5）手控制阀　手控制阀在自动变速器液压控制系统里相当于油路总开关，由驾驶室内的变速杆手柄控制。当变速杆手柄位于不同的位置时，手控制阀将主油路的液压油分配给不同的工作油道。自动变速器变速杆手柄常见的位置有 5 个、6 个或 7 个。一般位置如下：

① P、R、N、D、3、2、1（如本田车系）。

② P、R、N、D、2、L（如丰田车系）。

③ P、R、N、D、2、1（如日产车系）。

④ P、R、N、D、S、L。

⑤ P、R、N、D、S。

图 2-66 所示为丰田 A43D 自动变速器手控制阀。它是一个 6 位的方向阀，其位置为 P、R、N、D、2、L。阀体上有油道，各油道与系统中其他液压元件的连接如下：

油道 a 和 b——通到 2-3 档换档阀阻止其升档动作，并通到制动器。

油道 c 和 d——前进档油道。

油道 e——从油泵来。

油道 f——通到倒档执行元件。

油道 g 和 h——通到 1-2 档换档阀阻止其升档动作，并通到倒档和低档制动器。

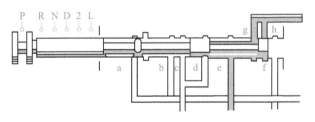

图 2-66　丰田 A43D 自动变速器手控制阀

变速杆在各位置时，丰田 A43D 自动变速器自动换档范围和手控制阀油路接通情况见表 2-8。

表 2-8　丰田 A43D 自动变速器自动换档范围和手控制阀油路接通情况

位置	自动换档范围	与主油路 e 相通的油道
P	停车	
R	倒车	f、g、h
N	空档	
D	1~4 档自动换档	c、d
2	不能由 2 档升 3 档	a、b、c、d
L	只能在 1 档行驶	a、b、c、d、g、h

（6）换档阀　它是自动换档操纵系统中的核心机件。它的制造质量和磨损程度，不仅直接关系到自动变速器的性能好坏，还影响到整个车辆的使用性能。其主要功用是：

1）自动选择档位。按照换档规律的要求，随着控制参数（节气门开度和车速）的变化，选择最佳换档时刻，发出换档信号。

2）完成换档操纵。操纵换档执行机构（换档离合器和换档制动器）的分离或接合动作。

3）进行换档区范围的人工选择。随着行车条件的变化，能让驾驶人手动选择自动换档的档区范围。一般一个换档阀只控制一个前进档油道，而前进 1 档油道直接由手控制阀控制，因此在一个液压控制系统中换档阀的总数比前进档总数少一个。通常把控制前进 2、3、4 档的换档阀分别称为 1-2 档、2-3 档、3-4 档换档阀。

目前，采用电液控制方式的自动变速器基本取代了完全液控的自动变速器，换档阀的工作也几乎都由换档电磁阀控制。其控制逻辑有两种：一种是施压控制，即通过开启或关闭换档阀控制油路的进油孔来控制换档阀的工作；另一种是泄压控制，即通过开启或关闭换档阀控制油路的泄油孔来控制换档阀的工作。

电液式控制系统换档工作原理如图 2-67 所示。换档阀的左端通过油路和换档电磁阀相通。当电磁阀关闭时，没有油压作用在换档阀左端，换档阀在右端弹簧弹力的作用下移向左端（图 2-67a）；当电磁阀开启时，主油路压力油经电磁阀作用在换档阀左端，使换档阀克服弹簧弹力移向右端（图 2-67b），从而产生油路变换，实现换档。

（7）锁止离合器控制阀　锁止离合器控制阀的作用是当车速上升到一定值时，将液力变矩器的泵轮与涡轮直接连接起来，实现液力变矩器直接传动，提高传动效率。

锁止离合器以电磁阀控制最广泛，可分为开关式和脉冲线性式锁止离合器控制阀。如图 2-68 所示为开关式锁止离合器控制阀的工作原理。

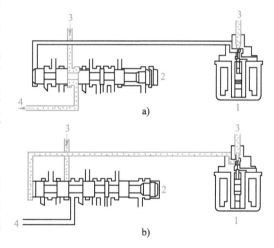

图 2-67　电液式控制系统换档工作原理
a）换档电磁阀关闭　b）换档电磁阀开启
1—换档电磁阀　2—换档阀
3—主油路压力油　4—至换档机构

当车速、节气门开度等因素未达到锁止条件时，锁止电磁阀不通电，电磁阀的泄油孔开启，使作用在锁止离合器控制阀右端的控制油压下降，阀芯在弹簧的作用下右移，来自变矩器控制阀的压力油经锁止离合器控制阀同时作用在变矩器内的锁止离合器活塞两侧，从而使锁止离合器处于分离状态（图 2-68a）。

当车速、节气门开度等因素满足锁止条件时，电子控制单元向锁止电磁阀发出电信号，电磁阀的泄油孔关闭，使作用在锁止离合器控制阀右端的控制油压上升，阀芯在右端控制油压的作用下左移，此时锁止离合器活塞右侧的液压油经锁止离合器控制阀泄空，活塞左侧的变矩器油压将活塞压紧在变矩器壳上，使锁止离合器处于结合状态（图 2-68b）。

2.4.5 自动变速器电子控制系统

自动变速器电子控制系统是在原有液压控制系统的基础上新增加一套电子控制系统，该系统比液压控制系统更先进、更准确，目前，绝大部分自动变速器控制系统采用电子控制系统辅助液压控制系统完成换档及油压调节。全液压控制与电子控制的主要区别是两者控制原理不同。

全液压控制是完全利用液压自动控制原理来完成其主要控制任务的，节气门开度和汽车车速这两个主要参数以机械的方式传入控制系统，并利用流体力学的原理将此两个物理信号转化为相应的液压控制信号，控制系统根据这两个液压控制信号的变化进行各种控制工作。

电子控制是利用电子自动控制的原理来完成各种控制任务的。传感器将汽车发动机的节气门开度、汽车车速等各种运转参数转变为电信号，电子控制单元（ECU）根据这些电信号，按照设定的控制程序发出换档等控制信号，通过各种电磁阀（换档电磁阀、油压电磁阀等）来操纵阀体总成的工作，从而完成换档等控制任务。电子控制具有控制精度高、响应快、控制灵活多样、结构简单及故障易检查与排除的优点。

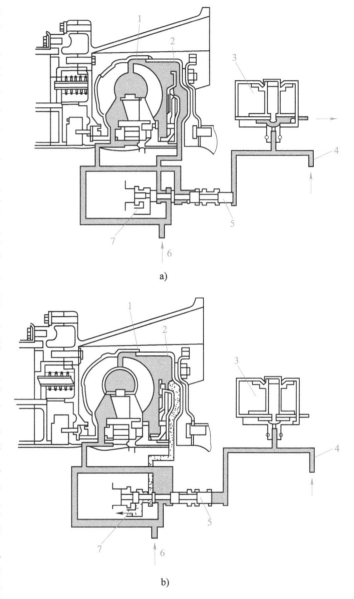

图 2-68　开关式锁止离合器控制阀的工作原理
a）分离　b）接合
1—液力变矩器　2—锁止离合器　3—锁止电磁阀　4—主油路
5—锁止离合器控制阀　6—来自变矩器控制阀油路　7—泄油孔

电子控制系统主要包括 ECU、传感器、执行元件（电磁阀）及控制系统等（图 2-69）。电子控制系统中的传感器及各种控制开关将发动机工况、车速等信号传递给 ECU，ECU 发出指令给执行元件，执行元件和液压系统按一定的规律控制换档执行机构工作，实现电控自动变速器自动换档，图 2-70 为丰田 A340E 型自动变速器电子控制系统的零件位置。

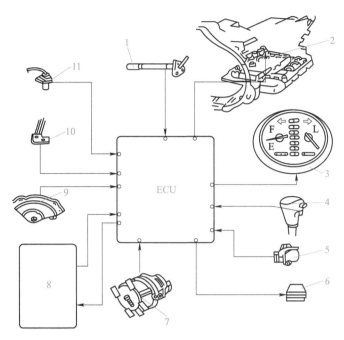

图 2-69　电子控制系统

1—输入轴转速传感器　2—电磁阀　3—仪表板　4—超速档开关
5—节气门位置传感器　6—自检插座　7—发动机转速传感器
8—巡航电子控制单元　9—档位开关　10—液压油温度传感器　11—车速传感器

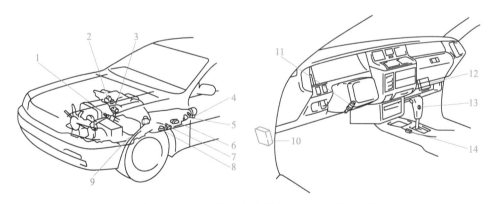

图 2-70　丰田 A340E 型自动变速器电子控制系统的零件位置

1—冷却液温度传感器　2—节气门开度传感器　3—检查接头　4—1 号车速传感器　5—2 号车速传感器
6—2 号电磁阀　7—1 号电磁阀　8—锁定电磁阀　9—空档起动开关　10—巡航控制 ECU　11—停车灯开关
12—发动机和 AT ECU　13—O/D 主开关　14—模式选择开关

2.4.6　其他类型自动变速器

1. 机械式自动变速器

AMT 与其他类型的自动变速器相比成本低，其结构与手动变速器基本一致，换档冲击比较明显，舒适性较差，主要用于重型货车、微型车、小型车中。

（1）AMT 的组成及工作原理　图 2-71 所示为机械式自动变速器的结构示意图。AMT 主要由电子控制单元、执行机构及传感器等部分组成。

电子控制单元包括各种信号处理单元、微处理器、程序及数据存储器、驱动电路、显示单元、故障自诊断单元及工作电源等。

换档执行机构及节气门开度执行机构功用如下：选换档执行机构用来完成摘档、选档和换档操作；节气门开度执行机构由步进电动机驱动，完成对节气门开度踏板位置的跟踪以及换档过程中发动机转速的调节。离合器执行机构实现离合器的自动分离和平稳结合控制。

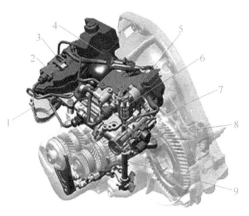

图 2-71　机械式自动变速器的结构示意图
1—离合器位置传感器　2—电动泵单元
3—离合器执行机构　4—液压储能罐
5—选档位置传感器　6—选档执行机构
7—换档执行机构　8—换档位置传感器　9—控制轴

传感器用来采集控制数据，如速度、节气门开度和滑转率等参数，并将采集到的信号转换成 ECU 能够识别、处理的信息，从而对车辆的运行状态做出及时反应。

驾驶人通过加速踏板和操纵杆向 ECU 传递控制信号；ECU 采集发动机转速传感器、车速传感器等信号，时刻掌握着车辆的行驶状态；ECU 根据这些信号按存储于其中的最佳程序，最佳换档规律、离合器模糊控制规律、发动机供油自适应调节规律等，对发动机供油、离合器的分离与结合、变速器换档三者的动作与时序实现最佳匹配，从而获得优良的燃油经济性和动力性能以及平稳起步与迅速换档的能力，以达到驾驶人所期望的结果。AMT 变速器的变速原理和直齿变速器一样，最大区别是 AMT 变速器在换档时只需简单地推上或拉下变速杆，这种设计不但加快了换档速度，更大大降低了换错档的可能性。

（2）AMT 的类型　根据选换档和离合器的操纵方式的不同，AMT 可分为气压驱动式、电动机驱动式和液压驱动式 3 种。

1）气压驱动式。气压驱动式机械式自动变速器中，选、换档和离合器的操纵由气压系统控制。重型汽车上多采用气压驱动式。由于气压系统压力波动较大，对选、换档和离合器的精确控制不利。

2）电动机驱动式。电动机驱动式机械式自动变速器采用直流电动机来驱动选、换档机构和离合器。其优点是结构简单、能够灵活控制、适应能力强、制造简单、成本低、能耗小。其缺点是电动机的执行动作比液压缸慢，而且不精确，对选、换档速度要求不太快的情况下可以选用电动机驱动式。

3）液压驱动式。液压驱动式机械式自动变速器中，选、换档和离合器的操纵靠液压油来实现。液压控制系统根据 ECU 的指令控制电磁阀，使执行机构自动地完成离合器分离、结合和变速器选、换档等动作。液压驱动式电控机械式自动变速器的优点是操作简便、容量大、易于实现安全保护、方便空间布置、具有一定的吸收振动和冲击的能力；缺点是温度变化会使执行机构中液压油的黏度发生变化，另外，液压元件的加工精度要求高、成本大。

（3）AMT 的应用经典实例　图 2-72 所示为伊顿 AMT 变速器的结构图。伊顿 AMT 变速器具有离合器受损保护、发动机保护、起步档位智能选择、跳档操作、倒溜保护、驻车空档、停车空档、爬行模式、牵引力控制、远程节气门控制及发动机制动等操作特性。离合器控制技术和换档控制策略确保车辆无论处于何种工况，总能保持最佳性能和效率，并且其良好的低速操控性能，帮助汽车实现了平稳有效的低速行驶。

伊顿 AMT 优化了离合器控制，对离合器使用寿命的提高起到了很大的作用，并且通过设计传动系统保护缩小了传动系统部件。伊顿 AMT 可以根据发动机燃油曲线优化换档策略，提高车辆的燃油经济性。伊顿 AMT 还具有坡道起步辅助和集成数据记录功能。

AMT 变速器换档速度较快，在很多跑车上得到了应用，如兰博基尼。图 2-73 所示为兰博基尼 ISR 自动变速器的结构图，这台变速器来自于知名的意大利变速器制造商格拉奇亚诺（Graziano）。格拉奇亚诺是一个专注于高性能跑车的变速器制造商，其目标客户为法拉利、玛莎拉蒂、兰博基尼和阿斯顿-马丁等高性能跑车制造商。

官方的数据显示，这台机械式变速器换档速度比目前同档次变速器换档速度快50%，换档间隔只有惊人的 50ms（几乎和 F1 赛车的序列式变速器相差无几），而变速器总质量却只有 70kg，特别是与同类的双盘式离合器相比时，这一优势更为明显。在全新 V12 发动机和 7 速 ISR 变速器的帮助下，艾文塔多（Aventador，兰博基尼旗下的旗舰超级跑车，图 2-74）的 0~100km/h 加速更是突破了 3s 大关，仅需 2.9s 就能完成速度破百。

图 2-72　伊顿 AMT 变速器的结构图
1—伊顿离合器（自调整，长寿命，双片陶瓷）
2—转速传感器（多路信号确保精确控制）
3—电控换档机构（紧凑的模块设计，和各种车型配置兼容）　4—副箱执行器（紧凑可靠的电控执行器）
5—ECU 及智能化软件（可配置/标定，拥有智能算法、数据读取的卓越性能和功能）
6—变速器本体（经过验证的可靠的双中间轴技术）
7—电控离合器执行器（平稳起步快速换档）

图 2-73　兰博基尼 ISR 自动变速器的结构图
1—差速器　2—换档拨叉　3—电控液压阀　4—液压泵

2. 无级自动变速器

CVT 根据车速和节气门开度来改变机械式 V 形传动带轮的作用半径，从而实现无级变速。

（1）CVT 基本结构　图 2-75 为日本富士重工业公司使用的 TB-40 金属带式无级自动变速器，它将轿车传动系的离合器、变速器、主减速器及差速器等装配成一个整体结构。

（2）CVT 基本工作原理

1）CVT 动力传递路线。其动力传递路线为发动机→电磁离合器 3→主动带轮 11→金属传动带 7→从动带轮 6→主减速器→差速器→半轴 2→驱动轮。

兰博基尼艾文塔多也使用AMT变速器，由于设计独特，
换档间隔可达50ms，连普通双离合变速器都只能甘拜下风

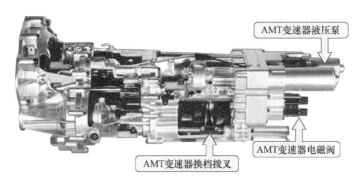

图 2-74　兰博基尼艾文塔多

2) 变速原理。金属带式 CVT 传动装置的变速原理如图 2-76 所示，通过同时改变主动带轮和从动带轮的作用半径，来改变传动比，传动比变化范围为 0.497~2.503，最大传动比与最小传动比的比值为 5.036，这个值与手动换档 5 档变速器的值相当。这样的传动比变化范围还不能满足轿车行驶的需要，因此常与其他传动装置（液力偶合器、电磁离合器等）配合使用。

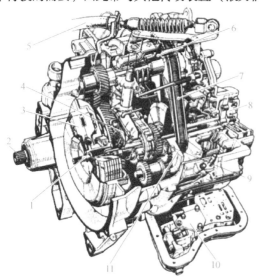

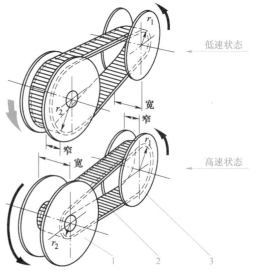

图 2-75　金属带式无级自动变速器

1—输入轴　2—半轴　3—电磁离合器　4—电刷架
5—换档软管　6—从动带轮　7—金属传动带　8—油泵
9—换档机构　10—液压控制阀　11—主动带轮

图 2-76　金属带式 CVT 传动装置的变速原理

1—从动带轮　2—金属传动带　3—主动带轮

CVT 使用的金属带可用多层合金薄钢带串上 V 形的钢片制成（图 2-77）。这种金属带可承受很大的拉力和侧向压力，钢带装在工作半径可变的带轮上，靠液压力改变带轮的半径来改变传动比。

3）控制原理。CVT 的控制系统由两部分组成：电磁离合器控制系统和变速控制系统（图 2-78）。

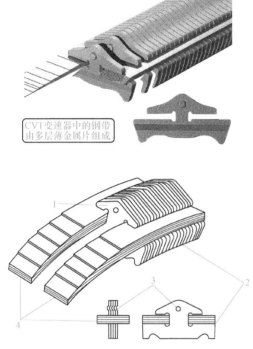

图 2-77 金属带结构

1—V 形钢片 2—工作面 3—定位凹坑 4—钢带

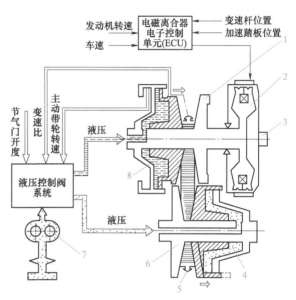

图 2-78 CVT 控制系统

1—主动带轮 2—电磁离合器 3—输入轴
4—从动带轮液压控制缸 5—金属传动带
6—从动带轮 7—油系 8—主动带轮液压控制缸

电磁离合器控制系统原理是当汽车起步、换档或停车时，由电磁离合器 ECU 控制离合器实现分离和接合。发动机转速、车速、变速杆位置、加速踏板位置等信息输入 ECU，经过运算处理后，可以确定当前所处的运行工况，然后从 ECU 的只读存储器中读取相应的控制参数，并输出给电磁离合器，使之处于预先设定的工作状态。电磁离合器电子控制单元还具有失效保险、故障自诊断等功能。

变速控制系统采用液压系统控制金属传动带传动机构，即通过主动带轮和从动带轮 V 形槽宽度的变化，来控制带轮可动锥面盘的轴向位置。液压控制系统根据节气门开度、发动机转速、传动比等输入信号来控制供给主、从动带轮液压室的油压，调整液压室油压可用换档控制阀和压力调节阀来进行。

此外，还有金属带润滑用的保压阀、将换档控制阀的动作限定在高转速范围内的档位阀（又称作发动机辅助制动阀）、变速锁止阀等辅助阀。

3. 双离合自动变速器

DSG 也被统称为 DCT。它也是基于手动变速器发展而来的，其工作原理是将变速器档位按照奇、偶数分开布置，分别与两个离合器连接，通过切换两个离合器的工作状态，就可以完成换档动作。

（1）DCT 的结构和工作原理　典型 6 档双离合自动变速器结构如图 2-79 所示。

图 2-80 为典型 6 档双离合自动变速器结构原理图。发动机转矩通过离合器输入变速器内部，在变速器中通过输入轴，齿轮啮合及输出轴形成动力传递路线，并将转矩输出到驱动桥。输入轴 1 和输入轴 2 空套在一起，输入轴 1 在空心的输入轴 2 的内部，通过花键与多片离合器 1 相连；输出轴 2 通过花键和多片离合器 2 相连。输入轴 1 上有 1、3、5、7 档齿轮，输入轴 2 上有 2、4、6、倒档齿轮；输出轴 1、2 分别与差速器相连；输入轴 2 通过增加一根倒档轴改变了动力输出的方向，形成倒档。

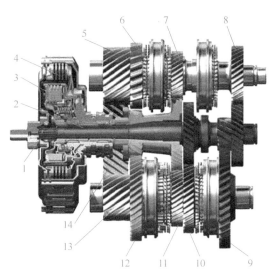

图 2-79　典型 6 档双离合自动变速器结构
1—输入轴 1　2—输入轴 2　3—离合器 2　4—离合器 1
5、13—输出到差速器　6—倒档齿轮　7—6 档齿轮
8—5 档齿轮　9—1 档齿轮（啮合）　10—3 档齿轮
11—4 档齿轮　12—2 档齿轮（啮合）　14—差速器

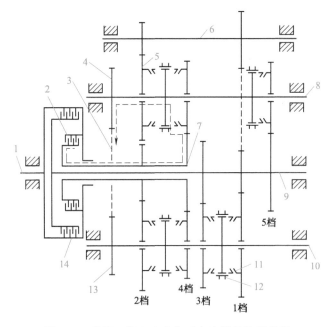

图 2-80　典型 6 档双离合自动变速器结构原理图
1—输入轴　2—离合器 2　3—驱动桥输入齿轮　4—输出齿轮 2　5—倒档 6 档　6—倒档轴　7—输入轴 2
8—输出轴 2　9—输入轴 1　10—输出轴 1　11—同步器　12—接合套　13—输出齿轮 1　14—离合器 1

下面以倒档和 1 档来分析动力传递路线：

1）倒档传输路线。发动机→离合器 1→输入轴 1→1/R 档主动齿轮→倒档轴→倒档从动齿轮→输出轴 2→输出齿轮→差速器→驱动车轮。

2）1 档传输路线。发动机→离合器 1→输入轴 1→1 档主动齿轮→1 档从动齿轮→输出轴 1→输出齿轮→差速器→驱动车轮。

（2）DCT 的类型　根据双离合器形式不同，DCT 分为湿式和干式两种类型。

1）湿式双离合自动变速器。湿式双离合自动变速器的离合器摩擦片浸没在变速器油中，利用油压压紧离合器主、从动摩擦片产生摩擦转矩传递动力，离合器工作环境全封闭，避免外界湿度、粉尘及内部机油的影响，工作性能更加稳定。由于湿式离合器摩擦副间有油膜，接合过程为混合摩擦状态，接合过程平顺。湿式离合器冷却散热效果好，特别是在频繁接合和半接合工况，使用寿命一般为干式离合器的 3~4 倍，但湿式离合器结构比较复杂，价格高于干式离合器。

如图 2-81 所示为典型 6 档 DCT 双离合变速器构造，该双离合自动变速器采用"湿式"双离合器，双离合器为一大一小两组同轴安装在一起的多片式离合器，分别连接 1、3、5、倒档以及倒档和 2、4、6 档齿轮。"湿式"是指双离合器安装于一个充满液压油的封闭油腔里。这种湿式结构具有很好的调节能力和优异的热容性。湿式双离合器如图 2-82 所示。

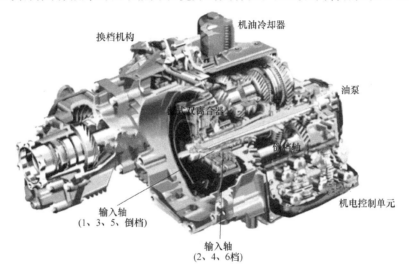

图 2-81　典型 6 档 DCT 双离合变速器构造

2）干式双离合自动变速器。干式双离合自动变速器直接利用干式摩擦片进行传动，响应速度快，传动效率高，燃油经济性好。但干式离合器只能轴向布置，结构简单但尺寸较大，所以能传递的转矩较小，一般只能承受 250N·m 以下的转矩。如图 2-83 所示为使用干式双离合器的 7 档 DCT 双离合变速器。如图 2-84 所示为干式双离合器。

图 2-82　湿式双离合器

奥迪 S-Tronic 7 档双离合变速器（图 2-85）是一种干式离合器，它其实是在 6 速的技术基础上开发而来的，简化了相关的液力系统。7 速双离合变速器一般与小排量的发动机配合使用。"双离合器"安装于密闭的油腔里，动盘上的干式摩擦片相互结合固然可以带来最直接的传递效率，但是它也更容易发热，所以它的热容性不如湿式离合器，因此所承受转矩也就相对较小。

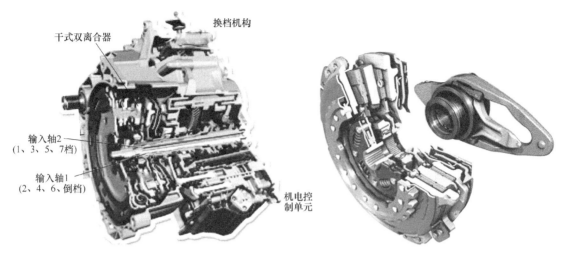

图 2-83　7 档 DCT 双离合变速器　　　　　　图 2-84　干式双离合器

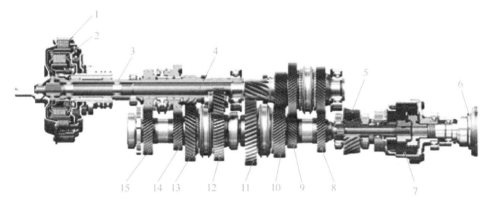

图 2-85　奥迪 S-Tronic 7 档双离合变速器

1—离合器 1　2—离合器 2　3—输入轴 2　4—输入轴 1　5—输出至前轴差速器　6—输出至后轴差速器　7—中央差速器
8—5 档齿轮　9—7 档齿轮　10—3 档齿轮　11—1 档齿轮　12—倒档齿轮　13—2 档齿轮　14—6 档齿轮　15—4 档齿轮

2.4.7　自动变速器常见故障

自动变速器常见故障及原因见表 2-9。

表 2-9　自动变速器常见故障及原因

故障名称	故障现象	故障原因
换档无感觉	车辆换档时无感觉	① 换档操作机构调整不良 ② 换档电磁阀（1 号和 2 号）失效或阀体损坏 ③ 车速传感器或节气门位置传感器不正常 ④ 变速器机构故障
前进档打滑或颤动	车辆挂入前进档后，车速提升缓慢或无法提速，且变速器有抖动现象	① 油位不正确、油质不好、油压太低 ② 换档拉杆调整不当 ③ 变矩器失效 ④ 电磁阀或阀体损坏 ⑤ 某一档打滑时，则说明该档结合离合器、制动器磨损失效 ⑥ 行星齿轮机构工作不良

（续）

故障名称	故障现象	故障原因
不能升档、升档延迟滞后	车辆在前进档时，无法升档提速或者升档缓慢	① 油位、油压不正确，变速杆调节不当，发动机怠速过低 ② 换档电磁阀失效 ③ 油泵失效 ④ 车速传感器或节气门位置传感器不正常 ⑤ 超速离合器失效，或结合离合器、制动器失效
无发动机制动	车辆在前进档滑行时，没有发动机制动现象	① 变矩器单向离合器失效 ② 结合离合器、制动器失效 ③ 行星机构失效
倒档打滑	车辆挂入倒档后，无法行使或提速缓慢	① 倒档结合制动器失效 ② 同故障"前进档打滑或颤动"的①~⑤项
各档位汽车均不动	车辆挂入前进档或倒档时，车辆无法行驶	① 油位太低、滤清器或油路堵塞或漏油 ② 电磁阀或阀体失效 ③ 油泵损坏、变矩器损坏 ④ 行星齿轮机构失效

2.5 分动器

案例： 一辆长丰猎豹越野汽车，行驶里程为 125000km。据客户反映，该车只能在两驱驱动模式下行驶，无法挂入四轮驱动模式，你知道是什么原因引起的吗？

越野汽车需要经常在坏路和无路情况下行驶，尤其是军用汽车的行驶条件更为恶劣，这就要求增加汽车驱动轮的数目，因此，越野汽车都采用多轴驱动。多轴驱动的越野汽车装有分动器（图 2-86）。

图 2-86 分动器总成

2.5.1 分动器概述

1. 分动器的作用

分动器的功用是将变速器输出的动力分配到各驱动桥，并且增大转矩。

分动器也是齿轮传动系统，其输入轴与变速器的输出轴相连接，分动器的输出轴有若干根，分别经万向传动装置与各驱动桥相连。

2. 分动器的发展

分动器已经发展到第5代：

第1代的分动器基本上为分体结构，由直齿轮传动、双换档轴操作机构、铸铁壳体组成。

第2代分动器也是分体结构，但已改为全斜齿齿轮传动、单换档轴操作机构和铝合金壳体，一定程度上提高了传动效率，简化了换档机构、降低了噪声与油耗。

第3代分动器增加了同步器，使多轴驱动车辆具备在行进中换档的功能。

第4代分动器的重大变化在于采用了联体结构以及行星齿轮加链传动，从而优化了换档操作并大大提高了传动效率和性能。

第5代分动器壳体采用压铸铝合金材料、齿形链传动输出，其低档位采用行星斜齿轮机构，其轻便可靠、传动效率高、操作简单、结构紧凑、噪声更低。

2.5.2　分动器的分类

1. 分时驱动（Part-time 4WD）

如图2-87所示为牧马人分动器操作档杆，分时驱动是一种驾驶人可以在两驱和四驱之间手动选择的四轮驱动系统，由驾驶人根据路面情况，通过接通或断开分动器来切换两轮驱动或四轮驱动模式，这也是一般越野汽车或四驱SUV最常见的驱动模式。分时驱动最显著的优点是可根据实际情况来选取驱动模式，比较经济。

2. 全时驱动（Ful-time 4WD）

如图2-88所示为宝马xDrive全时四驱系统，全时驱动不需要驾驶人选择操作，汽车的4个车轮时刻都能单独提供驱动力，在行驶过程中一直保持四轮驱动的形式，发动机输出转矩以一定的比例分配到前、后车轮，具有很好的越野性与操控性。全时驱动具有较好的驾驶操控性和行驶循迹性，在极限路况（泥泞湿地、山路）或激烈驾驶时，全时驱动都有很高的通过性及稳定性。但全时驱动油耗相对较高。

图2-87　牧马人分动器操作档杆

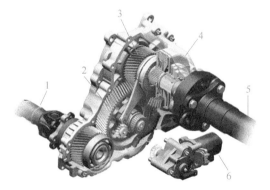

图2-88　宝马xDrive全时四驱系统

1—至前桥　2—传动齿轮　3—动力输入
4—齿轮传动式分动器　5—至后桥　6—电控机构

3. 适时驱动（Real-time 4WD）

采用适时驱动的车辆可以通过计算机来控制选择适合当下情况的驱动模式。在正常的路面，车辆一般会采用后轮驱动的方式，而遇到路面不良或驱动轮打滑的情况，计算机会自动检测并立即将发动机输出转矩分配给前排的两个车轮，自然切换到四轮驱动状态，免除了驾驶人的判断和手动操作，应用更加简单。

2.5.3 分动器的结构及工作原理

1. 分动器的安装位置

根据车辆驱动形式的不同，分动器的安装位置分为两种。对于后轮为主驱动轮的车辆，分动器一般单独安装在变速器之后，固定在车身上（图 2-89）；对于前轮为主驱动轮的车辆和少部分后轮为主驱动轮的车辆，分动器一般与主减速器、差速器一起安装在变速器壳体内。

2. 分动器的结构和功能特点

分动器也是齿轮传动系统，其输入轴与变速器的输出轴相连

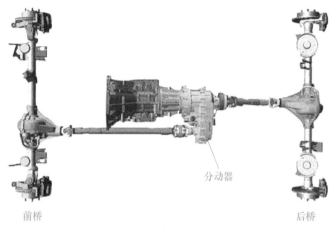

图 2-89 分动器安装位置图

接，分动器的输出轴有若干根，分别经万向传动装置与各驱动桥相连。

分动器的功能特点是转矩容量大、质量轻、传动效率高、噪声小、换档轻便准确，大大改善了多轴驱动车辆的转矩分配，进而提高了整车性能。

3. 分动器的工作原理

以后驱动桥为主驱动桥为例，越野汽车在良好道路行驶时，为减小功率消耗及传动系统机件和轮胎磨损，一般要切断通往前驱动桥动力。在越野行驶时，若需低速档动力，则为了防止后驱动桥和中驱动桥超载，应使低速档动力由所有驱动桥分担。为此，对分动器操纵机构有如下要求：非先接上前驱动桥不得挂上低速档，非先退出低速档，不得摘下前驱动桥。

分动器及前驱动桥离合的控制原理（以博格华纳公司生产的分动器为例，图 2-90、图 2-91）如下。

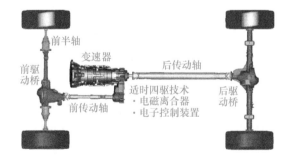

图 2-90 博格华纳适时四驱分动器

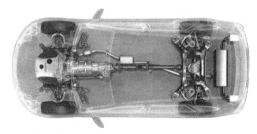

图 2-91 应用于哈弗 H8 车型的博格华纳
适时四驱系统

1）分动器在 4WD 和 2WD 之间切换时有以下的基本逻辑：驾驶人通过按钮，将意图传达给 ECU；ECU 指令电磁同步装置开始工作，又指令换档马达将分动器档位挂到 4H；在挂

上 4H 后，过 4s，等转速差为零后，ECU 再指令前驱动桥离合器工作，使前轴接合。前轴接合 5s 后，电磁同步装置停止工作。

2）博格华纳电控分动器的 ECU 读取了车速信号、离合器动作信号、分动器位置信号、前轴离合器位置信号，在经过 ECU 的逻辑运算后，可合理地控制分动器和前驱动轴离合器的动作逻辑关系，以实现高速时的 2WD 和 4WD 之间的切换，同时也合理地控制前驱驱动轴离合器的工作状态。另外，为了实现在高速条件下 2WD 和 4WD 之间的切换，博格华纳电控分动器在 2WD 与 4WD 之间的切换机构上设置有类似于同步器的机构，这个机构是一个电磁铁的机构，可实现齿轮间转速差的迅速同步。

博格华纳手动分动器也可追加电磁同步机构，但成本会增加，以致与电控分动器没有多少成本的差别。

3）电控分动器的 ECU 是由分动器总成一起带来的，如果要在手动分动器上实现对前驱动桥离合器的控制，就必须追加一个控制 ECU，并在分动器上追加分动器档位传感器，ECU 的控制逻辑也要重新进行标定。为了在高速条件下顺利地实现 2WD 和 4WD 之间的切换，最好也追加同步器功能的电磁装置。

4）分动器和前驱动桥离合器的控制逻辑与发动机、变速器的控制 ECU 无关。

2.6 万向传动装置

案例： 一辆松花江微型面包车，行驶里程为 15800km。据客户反映，该车在行驶过程中出现周期性响声，车速越快响声越大，严重时车身有抖振现象，握转向盘的手甚至有麻木感。经维修人员检查该车万向节与伸缩节技术状况良好，你知道上述现象是什么原因引起的吗？

2.6.1 万向传动装置概述

万向传动装置的功能是在轴线相交且相对位置经常发生变化的两轴间传递动力，一般由万向节和传动轴组成，有的还加有中间支承。万向传动装置在汽车上的应用如下：

1. 用于连接变速器与驱动桥

在发动机前置后轮驱动的汽车上，往往将发动机、离合器、变速器连成一个装配总成固定在车架上，而驱动桥则通过弹性悬架与车架相连接。变速器输出轴与驱动桥的输入轴不在同一轴线上，而且在汽车行驶中，由于地面不平引起弹性元件变形，会使两个轴的相对位置不断变化。为了在任何情况下均能传递动力，必须在两轴之间安装万向传动装置。有的轴距较大的汽车，由于变速器与后驱动桥距离较远，还将传动轴分成两段，即前传动轴和后传动轴，并设置了中间支承，如图 2-92 所示。

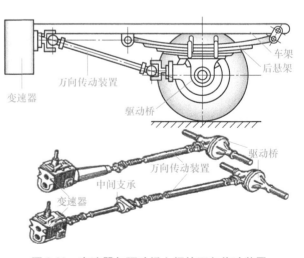

图 2-92 变速器与驱动桥之间的万向传动装置

2. 用于连接离合器与驱动桥或变速器与分动器

在多轴传动的汽车上，在分动器与各驱动桥之间或驱动桥与驱动桥之间也需用万向传动装置传递动力。越野汽车的分动器与各驱动桥之间设置有万向传动装置。

若离合器与变速器分开或变速器与分动器分开布置时，虽然都支撑在车架上，且轴线也可以设计成重合，但为了消除制造、装配误差以及车架变形对传动的影响，在其间也常设置万向传动装置，如图 2-93 所示。

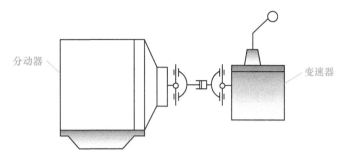

图 2-93　变速器、分动器之间的万向传动装置

3. 用于转向驱动桥

在转向驱动桥中，前轮在偏转的过程中均需传递动力。因此，在非独立式悬架的转向驱动桥中，通常将一侧半轴再分为内、外两段半轴，用万向节连接。在与独立悬架配合使用的断开式驱动桥中，由于左、右驱动轮存在相对跳动，则在差速器与车轮之间装有万向传动装置，如图 2-94 所示。

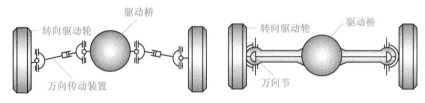

图 2-94　万向传动装置在转向驱动桥上的应用

4. 用于转向操纵机构

有些汽车的转向操纵机构受整体布置的限制，转向盘轴线与转向器输入轴轴线不能重合，因此转向操纵机构中也常采用万向传动装置，如图 2-95 所示。

2.6.2　万向节

万向节是万向传动装置中实现变角度传动的主要部件，主要分为刚性万向节和挠性万向节。刚性万向节又可分为不等速万向节（十字轴式）、准等速万向节（双联式、三销轴式等）和等速万向节（球笼式、球叉式等）。在前轮驱动系统中，每个半轴上使用两个等速万向节，靠近变

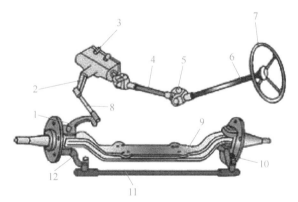

图 2-95　万向传动装置用于转向操纵机构

1—转向节臂　2—转向摇臂　3—转向器　4—传动轴
5—万向节　6—转向轴　7—转向盘　8—转向直拉杆
9—前轴　10、12—梯形臂　11—转向横拉杆

速驱动桥的称为半轴内侧万向节，靠近车轮的称为半轴外侧万向节。在带有独立悬架的后轮驱动车辆上，靠近差速器的万向节也可称为半轴内侧万向节。

1. 十字轴式刚性万向节（不等速万向节）

（1）十字轴式刚性万向节的结构

十字轴式刚性万向节在汽车传动系统中应用较为广泛，它允许相邻两轴的最大夹角为 $15° \sim 20°$。图 2-96 所示为十字轴式刚性不等速万向节，它由万向节叉 2 和 6、十字轴 4 及滚针轴承（滚针 8 和套筒 9）等组成。两个万向节叉的轴孔分别与主、从动轴相连，其叉上的孔分别活套在十字轴的两对轴颈上。当主动轴转动时，从动轴既可随之转动，又可绕十字轴中心在任意方向摆动。为了减小摩擦和磨损，提高传动效率，在十字轴轴颈和万向节叉之间装有滚针轴承，并用轴

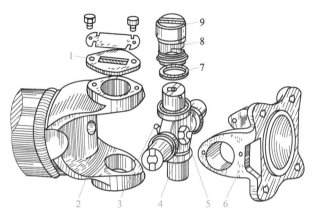

图 2-96　十字轴式刚性不等速万向节
1—轴承盖　2、6—万向节叉　3—注油嘴　4—十字轴
5—安全阀　7—油封　8—滚针　9—套筒

承盖 1 定位、螺钉紧固，然后用锁片将螺钉锁紧，以防止滚针轴承在离心力作用下从万向节叉内脱出。为了润滑轴承，十字轴内钻有互相贯通的油道，并与注油嘴 3、安全阀 5 及 4 个轴颈外端面相通。轴颈端面上加工有径向凹槽，从注油嘴注入的润滑脂通过油道、轴颈端部凹槽进入轴承的工作面。为防止润滑脂从轴承内端溢出及外面尘垢进入轴承，在十字轴轴颈上套装有带金属壳的油封 7。在十字轴中部装有安全阀 5，当十字轴内腔的润滑脂压力超过允许值时，安全阀即被顶开使油脂外泄，可避免因油压过高而损坏油封。

（2）十字轴式刚性万向节传动的不等速特性　单个十字轴式刚性万向节在主动轴和从动轴之间有夹角的情况下，当主动叉等角速度转动时，从动叉是不等角速度的，这称为十字轴式刚性万向节传动的不等速特性。

就单个十字轴式刚性万向节传动过程中的两个特殊位置情况进行运动分析，其不等速特性分析如图 2-97 所示。

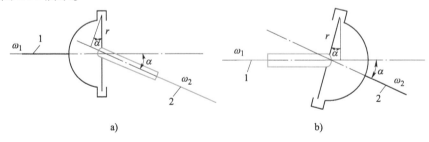

图 2-97　十字轴式刚性万向节不等速特性分析
a）主动叉平面在垂直位置　b）主动叉平面在水平位置
1—主动叉轴　2—从动叉轴

1）当主动叉平面在垂直位置，且十字轴平面与主动轴轴线垂直时，从动轴的转速大于主动轴的转速。

2）当主动叉平面在水平位置，且十字轴平面与从动轴轴线垂直时，从动轴的转速小于

主动轴的转速。

由上述两种情况的分析可以看出，十字轴式刚性万向节在传动过程中，主、从动轴的转速是不相等的。所谓"传动的不等速特性"是指从动轴旋转过程中角速度的不均匀性。

（3）十字轴式刚性万向节传动的等速条件　单个十字轴式刚性万向节在输入轴和输出轴有夹角的情况下，其两轴的角速度是不相等的，两轴夹角越大，转角差越大，万向节的不等速特性越严重，万向节传动的不等速特性将使从动轴及与其相连的传动部件产生扭转振动，从而产生附加的交变载荷，影响传动部件的寿命。因此，在汽车上往往采用满足下列条件的双十字轴式刚性万向节来实现等速传动，如图 2-98 所示。

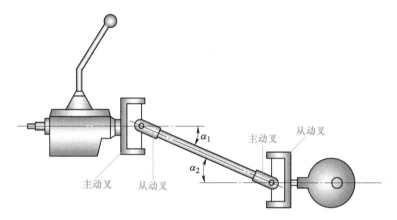

图 2-98　双十字轴式刚性万向节等速传动布置图

1）采用双十字轴式刚性万向节传动。

2）第一万向节两轴间的夹角 α_1 与第二万向节两轴间的夹角 α_2 相等。

3）第一万向节的从动叉与第二万向节的主动叉在同一平面内。

不等速双万向节虽然能解决等速传动问题，但其应用也有一定的局限性。例如转向驱动桥的分段半轴间，在布置上会受轴向尺寸限制，而且要求转向轮偏转角度大（30°～40°）。在长期实践过程中，人们创造了多种形式的等速或准等速万向节，在转向驱动桥及独立悬架的后驱动桥中只要用一个这样的万向节就能实现或基本实现等角速传动。

2. 准等速万向节

准等速万向节是根据两个十字轴式刚性万向节实现等速传动的原理设计的，只能近似地实现等速传动。常见的结构形式有双联式万向节和三销轴式万向节两种。

1）双联式万向节。双联叉相当于两个在同一平面上的万向节叉。为使轴 1 和轴 2 的角速度相等，必须保证 $\alpha_1 = \alpha_2$。为此，在双联式万向节结构中装有分度机构，以使双联叉的对称线平分所连两轴的夹角，如图 2-99 所示。

双联式万向节允许有较大

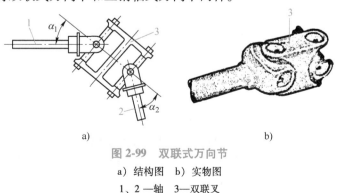

a)　　　　　　　　　　b)

图 2-99　双联式万向节

a）结构图　b）实物图

1、2—轴　3—双联叉

的轴间夹角，且其具有结构简单、制造方便、工作可靠等优点，故在转向驱动桥中的应用逐渐增多。三菱帕杰罗、北京切诺基轻型越野汽车的前传动轴与分动器前输出轴之间采用了这种万向节。

2）三销轴式万向节。它由双联式万向节演变而来，结构如图2-100所示，它主要由主动偏心轴叉、从动偏心轴叉和两个三销轴组成。主、从动偏心轴叉分别与转向驱动桥的内、外半轴制成一体，叉孔中心线与轴中心线互相垂直但不相交，两个轴叉由两个三销轴连接。三销轴的大端各有一个贯穿的轴承孔，其中心线与小端轴颈中心线重合。靠近大端两侧的两个轴头，其中心线与小端轴中心线垂直并相交。装配时将三销轴小端轴颈插入另一个三销轴大端的孔中、每一个三销轴其余两轴颈分别与偏心轴叉的两孔相连。这样万向节便形成了3条轴线。传动时，转矩由主动偏心轴叉，经3条轴线传到从动偏心轴叉。为了减轻摩擦和磨损，轴颈与孔的配合面装有轴承（轴承座和衬套），并用卡环进行轴向定位。

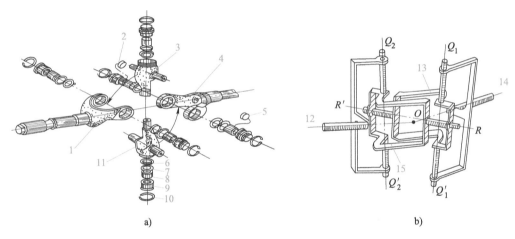

图 2-100 三销轴式万向节结构

a）分解图 b）装配立体图

1、12—从动偏心轴叉 2—推力垫片 3、11、13、15—三销轴 4、14—主动偏心轴叉
5—推力垫片 6—密封罩 7—毛毡圈 8—衬套 9—轴承座 10—卡环

为了允许适当的轴向运动，同时避免转向时发生运动干涉，与主动偏心轴叉相连的三销轴的两个轴颈端面和轴承座之间装有推力垫片，其余各轴颈端面均不安装推力垫片，且轴颈端面与轴承座之间留有较大的间隙。

三销轴式万向节允许相邻两轴间夹角最大可达45°，因此用于转向驱动桥，可使汽车获得较小的转弯半径以及较大的转向轮偏转角，提高了汽车的机动性。其缺点是结构尺寸大。这种万向节在现代轿车上应用很少，国产吉普车采用这种结构。

3. 等速万向节

等速万向节的基本原理是从结构上保证万向节在工作过程中，其传力点始终处于两轴夹角的平分面上。这一原理可以用一对大小相同的锥齿轮传动来说明。等速万向节传动原理如图2-101所示，两齿轮夹角为α，两齿轮啮合点A位于夹角的平分面上，由A点到两轴的距离都等于r。在A点处两齿轮的圆周速度相等，因此两个齿轮旋转的角速度也相等。

目前汽车上广泛采用的等速万向节有球叉式、球笼式等。

（1）球叉式等速万向节　其结构及传动原理如图 2-102 所示。它由主动叉、从动叉、4 个传动钢球 4、1 个定心钢球组成。其主、从动叉分别与内、外半轴制成一体，叉内各有 4 条曲面凹槽，装合后形成 4 对两两相交的环形槽，作为传动钢球 4 的滚道，4 个传动钢球装于槽中，1 个定心钢球装在两叉中心凹槽内，以确定中心。

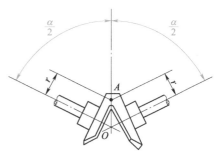

图 2-101　等速万向节传动原理

球叉式等速万向节结构简单，允许轴间最大交角为 32°～33°。但由于工作时只有两个传动钢球传力，而另外两个传动钢球则在反转时传力，因此钢球与滚道之间接触压力大、磨损快，影响其使用寿命。所以，球叉式等速万向节通常用于中小型越野汽车转向驱动桥。

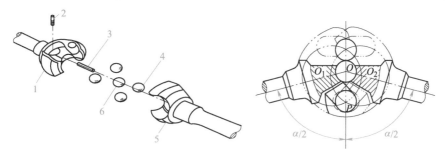

图 2-102　球叉式等速万向节结构及传动原理

1—从动叉　2—锁止销　3—定位销　4—传动钢球　5—主动叉　6—定心钢球

（2）球笼式等速万向节　与球叉式等速万向节相比，球笼式等速万向节改善了受力状况、减轻了磨损，且结构紧凑、拆装方便，因此应用越来越广泛。球笼式等速万向节按主、从动叉在传递转矩过程中轴向是否产生位移分为：固定型球笼式等速万向节（RF 节）和伸缩型球笼式等速万向节（VL 节）。

1）固定型球笼式等速万向节（RF 节）构造如图 2-103 所示。星形套 7 的外表面由 6 条凹槽形成内滚道，并用内花键

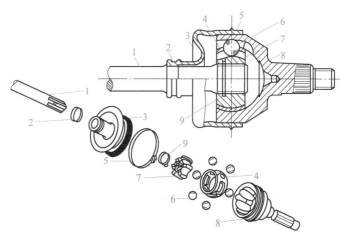

图 2-103　固定型球笼式等速万向节构造

1—主动轴　2、5—钢带箍　3—外罩　4—保持架（球笼）　6—钢球
7—星形套（内滚道）　8—球形壳（外滚道）　9—卡环

与主动轴 1 相连接。球形壳 8 的内表面也有相应 6 条凹槽形成外滚道。6 个钢球 6 分别装于各条凹槽中，并用保持架 4 保持在一个平面内。这样，动力便由主动轴经钢球、球形壳输出。

2）伸缩型球笼式等速万向节（VL 节）构造如图 2-104 所示。其内、外滚道为圆筒形，在传递转矩过程中，星形套 2 与筒形壳 4 可沿轴向相对移动。因此，可省去其他万向传动装置中必须有的滑动花键，该类万向节不仅结构简单，而且内滚道与外滚道之间的轴向相对移动是通过钢球沿内、外滚道滚动来实现的，与滑动花键相比，其滑动阻力较小，摩擦损失较小，最适用于断开式驱动桥。

VL 节在转向驱动桥中均布置在靠近差速器的一侧；而轴向不能伸缩的 RF 节则布置在转向节处，图 2-105 为 VL 节与 RF 节在转向驱动桥中的布置。

4. 挠性万向节

挠性万向节依靠弹性元件的弹性变形以适应变交角两轴间的传动。由于弹性元件的弹性变形量有限，故挠性万向节一般用于两轴交角不大于 3°~5° 的万向传动中，通常用于连接都安装在车架或车身上的两个部件，可使装配方便，不需要轴线严格对正，并能消除工作中车架变形对传动的不利影响。

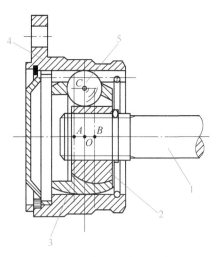

图 2-104　伸缩型球笼式等速
万向节（VL 节）构造

1—主动轴　2—星形套（内滚道）　3—保持架（球笼）　4—筒形壳（外滚道）　5—钢球

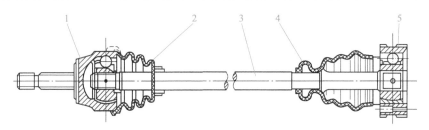

图 2-105　VL 节与 RF 节在转向驱动桥中的布置

1—RF 节　2、4—防尘罩　3—传动轴（半轴）　5—VL 节

挠性万向节结构如图 2-106 所示，6 个弹性件交错地用 6 个连接螺栓分别与主、从动轴

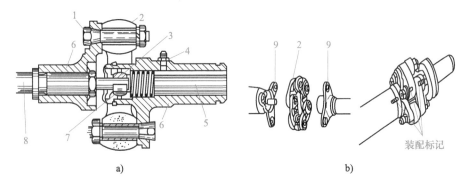

a)　　　　　　　　　　　　　　b)

图 2-106　挠性万向节结构

a) 结构图　b) 立体图

1—连接螺栓　2—橡胶件　3—定心钢球　4—润滑脂加注孔　5—主动轴
6—传动凸缘　7—球座　8—从动轴　9—万向节叉（传动凸缘叉）

上的万向节叉相连。在主、从动件之间装有定心装置，即在主动轴叉的轴心孔中装有球座定心钢球、锁止卡环、油封，从动叉轴可通过油封内孔、定心钢球起定心作用。这样，避免了因万向节刚度较小，高速行驶时引起轴线偏离而产生的振动和噪声。LS400轿车、部分皇冠轿车等转向操纵机构中采用了挠性万向节。

2.6.3　传动轴和中间支承

1. 传动轴

传动轴是万向传动装置中的主要传力部件。通常用来连接变速器和驱动桥，在转向驱动桥和断开式驱动桥中，则用来连接差速器和驱动轮。由于变速器和驱动桥的相对位置经常发生变化，为了避免运动干涉，通常在传动轴上用滑动花键连接，以实现传动轴总长度的变化，为了减少磨损，还装有用以加注润滑脂的油嘴、油封、堵盖和防尘套，如图2-107所示。

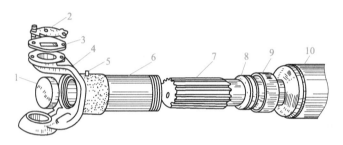

图 2-107　传动轴

1—盖　2—盖板　3—轴承盖　4—万向节叉　5—油嘴
6—伸缩套　7—滑动花键　8—油封　9—油封盖　10—传动轴管

为了减小传动轴的质量，节省材料，提高轴的强度、刚度，传动轴多为空心轴，一般用厚度为1.5～3.0mm的薄钢板卷焊而成，超重型货车则直接采用无缝钢管。转向驱动桥、断开式驱动桥或微型汽车的传动轴通常制成实心轴。

传动轴两端的连接件装好后，应进行动平衡试验。在质量小的一侧补焊平衡片，使其不平衡量不超过规定值。为防止装错位置和破坏平衡，滑动叉、轴管上都应刻有带箭头的记号，为保持平衡，中间支承油封上两个带箍的开口销应装在间隔180°位置上，万向节的螺钉、垫片等零件不应随意改换规格。为加注润滑脂方便，万向传动装置的润滑脂油嘴应在一条直线上，且万向节上的润滑脂油嘴应朝向传动轴。

2. 中间支承

当传动距离较长时，往往将传动轴分段。传动轴分段时需加设中间支承。通常中间支承安装在车架横梁上。

图2-108所示为蜂窝软垫式汽车传动轴中间支承。轴承3可在轴承座2内轴向滑动。轴承座装在蜂窝形橡胶垫5内，通过U形支架6固定在车架横梁上。由于采用弹性支承，传动轴可在一定范围内向任意方向摆动，并能随轴承一起做适当的轴向移动，因此能有效地补偿安装误差及轴向位移。此外，还可以吸收振动、减少噪声等。这种支承结构简单，效果良好，应用较广泛。

有的汽车采用摆动式中间支承（图2-109）。中间支承部分可绕支承轴3摆动，改善了传动轴轴向窜动时轴承的受力情况。此外，橡胶衬套2、5能适应传动轴在横向平面内少量的位置变化。

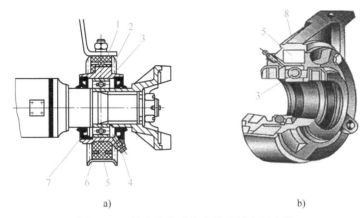

a)   b)

图 2-108　蜂窝软垫式汽车传动轴中间支承

a）断面图　b）实物图

1—车架横梁　2—轴承座　3—轴承　4—油嘴　5—橡胶垫　6—U 形支架　7—油封　8—支承架

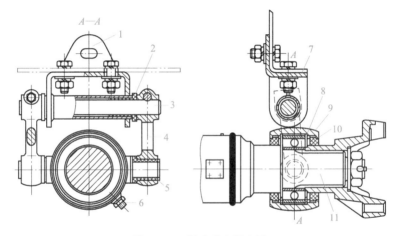

图 2-109　摆动式中间支承

1—支架　2、5—橡胶衬套　3—支承轴　4—摆臂　6—油嘴　7—车架

8—卡环　9—支承座　10—油封　11—中间传动轴

2.7　驱动桥

案例：一辆金杯海狮轻型客车，行驶里程为 3200km。据客户反映，行驶过程中，车辆底盘后部有异响，经维修人员检查，确定异响由后驱动桥内部发出，且后驱动桥表面过热，你知道是什么原因引起的吗？

2.7.1　驱动桥概述

1. 驱动桥的作用

驱动桥是位于传动系统末端能改变来自变速器的转速和转矩，并将它们传递给驱动轮的机构。驱动桥一般由主减速器、差速器、车轮传动装置和驱动桥壳等组成，转向驱动桥还有等速万向节。另外，驱动桥还要承受作用于路面和车架或车身之间的垂直力、纵向力和横向力，以及制动力和反作用力。驱动桥的基本作用包括：

1) 将万向传动装置传来的发动机转矩通过主减速器、差速器、半轴等传到驱动车轮，实现降速增矩。

2) 通过主减速器锥齿轮副改变转矩的传递方向。

3) 通过差速器实现两侧车轮差速作用，保证内、外侧车轮以不同转速转向。

4) 通过驱动桥壳体和车轮实现承载及传力作用。

2. 驱动桥的类型及组成

驱动桥按结构形式可分为非断开式和断开式两类。非断开式与断开式驱动桥结构形式的选择，与汽车悬架总成结构形式的选择有密切关系。当驱动车轮采用非独立悬架时，应选用非断开式驱动桥，而当驱动车轮采用独立悬架时，则应选用断开式驱动桥。因此，前者又称为非独立悬架驱动桥；后者又称为独立悬架驱动桥。由于断开式驱动桥及与之相配的独立悬架结构复杂，故这种结构主要见于对行驶平顺性要求较高的一部分小轿车上及一些越野汽车上，且后者车型多属于轻型以下的越野汽车或多桥驱动的重型越野汽车。普通的非断开式驱动桥结构简单、造价低廉、工作可靠，广泛应用在各种货车及公共汽车上，多数越野汽车和部分小轿车也采用这种结构。

(1) 非断开式驱动桥　非断开式驱动桥又称整体式驱动桥。从变速器或分动器经万向传动装置输入驱动桥的转矩首先传到主减速器，在此增大转矩并相应降低转速后，经差速器分配给左、右两个半轴，最后通过半轴外端的凸缘盘传至驱动车轮的轮毂。驱动桥壳由主减速器壳和半轴套管组成。半轴借助轴承支承在半轴套管内。非断开式驱动桥如图 2-110 所示。

非断开式驱动桥与非独立悬架配合使用。其特点是驱动桥两端通过弹性悬架与车架连接，而半轴套管和主减速器壳刚性地连成一体，即左、右半轴和驱动轮不存在相对运动。

(2) 断开式驱动桥　断开式驱动桥由驱动桥壳、半轴、主减速器和差速器等组成。但驱动桥壳分为左、右两段，并用铰链连接。每根半轴分为内、外两段，用万向节连接。主减速器固定在车架上。断开式驱动桥适用于独立悬架，其特点是两侧的驱动轮分别用悬架与弹性车架相连，两轮可独立地相对于车架上下跳动。断开式驱动桥示意图如图 2-111 所示。

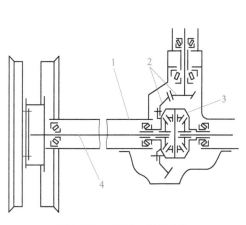

图 2-110　非断开式驱动桥

1—驱动桥壳　2—主减速器　3—差速器　4—半轴

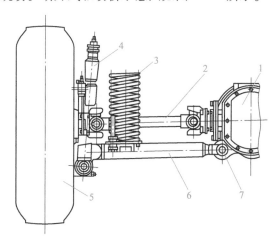

图 2-111　断开式驱动桥示意图

1—主减速器　2—半轴　3—弹性元件　4—减振器
5—驱动轮　6—摆臂　7—摆臂轴

2.7.2　主减速器

1. 主减速器的作用

汽车正常行驶时，发动机的转速通常在 2000~3000r/min，如果将这么高的转速只靠变速器来降低，那么变速器内齿轮副的传动比则需要很大，而齿轮副的传动比越大，两齿轮的半径比也越大，也就是变速器的尺寸会越大。另外，转速下降，转矩必然增加，也就加大了变速器与变速器后一级传动机构的传动负荷。所以，在动力向左右驱动轮分流的差速器之前应设置一个主减速器。

主减速器的功用是将万向传动装置传来的转矩增大，转速降低。对发动机纵置的汽车，还可以改变转矩的传递方向。

2. 主减速器的类型

1）按参加传动的齿轮副数目可分为单级主减速器和双级主减速器。有些重型汽车将双级主减速器的第二级圆柱齿轮传动设置在两侧驱动车轮附近，故又称为轮边减速器。

2）按主减速器传动比的个数可分为单速式和双速式主减速器。单速式的传动比是固定的，而双速式则有两个传动比供驾驶人选择。

3）按齿轮副结构形式可分为圆柱齿轮式（又可分为定轴轮系和行星轮系）主减速器和锥齿轮式（又可分为弧齿锥齿轮式和准双曲面齿轮式）主减速器。在发动机横向布置汽车的驱动桥上，主减速器往往采用简单的斜齿圆柱齿轮；在发动机纵向布置汽车的驱动桥上，主减速器往往采用锥齿轮和准双曲面齿轮等型式。与锥齿轮相比，准双曲面齿轮工作平稳性更好，抗弯强度和接触强度更高，还可以使主动齿轮轴线相对于从动齿轮轴线偏移。当主动齿轮轴线向下偏移时，可以降低传动轴的位置，从而有利于降低车身及整车重心高度，提高汽车的行驶稳定性。现代汽车的主减速器，广泛采用弧齿锥齿轮和准双曲面齿轮，如图 2-112 所示。准双曲面齿轮工作时，齿面间的压力和滑动较大，齿面油膜易被破坏，必须采用准双曲面齿轮油润滑，绝不允许用普通齿轮油代替，否则将使齿面迅速擦伤和磨损，大大降低使用寿命。

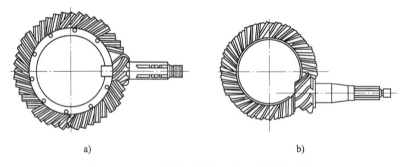

a)　　　　　　　　　　　　　　　　　　　b)

图 2-112　主减速器弧齿锥齿轮和准双曲面齿轮

a）弧齿锥齿轮　b）准双曲面齿轮

3. 单级主减速器

单级主减速器总成主要靠一对锥齿轮传递转矩，具有结构简单、传动效率高、体积小、质量轻等优点，它广泛地用在主减速比小于 7.6 的各种中、小型汽车上。因此，轿车和一般轻、中型货车均采用单级主减速器。

　　单级主减速器就是由一个主动锥齿轮（俗称角齿）和一个从动锥齿轮组成。主动锥齿轮连接传动轴，顺时针旋转，从动锥齿轮贴在其右侧，啮合点向下转动，与车轮前进方向一致。由于主动锥齿轮直径小，从动锥齿轮直径大，进而达到减速的作用，如图 2-113 所示。

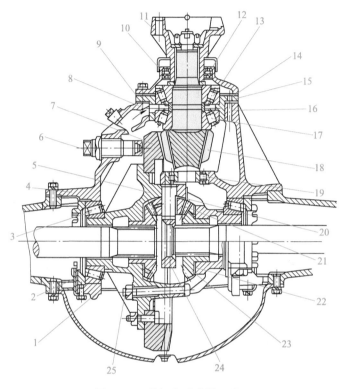

图 2-113　单级主减速器总成图

1—差速器轴承盖　2—轴承调整螺母　3、13、17—圆锥滚子轴承　4—主减速器壳　5—差速器壳
6—支撑螺栓　7—从动锥齿轮　8—进油道　9、14—调整垫片　10—防尘罩　11—叉形凸缘　12—油封
15—轴承座　16—回油道　18—主动锥齿轮　19—圆柱滚子轴承　20—行星齿轮垫片　21—行星齿轮
22—半轴齿轮推力垫片　23—半轴齿轮　24—行星齿轮轴（十字轴）　25—螺栓

　　为使主、从动齿轮啮合传动时冲击噪声较小，且沿轮齿长度方向磨损较均匀，必须保证主动和从动齿轮之间正确的相对位置。为此，在结构上一方面要使主、从动锥齿轮有足够的支撑刚度，使其在传动过程中不至于发生较大变形而影响正常啮合；另一方面应有必要的啮合调整装置。

4. 双级主减速器

　　当汽车主减速器需要较大的传动比时，若仍采用单级主减速器，由于主动锥齿轮受强度、最小齿数的限制，其尺寸不能太小，相应的从动齿轮尺寸将增大，这不仅会使从动锥齿轮刚度降低，还会使主减速器壳及驱动桥外形轮廓尺寸增大，难以保证足够的离地间隙，因而需要采用两对齿轮来实现降速的双级主减速器。

　　如图 2-114 所示，双级主减速器由两级齿轮减速器组成，其结构复杂、质量较大、制造成本也显著增加，因此仅用于主减速比较大（7.6~12）且采用单级主减速器不能满足既定的主减速比和离地间隙要求的重型汽车上。

双级主减速器有两组减速齿轮，实现两次减速增矩。为提高锥齿轮副的啮合平稳性和强度，第一级减速齿轮副采用螺旋锥齿轮，第二级减速齿轮副采用斜齿圆柱齿轮。主动锥齿轮旋转，带动从动锥齿轮旋转，从而完成一级减速。第二级减速的主动圆柱齿轮与从动锥齿轮同轴一起旋转，并带动从动圆柱齿轮旋转，进行第二级减速。因从动圆柱齿轮安装于差速器外壳上，所以，当从动圆柱齿轮转动时，通过差速器和半轴即可驱动车轮转动。

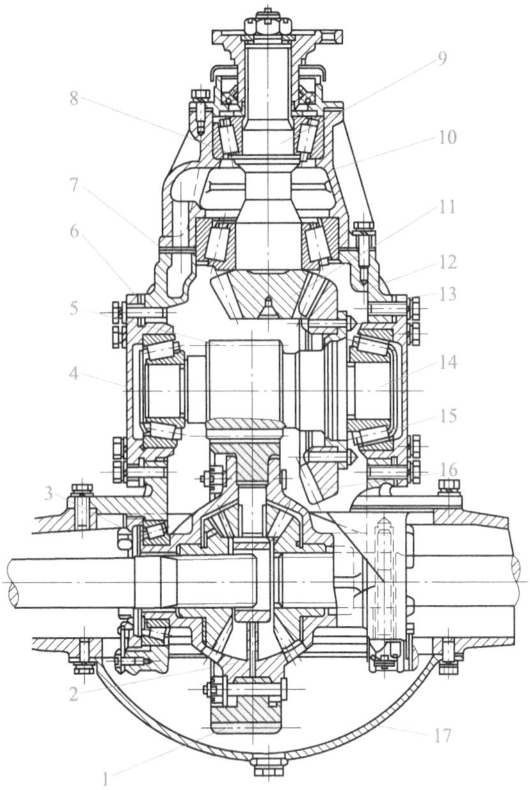

5. 轮边减速器

在双级主减速器中，若第二级减速在车轮附近进行，实际上构成两个车轮处的独立部件，则称为轮边减速器。这样做的好处是可以减小半轴所传递的转矩，有利于减小半轴的尺寸和质量。轮边减速器可以采用行星齿轮式，也可以采用一对圆柱齿轮副。当采用圆柱齿轮副进行轮边减速时可以通过调节两齿轮的相互位置，改变车轮轴线与半轴之间的上下位置关系。这种车桥称为门式车桥，常用于对车桥高低位置有特殊要求的汽车。

6. 双速主减速器

图 2-114　双级主减速器及差速器

1—第二级从动齿轮　2—差速器壳　3—调整螺母
4、15—轴承盖　5—第二级主动齿轮
6、7、8、13—调整垫片　9—第一级主动齿轮轴
10—轴承座　11—第一级主动锥齿轮
12—主减速器壳　14—中间轴
16—第一级从动锥齿轮　17—后盖

对于载荷及道路状况变化大、使用条件非常复杂的重型货车而言，要想选择一种主减速比来使汽车在满载甚至牵引并爬坡或通过坏路面时具有足够的动力性，而在平直而良好的硬路面上单车空载行驶时又有较高的车速和满意的燃油经济性，是非常困难的。为了解决这一矛盾，提高汽车对各种使用条件的适应性，有的重型汽车采用具有两种减速比并可根据行驶条件来选择档位的双速主减速器。双速主减速器与变速器各档相配合，就可得到两倍于变速器的档位。显然，它比仅仅在变速器中设置超速档，即仅仅改变传动比而不增加档位数，更为有利。当然，用双速主减速器代替超速档，会增加驱动桥的质量，提高制造成本，并要增设较复杂的操纵装置，因此它有时被多档变速器所代替。

双速主减速器可以分为整体式和分开式两种：

1）整体式双速主减速器。双级主减速器中的两级减速机构装在一个壳体内的减速器称为整体式双速主减速器。

2）分开式双速主减速器。双级式主减速器中的第一级主减速器与第二级主减速器分开，并且各装在一个单独壳体内的减速器，称为分开式双速主减速器。当第一级主减速器安

装在汽车左、右轮中部时称中央减速器。

如图 2-115 所示，行星齿轮式双速主减速器多了一个中间过渡齿轮，主动锥齿轮左侧与中间齿轮的锥齿部分啮合，锥齿轮同轴有一个小直径的直齿轮，直齿轮与从动齿轮啮合。这样中间齿轮向后转动，从动齿轮向前转动。中间有两级减速过程。双级减速由于使车桥体积增大，过去主要用在发动机功率偏低的车辆匹配上，现在主要用于低速高转矩的工程机械方面。

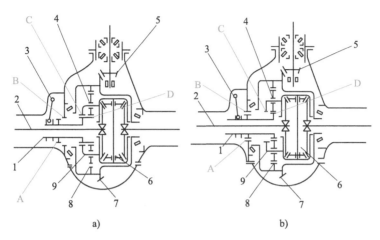

图 2-115　行星齿轮式双速主减速器结构示意图
a）高速档单级传动　b）低速档双级传动
1—接合套　2—半轴　3—拨叉　4—行星齿轮　5—主动锥齿轮　6—差速器　7—从动锥齿轮　8—齿圈　9—行星架
A—低档位接合套　B—低档位接合齿轮　C—高档位接合齿轮　D—高档位接合套

2.7.3　差速器

汽车在拐弯时车轮的轨迹线是圆弧，如果汽车向左转弯，圆弧的中心点在左侧，在相同的时间里，右侧轮子走的弧线比左侧轮子长，为了平衡这个差异，就要左边轮子慢一点，右边轮子快一点，用不同的转速来弥补距离的差异。驱动桥两侧的驱动轮若用一根整轴刚性连接，则两轮只能以相同的角度旋转。这样，当汽车转向行驶时，由于外侧车轮要比内侧车轮移过距离大，将使外侧车轮在滚动的同时产生滑拖，而内侧车轮在滚动的同时产生滑转。即使是汽车直线行驶，也会因路面不平或虽然路面平直但轮胎滚动半径不等（轮胎制造误差、磨损不同、受载不均或气压不等）而引起车轮的滑动。车轮滑动时不仅会加剧轮胎磨损、增加功率和燃料消耗，还会使汽车转向困难、制动性能变差。为使车轮尽可能不发生滑动，在结构上必须保证各车轮能以不同的角度转动。为了解决这个问题，早在 100 年前，法国雷诺汽车公司的创始人路易斯·雷诺就设计出了差速器。

1. 差速器的作用

汽车转弯行驶时，内、外两侧车轮在同一时间内要移动不同的距离，外轮移动的距离比内轮大（图 2-116）。差速器的作用就是将主减速器传来的动力传给左、右两半轴，并在转弯行驶时允许左、右半轴以不同转速旋转（差速）。装在同一驱动桥左、右半轴之间的差速器，称为轮间差速器；装在多轴汽车各驱动桥之间的差速器称为轴间差速器。

差速器按其工作特性可分为普通齿轮式差速器和防滑差速器两类。

2. 普通齿轮式差速器

普通齿轮式差速器按齿轮结构可分为锥齿轮式和圆柱齿轮式两种，按两侧的输出转矩是否相等，可分为对称式和不对称式两类。目前，对称式锥齿轮差速器应用最为广泛。

（1）对称式锥齿轮差速器的结构　如图 2-117 所示，差速器壳用螺栓紧固在一起。主减速器的从动锥齿轮用铆钉或螺栓固定在差速器壳左半部的凸缘上。

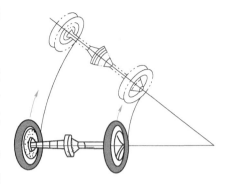

图 2-116　汽车转向时车轮运动示意图

装配时，十字形的行星齿轮轴的 4 个轴颈嵌在差速器壳相应的孔内，差速器壳的剖分面通过行星齿轮轴各轴颈中心线。每个轴颈上浮套着一个行星齿轮，它们均与两个半轴齿轮啮合。而半轴齿轮分别支撑在差速器壳相应的左右座孔中，并用花键与半轴相连接。动力自主减速器从动锥齿轮依次经差速器壳、十字轴、行星齿轮、半轴齿轮、半轴输出给驱动轮。当两侧车轮以相同转速转动时，行星齿轮绕半轴轴线转动——公转。若两侧车轮阻力不同，则行星齿轮在做上述公转运动的同时，还绕自身轴线转动——自转，因此两半轴齿轮可带动两侧车轮以不同转速转动。

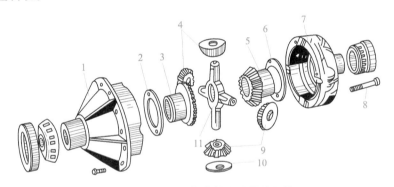

图 2-117　对称式锥齿轮差速器的结构

1、7—差速器壳　2、6—半轴齿轮推力垫片　3、5—半轴齿轮　4、9—行星齿轮
8—螺栓　10—行星齿轮球面垫片　11—行星齿轮轴（十字轴）

由于行星齿轮和半轴齿轮是锥齿轮传动，在传递转矩时，沿行星齿轮和半轴齿轮的轴线作用着很大的轴向力，而齿轮和差速器壳间又有相对运动，所以为减少齿轮和差速器壳体之间的磨损，在半轴齿轮和差速器壳之间装着半轴齿轮推力垫片，而在行星齿轮与差速器壳之间装着行星齿轮球面垫片。当汽车行驶到一定里程时，垫片磨损后可换上新垫片，以提高差速器的使用寿命。

为保证行星齿轮和十字轴轴颈之间有良好的润滑，在十字轴轴颈上做出个平面，并在行星齿轮的齿间钻有油孔。差速器靠主减速壳体中的润滑油润滑。在差速器壳体上开有窗口，供润滑油进出。

如图 2-118 所示，一般中级以下的轿车，因主减速器输出的转矩不大，故可用两个行星齿轮，因而行星齿轮轴相应为一根直轴，称为一字轴，差速器壳也不必分成左右两半而制成整体式的。其前后两端都开有大窗孔，以便拆装行星齿轮和半轴齿轮。差速器壳为一整体框架结构。行星齿轮轴装入差速器壳后用止动销定位。半轴齿轮背面也制成球面，其背面的推力垫片与行星齿轮背面的推力垫片制成一个整体，称为复合式推力垫片。螺纹套用来紧固半轴齿轮。

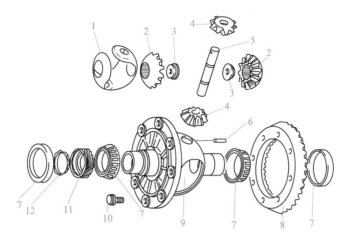

图 2-118　上海桑塔纳轿车差速器

1—复合式推力垫片　2—半轴齿轮　3—螺纹套　4—行星齿轮　5—行星齿轮轴　6—止动销　7—圆锥滚子轴承
8—从动锥齿轮　9—差速器壳　10—螺栓　11—车速表齿轮　12—车速表齿轮锁紧套筒

（2）对称式锥齿轮差速器工作原理　其工作原理如图 2-119 所示，对称式锥齿轮差速器是一种行星齿轮机构。差速器壳 6 与行星齿轮轴 4 连成一体，形成行星架，因为它又与主减速器的从动锥齿轮 5 固定连接，因此为主动件，设其角速度为 ω_0，半轴齿轮 1、2 为从动件，其角速度分别为 ω_1 和 ω_2。A、B 两点分别为行星齿轮 3 与两半轴齿轮的啮合点。行星齿轮的中心点为 C，A、B、C 三点到差速器旋转轴线的距离均为 r。

当行星齿轮只是随同行星架绕差速器旋转轴线公转时，显然，处在同一半径上的 A、B、C 三点的圆周速度都相等，其值为 $\omega_0 r$，于是 ω_1、ω_2、ω_0 相等，即差速器不起差速作用，两半轴角速度等于差速器壳的角速度。

当行星齿轮 3 在公转的同时还绕行星齿轮轴 4 以角速度 ω_3 自转时，啮合点 A 的圆周速度为

$$v_A = \omega_1 r = \omega_0 r + \omega_3 r_3$$

啮合点 B 的圆周速度为

$$v_B = \omega_2 r = \omega_0 r - \omega_3 r_3$$

因此

$$v_A + v_B = \omega_1 r + \omega_2 r = (\omega_0 r + \omega_3 r_3) + (\omega_0 r - \omega_3 r_3)$$

即

$$\omega_1 + \omega_2 = 2\omega_0$$

若用每分钟转速 n 来表示角速度，则有

$$n_1 + n_2 = 2n$$

上式就是两半轴齿轮直径相等的对称式锥齿轮差速器的运动特性方程式。由此可以看出，左、右两侧半轴齿轮的转速之和等于差速器壳转速的两倍，与行星齿轮的转速无关。当

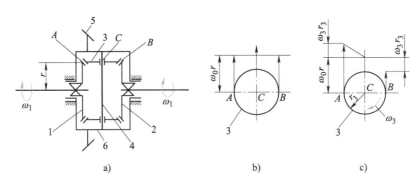

图 2-119　对称式锥齿轮差速器工作原理

a）差速器机构简图　b）不起差速作用　c）起差速作用

1、2—半轴齿轮　3—行星齿轮　4—行星齿轮轴　5—从动锥齿轮　6—差速器壳

差速器壳转速为零，若一侧半轴齿轮因受其他外力矩而转动，另一侧半轴齿轮则以相同的转速反向转动。当任何一侧半轴齿轮的转速为零时，另一侧半轴齿轮的转速为差速器壳转速的两倍。

差速器起差速作用的同时，还要分配转矩到两侧的驱动轮。设主减速器传至差速器壳的转矩为 M_0，经行星齿轮轴和行星齿轮传给两半轴齿轮，两半轴齿轮的转矩分别为 M_1 和 M_2。当行星齿轮不自转时，行星齿轮相当于一个等臂杠杆，均衡拨动两半轴齿轮转动。所以，差速器将转矩 M_0 平均分配给两半轴齿轮，即 $M_1 = M_2 = M_0/2$。

当行星齿轮 3 按图 2-120 中 n_3 方向自转时（此时 $n_1 > n_2$），行星齿轮所受摩擦力矩 M_r 与 n_3 方向相反，从而使行星齿轮分别对半轴齿轮 1、2 附加作用了大小相等且方向相反的两个圆周力 F_1 和 F_2，并使传到转速快的半轴齿轮 1 上的转矩 M_1 减小，而使传到转速慢的半轴齿轮 2 上的转矩 M_2 增加。且 M_1 的减小值等于 M_2 的增加值，即等于 $M_r/2$。所以，当两侧驱动轮存在转速差时（$n_1 > n_2$），有

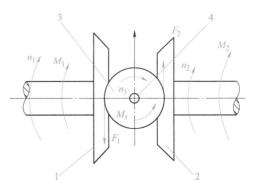

$$M_1 = (M_0 - M_r)/2, M_2 = (M_0 + M_r)/2$$

图 2-120　差速器的转矩分配示意图

1、2—半轴齿轮　3—行星齿轮　4—行星齿轮轴

目前广泛使用的对称式锥齿轮差速器的 M_r 很小，故可近似地认为任何时候，即无论差速器是否起作用，都具有转矩等量分配的特性。这样的转矩等量分配特性，对汽车在好路面上行驶是有利的，但会严重影响汽车在不良路面上行驶时的通过能力。例如，当汽车的一个驱动车轮接触到冰雪路面时，在冰雪路面上的车轮原地滑转，而在无雪路面上的车轮静止不动。这是因为，在冰雪路面上车轮与路面之间的附着力很小，路面只能对半轴作用很小的反作用转矩，虽然另一车轮与路面间的附着力较大，但因对称式锥齿轮差速器平均分配转矩的特点，使这一车轮分配到的转矩只能与传到滑转驱动轮上的很小的转矩相等，致使总的驱动力不足以克服行驶阻力，汽车不能前进。

3. 防滑差速器

为了提高汽车在不良路面上的通过能力，可采用防滑差速器。当汽车某侧驱动轮发生滑

转时，差速器的差速作用即被锁止，并将大部分或全部转矩分配给未滑转的驱动轮，以充分利用未滑转车轮与地面之间的附着力，来产生足够大的牵引力驱动汽车继续行驶。

汽车上常用的防滑差速器有强制锁止式和自锁式两大类。前者通过驾驶人操纵差速锁，人为地将差速器暂时锁住，使差速器不起差速作用。后者是在汽车行驶过程中，根据路面情况自动改变驱动轮间的转矩分配。

（1）强制锁止式差速器　图 2-121 所示为奔驰 2026A 型汽车强制锁止式差速器。牙嵌式接合器及其操纵机构两大部分构成差速锁。牙嵌式接合器的固定接合套 26 用花键与差速器壳 24 左端连接，并用弹性挡圈 27 轴向限位。滑动接合套 28 用花键与左半轴 29 连接，并可在轴上轴向滑动。操纵机构的拨叉 37 装在拨叉轴 36 上，并可沿导向轴 39 轴向滑动，其叉形部分插入滑动接合套 28 的环槽中。

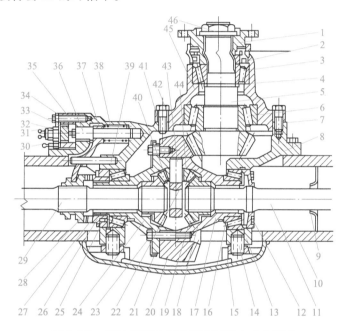

图 2-121　奔驰 2026A 型汽车强制锁止式差速器

1—传动凸缘　2—油封　3、6、16—轴承　4—调整隔圈　5—主减速器主动锥齿轮　7—调整垫片
8—主减速器壳　9—挡油盘　10—桥壳　11—右半轴　12—带挡油盘的调整垫片　13—轴承盖
14—定位销　15—集油槽　17、24—差速器壳　18—推力垫片　19—半轴锥齿轮　20—主减速器从动锥齿轮
21—锁板　22—衬套　23、42—螺栓　25—调整螺母　26—固定接合套　27—弹性挡圈
28—滑动接合套　29—左半轴　30—气管接头　31—带密封圈的活塞　32—差速锁指示灯开关
33—调整螺钉及锁紧螺母　34—缸盖　35—缸体　36—拨叉轴　37—拨叉　38—弹簧　39—导向轴
40—行星锥齿轮　41—密封圈　43—十字轴　44—推力垫片　45—轴承座　46—螺母

当汽车在良好路面上行驶时，不需要锁止差速器。牙嵌式接合器的固定接合套 26 与滑动接合套 28 处于分离状态，即为普通行星锥齿轮差速器。

当汽车通过不良路面需要差速器锁止时，可通过驾驶人的操纵，使压缩空气由气管接头 30 进入气动活塞缸左腔，推动带密封圈的活塞 31 右移，并经调整螺钉和拨叉轴 36 推动拨叉 37 压缩弹簧 38 向右移，从而拨动滑动接合套 28 右移与固定接合套 26 嵌合。将左半轴 29 与差速器壳 24 连成一个整体，则左、右两半轴被连锁成一体随差速器壳 24 一起转动，即差速器被锁止，不起差速作用。这样，转矩便可全部分配给良好路面上的车轮。与此同时，差速锁指示灯开关 32 接通，驾驶室内指示灯亮，以提醒驾驶人差速器处于锁止状态，汽车驶出不良路面后应及时摘下差速锁。

当汽车通过不良路面后驶上良好路面时，需要解除差速器的锁止，可通过操纵机构放掉气缸内压缩空气，作用在活塞左端面的气压力消失，拨叉 37 及滑动接合套 28 在弹簧 38 的作用下左移回位，接合器分离，差速器恢复差速作用，同时差速锁指示灯熄灭。

强制锁止式差速器结构简单，易于制造，但操纵不便，一般要在停车时进行操作。过早接上或过晚摘下差速器锁，即在良好路面上左、右车轮刚性连接，将会出现无差速器时的一系列问题。

（2）自锁式差速器　自锁式差速器有摩擦片式、凸轮滑块式等多种结构形式，这里着重介绍摩擦片式自锁式差速器（图 2-122）。

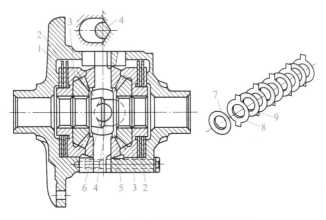

图 2-122　摩擦片式自锁式差速器

a）装配图　b）主、从动摩擦片组

1—差速器壳　2—主、从动摩擦片组　3—推力压盘　4—十字轴　5—行星齿轮
6—V 形斜面　7—薄钢片　8—主动摩擦片　9—从动摩擦片

在两半轴齿轮背面与差速器壳之间各安装了一套摩擦式离合器，该离合器由推力压盘，主、从动摩擦片组成。推力压盘以内花键与半轴相连接，外花键与从动摩擦片的内花键连接。主动摩擦片的外花键与差速器壳的内花键连接。主、从动摩擦片及推力压盘均可做微小的轴向移动。十字轴由两根互相垂直的行星齿轮轴组成，其轴颈端部均切有凸 V 形斜面，差速器壳上的配合孔较大，相应地也加工有凹 V 形斜面。两根行星齿轮轴的 V 形面是反向安装的。

当汽车直线行驶、两半轴无转速差时，转矩平均分配给两半轴。由于差速器壳通过 V 形斜面驱动行星齿轮轴，在传递转矩时，斜面上产生的平行于差速器轴线的轴向分力迫使两根行星齿轮轴分别向左、右方向略微移动，通过行星齿轮推动推力压盘压紧摩擦片。此时转矩经两条路线传给半轴：一路经行星齿轮轴、行星齿轮和半轴齿轮将大部分转矩传给半轴；另一路则由差速器壳，主、从动摩擦片组，推力压盘传给半轴。

当汽车转弯或一侧车轮在不良路面上滑转时，行星齿轮自转，差速器起差速作用，使左、右半轴转速不相等。由于转速差及轴向力的存在，主、从动摩擦片间将产生摩擦力矩，且经从动摩擦片及推力压盘传给两半轴的摩擦力矩方向相反；此力矩与转速快的半轴的转向相反，而与转速慢的半轴的转向相同。因而使得转速慢的半轴所分配到的转矩大于转速快的半轴所分配到的转矩。摩擦作用越强，两半轴的转矩差越大，最大转矩差可达较小转矩 5~7 倍。摩擦片式自锁式差速器结构简单、工作平稳，多用于轿车或轻型货车。

4. 托森差速器

托森差速器（Torsen Differential），也称为托森自锁差速器，它利用蜗轮和蜗杆传动的不可逆性原理和齿面较好的摩擦条件，使差速器根据其内部差动转矩（即差速器的内摩擦转矩）的大小而自动锁死或松开，即当差速器内部差动转矩较小时起差速作用，而当差速器内部差动转矩过大时差速器将自动锁死，这样可以有效地提高汽车的通过能力。

托森差速器历经多年的发展，目前主要有 3 款产品，分别是 A、B、C 型，广泛用于各种豪华车，尤其是用于以奥迪为代表的 Quattro 四驱系统中的中央差速器。

（1）A 型托森差速器　托森差速器根据蜗杆传动机构的基本原理设计。托森中央差速器的结构如图 2-123 所示，由蜗杆带动蜗轮顺利地传递动力，但是驱动力由蜗轮反向带动蜗杆时，会由于轮齿的锁紧系数产生自锁。锁紧系数的大小依赖于蜗轮的螺旋角和蜗轮传动的摩擦力大小。越陡的螺旋角，锁紧系数越小，锁紧功能甚至失效。托森差速器的锁紧系统转矩分配比例大约为 1：3。这也意味着在行驶过程中，具有较大地面附着力车轴的力矩是另一侧较小地面附着力车轴的力矩的 3 倍。

当车辆的前后轴转速一致时，从变速器输出的动力经过空心轴传递到差速器壳体上，壳体将动力经过蜗轮轴传递给蜗杆和蜗轮，并且通过蜗轮将动力传递给前轴和后轴。由于 A 型托森差速器将连接前后轴的蜗轮设计成大小和

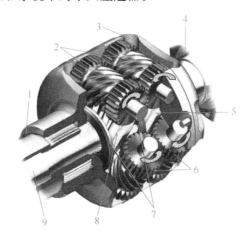

图 2-123　托森中央差速器的结构
1—空心轴（动力输入）　2—蜗杆　3—差速器壳体
4—动力传递至后驱动桥　5—蜗轮（连接后驱动桥）
6—行星轮（直齿轮）　7—摩擦片　8—蜗轮
（连接前驱动桥）　9—动力传递至前驱动桥

齿数一致的齿轮，所以此时变速器输出的转矩由差速器均匀地分配给了前轴和后轴，即每一端都获得了 50% 的驱动力。此时在蜗杆轴上的 2 个行星轮之间没有相对的转动（没有自转，只有公转）。

当车辆的前后轴转速不一致时，如车辆在转向的过程中，前轴车轮要比后轴的车轮绕过更大的转向半径，走的路线也更长，转速也更快，于是前后轴出现了转速差。此时，蜗杆轴上的 2 个行星轮开始相对转动，后轴驱动的蜗轮被强制慢速转动，并且将前轴的转矩分配给了后轴，实现了前轴转速高、后轴转速低、获得更大驱动力的目标。通过这个办法，保证了车辆在转向过程中有更大的地面附着力。极端情况下，当车辆前后轴附着力差别很大的时候，如一个车轮在冰面上或雪地里时，当其失去地面附着力时，由于蜗轮蜗杆机构的自锁作用，托森差速器可以抑制较少附着力车轮空转，根据托森差速器设计的锁紧系数，此时较大附着力的车轴分配更多的驱动力（为较小附着力车轴驱动力的 3 倍），使其有足够的驱动力支撑。

（2）托森差速器的特点　托森差速器可以与任何变速器、分动器实现匹配，与车辆其他安全控制系统如 ABS、牵引力控制系统（Traction Control Systems，TCS）、车身稳定控制系统（Stability Control Systems，SCS）相容。托森差速器是纯机械结构，在车轮刚一打滑的瞬间就会发生作用，它具有线性锁止特性。

托森差速器是一种全自动纯机械式的限滑差速器，非常可靠耐用，并且反应迅速。从某些角度来说，托森差速器是一种非常均衡的设计，其能够在非常短的时间里对驱动轮之间产生的转矩差提供响应，调整转矩输出以解决轮差的问题，而且其锁止特性也非常线性，并且能够在一个相对广泛的转矩范围内进行调节，而不受到差速器壳结构空间的影响。

但是托森差速器与其他的转矩感应式限滑差速器相比起来结构相对复杂、质量大、造价也相对比较昂贵；同时蜗杆副的高内摩擦力矩也增加了零件磨损，对使用寿命不利。

2.7.4　驱动桥壳

1. 驱动桥壳的作用

驱动桥壳是汽车上的主要部件之一，它起着支撑汽车重量的作用，并将载荷传给车轮。作用在驱动车轮上的牵引力、制动力、横向力，也是经过驱动桥壳传到悬架及车架或车厢上的。所以驱动桥壳的功用是安装并保护主减速器、差速器和半轴之外，通过悬架支撑汽车，承受驱动轮传来的反力和力矩，并将作用在驱动轮上的牵引力、制动力、侧向力通过悬架传给车架或车身。

驱动桥壳应有足够的刚度和强度、质量小，便于主减速器的拆装、调整和维修，尽可能便于制造。

2. 驱动桥壳的类型

驱动桥壳可分为分段式和整体式驱动桥壳两种。

（1）分段式驱动桥壳　分段式驱动桥壳又可分为二段可分式和三段可分式两种。

大多数分段式驱动桥壳为二段可分式。如图 2-124 所示，整个驱动桥壳由一个垂直接合面分为左右两个部分，每一部分均由一个铸造壳体和一个压入其外端的半轴套管组成。半轴套管与壳体用铆钉连接。装配主减速器及差速器后，左右两半驱动桥壳通过垂直接合面处的螺栓连成一个整体。北京 BJ212 轻型越野汽车的驱动桥壳属于这种结构。

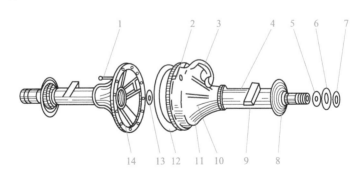

图 2-124　分段式驱动桥壳

1—螺栓　2—注油孔　3—主减速器壳颈部　4—半轴套管　5—调整螺母　6—止动垫片
7—锁紧螺母　8—凸缘盘　9—钢板弹簧座　10—主减速器壳　11—放油孔　12—垫片　13—油封　14—盖

分段式驱动桥壳的特点是垂直接合面两边驱动桥壳的筋即为差速器总成的轴承座，所以轴承的支承刚度很好。这种驱动桥壳看起来似乎结构比较简单，但对主减速器的装配、调整及维修都很不方便。修理主减速器时，需将整个驱动桥壳从车上拆下。使用这种驱动桥壳，装配、调整主减速器齿轮时，主减速器齿轮看不见摸不着，生产效率低，不易保证产品质量。驱动桥的强度和刚度也比较低，半轴套管压驱动桥壳部分的铆接处及连接左右两部分的螺栓容易损坏。

三段可分式驱动桥壳由左、中、右三段组成。其中央部分（主减速器壳）和左右两半均为铸件，两侧半壳用螺栓固定在中央壳上。这种可分式驱动桥壳结构较落后，维修、装配等工艺性差，因此逐渐被淘汰。

（2）整体式驱动桥壳　如图 2-125 所示，整体式驱动桥壳的特点是将整个驱动桥壳做成一个整体。驱动桥壳可看成一根整体的空心梁，与分段式驱动桥壳相比，整体式驱动桥壳强度及刚度都比较大。整体式驱动桥壳的另一特点是驱动桥壳与主减速器分作两部分。

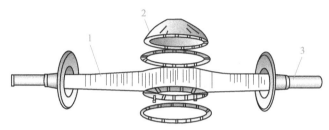

图 2-125　整体式驱动桥壳

1—后桥壳　2—后盖　3—半轴套管

主减速器齿轮及差速器总成均装在与驱动桥壳分开的独立壳体（主减速器壳）里，构成一个单独的总成（主减速器与差速器总成），调整好以后再由驱动桥壳中部前面装入驱动桥壳内，并与驱动桥壳用螺栓紧固在一起。

这种结构对主减速器和差速器的拆装、调整、维修、保养等都十分方便。维修、调整主减速器时，不必把整个驱动桥壳从车上拆下来，这是整体式驱动桥壳的最大优点。

2.7.5　半轴

半轴位于汽车传动系的末端，其功能是将转矩由差速器半轴齿轮传递给驱动车轮。半轴的结构因驱动桥结构形式的不同而异。整体式驱动桥中的半轴为一根整体刚性轴。而转向驱动桥和断开驱动桥中的半轴则分段并用万向节连接。

半轴是在差速器与驱动轮之间传递动力的实心轴，其内端与差速器的半轴齿轮连接，而外端则与驱动轮的轮毂相连。半轴与驱动轮的轮毂在驱动桥壳上的支承形式，决定了半轴的受力状况。现代汽车基本上采用全浮式半轴支承和半浮式半轴支承两种形式。

1. 全浮式半轴支承

全浮式半轴支承结构如图 2-126 所示。半轴外端锻出半轴凸缘，用螺栓与轮毂连接固定，轮毂用两对圆锥滚子轴承支承在半轴套管上，半轴套管与空心梁压配成一体，组成驱动桥壳。这种支承形式中半轴与驱动桥壳没有直接联系。半轴内端用花键与半轴齿轮连接，并通过差速器壳支承在主减速器壳的座孔中。

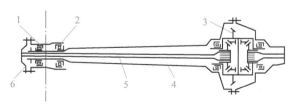

图 2-126　全浮式半轴支承结构

1—轮毂　2—圆锥滚子轴承　3—主减速器从动锥齿轮
4—驱动桥壳　5—半轴　6—半轴凸缘

这种支承形式使半轴只承受转矩，而不承受任何反力和弯矩，故称为全浮式半轴支承。全浮式半轴支承便于拆装，只需拧下半轴凸缘上的轮毂螺栓，即可将半轴抽出，而车轮和驱动桥壳照样能支撑住汽车。

半浮式半轴支承承受的载荷复杂，但它具有结构简单、质量轻、造价低廉的优点，因此半浮式半轴广泛应用于质量较轻、适用条件较好、承载负荷不大的轿车和轻型货车。

2. 半浮式半轴支承

图 2-127 所示为半浮式半轴支承。半轴内端的支承方式与全浮式相同，而外端制成锥形，锥面上有纵向键槽，最外端有螺纹。轮毂以与其相应的锥孔和半轴锥面配合，并用键连接，用螺母紧固。半轴用圆锥滚子轴承直接支承在驱动桥壳凸缘的座孔内。车轮与驱动桥壳之间无直接联系，而支承于悬伸出的半轴外端。因此，地面作用于车轮的各种反力都需经半轴外端的悬伸部分传给驱动桥壳，使半轴外端承受转矩、反力及其形成的弯矩，故称这种支承形式为半浮式半轴支承。为了对半轴进行轴向限位，差速器内装有止推块，以限制其向内轴向窜动；而半轴向外的轴向窜动则通过制动底板对轴承的限位来限制。半浮式半轴支承结构简单，但半轴受力情况复杂且拆装不便，多用于反力、弯矩较小的各类轿车上。

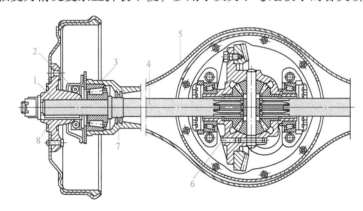

图 2-127　半浮式半轴支承

1—轮毂　2、7—油封　3—轴承　4—半轴　5—驱动桥壳　6—滑块（传力块）　8—键

2.7.6　万向传动装置及驱动桥常见故障

万向传动装置及驱动桥常见故障及原因见表 2-10。

表 2-10　万向传动装置及驱动桥常见故障及原因

故障名称	故障现象	故障原因
万向节故障	传动轴振动和噪声	① 万向节严重磨损 ② 传动轴产生弯曲、扭转变形或不平衡 ③ 连接部件松动 ④ 变速器输出轴花键齿磨损严重 ⑤ 中间支承轴承磨损、中间支承松动或橡胶减振块材料老化
	起步撞击或滑行异响	① 万向节严重磨损 ② 变速器输出轴花键齿磨损严重 ③ 滑动叉花键磨损、损伤 ④ 传动轴连接部件松动

（续）

故障名称	故障现象	故障原因
驱动桥故障	车辆行驶时，驱动桥有异响	① 齿轮或轴承严重磨损或损坏 ② 主、从动齿轮配合间隙过大 ③ 从动齿轮铆钉或螺栓松动 ④ 差速器齿轮、半轴内端花键磨损松旷
	驱动桥有漏油现象	① 主减速器油封或半轴油封损坏 ② 与油封接触的轴径磨损 ③ 衬垫损坏或紧固螺栓松动 ④ 齿轮油加注过多
	车辆行驶一段时间后，驱动桥发热	① 轴承装配过紧 ② 齿轮啮合间隙过小 ③ 齿轮油太少或黏度不对

练习题

一、填空题

1. 传动系统的基本功用是将发动机的（　　　）传递给驱动车轮，同时根据行驶条件的需要，改变（　　　）的大小。

2. 摩擦式离合器的组成和工作原理基本相同，都是由（　　　）、（　　　）、（　　　）、（　　　）等部分组成。

3. 离合器踏板自由行程过大，会产生（　　　）现象；而过小又会产生（　　　）现象。

4. 变速器操纵机构的安全装置有（　　　）、（　　　）和（　　　）装置，以确保变速器准确、安全、可靠地工作。

5. 自动变速器主要由液力变矩器、（　　　）、液压控制系统、（　　　）等组成。

二、选择题

1. 汽车传动系统按照结构和传动介质的不同可分为机械式、液力机械式、静液式、（　　　）等。

  A. 电力式   B. 水力式   C. 电磁式   D. 液压式

2. 变速器的功用不包括（　　　）。

  A. 改变传动比   B. 实现倒车   C. 中断动力   D. 实现发动机制动

3. 手动变速器安全机构不包括（　　　）。

  A. 自锁装置   B. 互锁装置   C. 倒档锁装置   D. 制动锁装置

4. 与手动变速器相比，自动变速器的特点是（　　　）。

  A. 操作简单省力   B. 行车安全性好、生产率高

  C. 舒适性好、机件的使用寿命长、动力性能好、排放性能好

  D. 结构复杂、精度高、成本高、传动效率低、维修困难

5. 行星齿轮三元件不包括（　　　）。

  A. 太阳轮   B. 行星齿轮   C. 行星架   D. 齿圈

三、简答题

1. 机械式传动系统各总成部件的功用有哪些?
2. 摩擦式离合器的组成和动力传递路线是怎样的?
3. 简述 5 速手动变速器 3 档和倒档动力传递路线。
4. 简述自动变速器的分类。
5. 简述分动器的功用和分类。
6. 上网搜索最新的自动变速器。我国哪些车型上采用了这些新型的自动变速器?

第3章 汽车行驶系统

教学目标：

1. 掌握车轮的组成、轮胎的结构与规格标志。
2. 理解车轮定位参数。
3. 掌握各类型车桥的结构。
4. 掌握独立和非独立悬架的结构及工作原理。
5. 理解电子悬架的结构及工作原理。

思考：

汽车传动系统将发动机的动力传递到车轮使汽车行驶起来，在底盘中，又是由哪些部件来缓和路面对车身的冲击与振动，保证汽车安全、舒适、稳定地行驶呢？

3.1 汽车行驶系统概述

3.1.1 行驶系统的作用

汽车行驶系统的作用是承受汽车总质量；接受由发动机经传动系统传来的转矩，并通过驱动轮与路面间的附着作用，产生路面对驱动轮的牵引力，以保证汽车正常行驶；传递并承受路面作用于车轮上的各向反力及其所形成的力矩；缓和不平路面对车身造成的冲击，衰减振动，保证汽车行驶平顺性；与转向系统配合保证汽车的操纵稳定性。

3.1.2 行驶系统的分类

汽车行驶系统的类型因车型及行驶条件不同，有轮式、半履带式、全履带式、车轮-履带式和水陆两用式等。其中轮式行驶系统在汽车上应用得最为广泛。

1）轮式汽车。通过车轮与地面相接触，利用车轮支撑整个车身，并通过车轮的转动驱动汽车行驶。

2）半履带式汽车。前桥装有滑橇式车轮，用来实现转向，后桥上装有履带，以减少对地面的单位压力，防止汽车下陷，同时履带上的履刺也加强了汽车与地面的附着作用，具有很好的通过能力，主要用在雪地或沼泽地带行驶，如图3-1所示。

3）全履带式汽车的前后桥上都装有履带，如图3-2所示。

4）车轮-履带式汽车。有着可以互换使用的车轮和履带，如图3-3所示。

5）水陆两用式汽车。除具有轮式汽车行驶系统外，还备有一套水中航行的行驶机构，如图3-4所示。

图 3-1　半履带式汽车

图 3-2　全履带式汽车

图 3-3　车轮-履带式汽车

图 3-4　水陆两用式汽车

3.1.3　行驶系统的组成

轮式汽车行驶系统主要由车架、车桥、悬架和车轮组成，其组成及部分受力分析如图 3-5 所示。

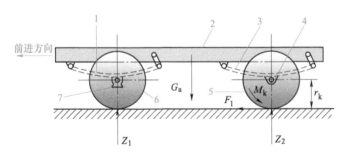

图 3-5　轮式汽车行驶系统的组成及部分受力分析

1—前悬架　2—车架　3—后悬架　4—驱动桥　5—后轮　6—前轮　7—从动桥

1）车架是连接在各车桥之间形似桥梁的一种结构，是整个汽车的安装基础，安装汽车的各总成和部件，使它们保持正确的相对位置，并承受来自车轮和地面的各种静、动载荷。

2）车桥的功用是传递车架或承载式车身同车轮之间各方向的作用力。

3）汽车悬架是车架与车桥之间一切传递动力连接装置的统称。汽车悬架弹性地连接车桥与车身，缓和行驶中车辆受到的由于不平路面引起的冲击力，保证乘坐舒适和货物完好；迅速减轻由于弹性系统引起的振动，传递垂直、纵向、侧向反力及其力矩；并起导向作用，使车轮按一定轨迹相对车身运动。

4）车轮是外部装轮胎，中心装车轴并承受负荷的旋转部件，能够支撑汽车及货物总质量；保证车轮和路面的附着性，以提高汽车的牵引性、制动性和通过性；与汽车悬架一同减少汽车行驶中所受到的冲击，并减轻由此而产生的振动，以保证汽车有良好的乘坐舒适性和平顺性。

3.2 车轮总成

案例：汽车在行驶中，轮胎会出现异常的磨损，并且磨损速度很快，在直线行驶时，驾驶人必须紧握转向盘，否则会出现向左或向右自动转弯的现象，你知道这是什么原因造成的吗？

3.2.1 车轮的作用

车轮与轮胎组成车轮总成。车轮总成与汽车的行驶平顺性、操纵稳定性和安全性等有密切的关系。其主要功用有承受各个方向的作用力，包括支撑汽车重量，产生驱动力、制动力、转向时的向心力及抗侧滑的侧向力；缓和路面不平引起的冲击；行驶中发生侧偏时具有自动回正能力，保证汽车直线行驶或正常转向；保证汽车有一定的通过性。车轮总成如图3-6所示。

3.2.2 车轮

车轮是介于轮胎和车轴之间承受负荷的旋转组件，通常由轮毂、轮辐和轮辋组成，如图3-7所示。

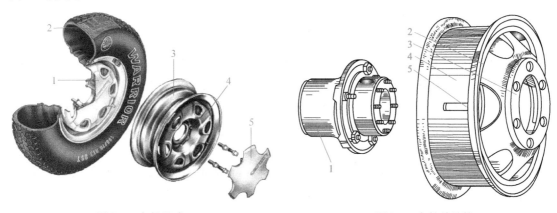

图3-6 车轮总成
1—车轮 2—轮胎 3—轮辋
4—辐板 5—装饰罩

图3-7 车轮的结构
1—轮毂 2—挡圈 3—轮辐
4—轮辋 5—气门嘴伸出孔

1. 轮毂

轮毂与制动鼓、轮盘和半轴凸缘连接，由圆锥滚子轴承支承在转向节轴颈或半轴套管上。

2. 轮辐

轮辐是车轮和轮毂的连接件，用以传递各种载荷。按结构分可分为辐板式和辐条式两种，目前家用轿车均采用辐板式轮辐结构。

1）辐板与挡圈、轮辋、气门嘴伸出孔共同组成辐板式轮辐，如图3-8所示。辐板为钢质圆板，它将轮毂和轮辋连接为一体，其大多是冲压制成的，少数是与轮毂铸成一体的，后者多用于重型汽车上。辐板与轮辋是铆接或焊接在一起的，对于采用无内胎轮胎的车轮，采用焊接法可提高轮辋的密闭性。轿车的辐板采用材料较薄，常冲压成起伏各样的形状，以提高刚度。辐板上开有若干孔，有利于减轻重量，同时有利于制动器散热，安装时还可作为把手。

2）辐条式轮辐是钢丝辐条或者是和轮毂铸成一体的铸造辐条，如图3-9所示。钢丝辐条由于需要装配，生产效率低，价格昂贵，已逐渐被淘汰，仅用于赛车和某些高级轿车上，以减轻车轮的重量。

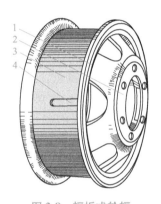

图 3-8　辐板式轮辐
1—挡圈　2—辐板　3—轮辋
4—气门嘴伸出孔

图 3-9　辐条式轮辐
1—轮毂　2—轮辋　3—辐条
4—气门嘴伸出孔

3）按材质分，轮辐包括钢制轮辐、铝合金制轮辐和镁合金制轮辐等几种。

钢制轮辐价格低廉，为美化造型，可在其外面加装塑料装饰罩。铝合金制轮辐比钢制轮辐轻，散热性好，多由轮辋与轮辐铸为一体，可制造出新颖时尚的车轮，目前广泛应用于轿车。镁合金制轮辐比铝制轮辐还要轻，但由于价格昂贵而且耐蚀性差，普及率很低。目前质量更轻、价格更低廉、更美观的碳素纤维轮辐等正在研制中。

3. 轮辋

轮辋是轮胎装配和固定的基础，为了保证轮胎具有准确的形状，需要根据汽车的用途，设计有多种形状的轮辋。轮辋按断面结构形式有如图3-10所示的7种，其中最常见的是深槽轮辋和平底轮辋，轮辋断面如图3-11所示。

1）深槽轮辋一般采用钢板冲压成形的整体结构，中部为一深槽，有带肩的凸缘用以安放外胎的胎圈，凸缘倾斜角度一般是5°±1°，便于外胎拆装。深槽轮辋结构简单、刚度大、质量小，最适宜小尺寸、弹性较大的轮胎，尺寸较大、较硬的轮胎则很难装进，所以深槽轮辋主要用于轿车及轻型越野汽车。

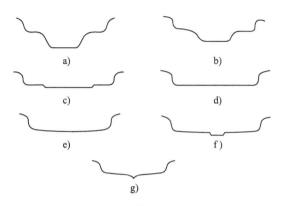

图 3-10 轮辋轮廓类型及代号

a）深槽轮辋（DC） b）深槽宽轮辋（WDC） c）半深槽轮辋（SDC）

d）平底轮辋（FB） e）平底宽轮辋（WFB） f）全斜底轮辋（TB） g）对开式轮辋

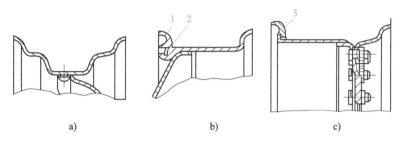

图 3-11 轮辋断面

a）深槽轮辋 b）平底轮辋 c）对开式轮辋

1、3—挡圈 2—锁圈

2）平底轮辋底部呈平环状，只有一边为可拆卸的挡圈当凸缘。在安装轮胎时，先将轮胎套在轮辋上，然后再安装挡圈。平底轮辋主要用于中、重型货车、自卸车和大客车等，可安装大而硬的轮胎。

3）对开式轮辋内部由两部分组成，两者靠螺栓紧固成一体，内、外轮辋有等宽度的，也有不等宽度的。这种结构使轮胎安装特别可靠，且装卸方便，多用在重型汽车上。

轮辋是轮胎装配和固定的基础，每一种规格的轮胎，应配用规定的标准轮辋，必要时可选用与标准轮辋相近的容许轮辋。如果选用轮辋过窄，会造成轮胎过早损坏。近年来，为改善汽车的通过性和操纵稳定性，同时提高轮胎和道路的使用寿命，低压轮胎宽轮辋被越来越多地应用。

车轮总成在高速旋转时要保证动平衡。若车轮不平衡会引起车身振动、前轮摆振，同时会加速轮胎的异常磨损，所以轮辋的边缘上往往会安装平衡块。

4. 双式车轮

一般轿车、轻型货车等都用单式车轮，载重量较大的货车后桥一般装用双式车轮，即在同一轮毂上安装两套轮辐和轮辋（图 3-12）。货车的后轴负荷比前轴大得多，采用双式车轮可有效避免后轮轮胎过载。

3.2.3 轮胎

1. 轮胎的功用与类型

轮胎安装在轮辋上，直接与路面接触，其功用是缓冲、减振、保证舒适性和平顺性；提高牵引性、制动性和通过性；承受汽车的重量。

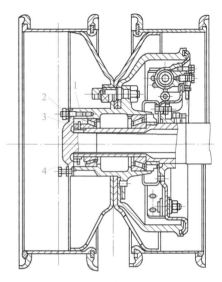

图 3-12 货车双式车轮
1—调整螺母 2—锁止垫片
3—锁紧螺母 4—销钉

汽车轮胎按照胎体结构分为充气轮胎和实心轮胎，现代汽车几乎都采用充气轮胎。充气轮胎按照组件不同可分为有内胎轮胎和无内胎轮胎，目前轿车普遍采用无内胎轮胎。充气轮胎按照胎体中帘线排列方式不同，可分为普通斜交胎、带束斜交胎和子午线胎。按照胎内气压高低，轮胎可分高压轮胎（0.5~0.7MPa）、低压轮胎（0.2~0.5MPa）和超低压轮胎（<0.2MPa）。低压轮胎弹性好、减振性强、散热性好、与地面接触面积大、附着性好，被广泛应用于轿车。超低压轮胎在松软路面上具有良好的通过性能，多用于越野汽车及部分高级轿车。

（1）有内胎轮胎 有内胎轮胎由外胎、内胎和垫带组成，安装在汽车车轮轮辋上，如图 3-13 所示。内胎是一个环形橡胶管，应具有良好的弹性，并能耐热和不漏气，为使内胎在充气状态下不产生褶皱，其有效尺寸应稍小于外胎内壁尺寸。汽车行驶前，内胎应按要求充入一定压力的空气。

垫带是一个环形的橡胶带，垫在内胎与轮辋之间，可保证内胎不被轮辋和胎圈擦伤，还可防止尘土及水汽侵入。在深槽轮辋上使用的有内胎轮胎往往没有垫带。

（2）无内胎轮胎 无内胎轮胎俗称真空胎，在外观上与有内胎轮胎近似，区别在于无内胎轮胎没有内胎及垫带，轮胎与轮辋之间有很好的密封性，空气直接充入外胎中，如图 3-14 所示。

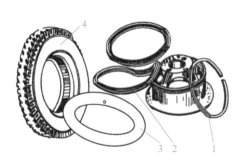

图 3-13 有内胎轮胎
1—挡圈 2—垫带 3—内胎 4—外胎

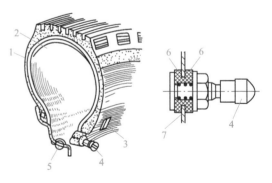

图 3-14 无内胎轮胎
1—橡胶密封层 2—自粘层 3—槽纹 4—气门嘴
5—铆钉 6—橡胶密封衬垫 7—轮辋

无内胎轮胎虽无充气内胎，但在轮胎内壁表面上附有一层 2~3mm 的橡胶密封层，称为气密封层，它是用硫化的方法粘附上去的。气门嘴直接固定在轮辋上，其间垫以密封用的橡胶密封衬垫。铆接轮辋和辐板的铆钉自内侧塞入，并涂上一层橡胶。在密封层和胎面之间贴有一层用硫化橡胶的特殊混合物制成的自粘层。当轮胎穿孔时，自粘层能自行将刺穿的孔粘合；但当天气炎热时，自粘层可能软化而向下流动，从而破坏车轮平衡。因此，越来越多的无内胎轮胎采用无自粘层结构，当轮胎穿孔后，由于轮胎和气密层处于压缩状态而裹紧穿刺物，可保持较长时间内不漏气；即使穿刺物拔出，由于轮胎的弹性作用也能暂时保持气压，汽车仍能继续行驶一段距离。

无内胎轮胎的优点是穿孔时，压力不会急剧下降，汽车能继续安全地行驶；不存在因内、外胎之间摩擦和卡住而引起的损坏；气密性较好，可以直接通过轮辋散热，所以工作温度低、使用寿命较长、结构简单、质量较小，目前轿车应用较多。

2. 轮胎结构

轮胎的基本结构如图 3-15 所示，主要由胎面、胎肩、胎侧、胎圈、缓冲层和帘布层组成。

（1）胎面　胎面又称行驶面，直接和路面接触，承受摩擦和全部负荷，可分为胎冠、胎肩、胎侧和胎圈。

胎面根据汽车用途的不同塑造有各种形状的凹凸花纹，可使轮胎与地面有良好的附着性能、排泥性能，也可防止纵、横向滑移，轮胎花纹如图 3-16 所示。

胎肩是较厚的胎冠与较薄的胎侧间的过渡部分，一般也制有花纹，以利散热。

胎侧橡胶层较薄，用以保护帘布层侧壁免受潮湿和机械损伤。

胎圈使外胎牢固地装在轮辋上，有很大的刚度和强度，由钢丝圈、帘布层包边和胎圈包布组成。

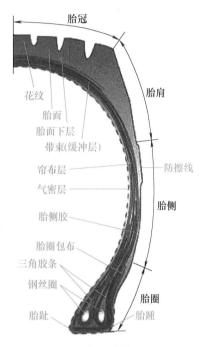

图 3-15　轮胎的基本结构

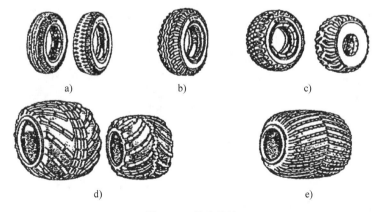

图 3-16　轮胎花纹

a）普通花纹　b）混合花纹　c）越野花纹　d）拱形胎花纹　e）低压胎特种花纹

（2）帘布层　帘布层又称胎体，是轮胎的骨架，其作用是承受负荷、保护轮胎的形状和外缘尺寸，通常由多层硅胶布（帘布）用橡胶粘合而成。帘布由纵向强韧的经线和放在经线之间的少数纬线织成。帘线有棉丝、人造丝线、尼龙线和钢丝等多种。

帘布的层数越多，轮胎强度越大，但弹性越小。现在多采用聚酰纤维和金属丝作为帘线，使帘布层数减少到4层甚至2层。这样既减少了橡胶消耗、提高了轮胎质量，又降低了滚动阻力，延长了轮胎的使用寿命。

按帘布层中帘线的排列角度不同轮胎分有斜交轮胎和子午线轮胎。

斜交轮胎的帘布层和缓冲层各相邻层帘线交叉，且与轮胎中心线呈小于90°角排列，一般胎冠角为50°~60°，斜交轮胎和子午线轮胎的结构如图3-17所示。斜交轮胎的噪声小、外胎面柔软、制造容易，价格较子午线轮胎便宜。但转向行驶时，斜交轮胎接触地面面积小，胎冠滑移大，抗侧向力能力差，高速行驶时稳定性差，滚动阻力较大，油耗偏高，承载能力不如子午线轮胎。

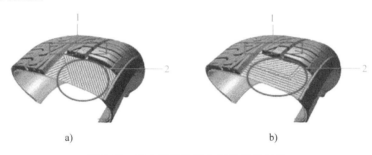

图3-17　斜交轮胎和子午线轮胎的结构
a）斜交轮胎（B）　b）子午线轮胎（R）
1—胎面花纹　2—帘布层

子午线轮胎由胎面、胎圈、带束层和帘布层组成。帘布层帘线排列方向与轮胎的子午断面一致，如图3-18所示。子午线轮胎的帘布层数可比普通斜交轮胎减少40%~50%，胎体较柔软。子午线轮胎帘线通常采用高强度、抗拉伸的玻璃纤维、聚酰纤维或钢丝等材料制成，与子午断面接近垂直（呈70°~75°角），可以承受较大的切向力。

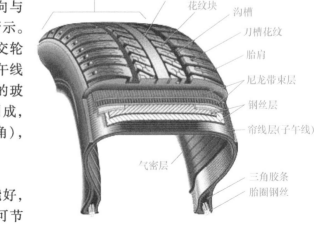

图3-18　子午线轮胎

子午线轮胎具有以下优点：

1）接触地面面积大，附着性能好，对地面单位压力小，滚动阻力小，可节省油耗。

2）胎面较厚且有坚硬的带束层，刚性大，承载时接触地面变形小，高速行驶时不容易发生驻波现象，不易被刺穿，使用寿命长。

3）帘线横向排列，在承受横向力时，胎侧虽然有些变形，但接触地面变形小，操纵稳定性好。

4）径向弹性大，缓冲性能好，负载能力较大。

5）帘布层数少，胎侧薄，所以散热性能好。

子午线轮胎的缺点是因胎侧较薄、胎面较厚，在其过渡区胎肩部分易产生裂口，制造难度高、成本高。

子午线轮胎性能得到不断改进，应用越来越广泛。而斜交轮胎除特殊专用车使用外，基本已被淘汰。

3. 轮胎规格及标志

我国对轮胎制定了相应的标准，标准规定了轮胎规格、基本参数、主要尺寸、气压负荷对应关系等。汽车轮胎上的标记有 10 余种，正确识别这些标记对于轮胎的选配、使用、保养，以及保障行车安全和延长轮胎使用寿命具有十分重大的意义。轮胎基本规格常用一组数字标志在轮胎侧面，如图 3-19 所示。

图 3-19　轮胎基本规格标志

轮胎的尺寸参数为一个标准格式，是选购轮胎的最重要参数，如图 3-19 上这条轮胎为 245/45R18 96Y，标示胎面宽度为 245mm，高宽比为 45%，适用 18 寸轮辋的子午线轮胎。

轮胎尺寸规格如图 3-20 所示。其中 D 为轮胎外径、d 为轮胎内径、H 为轮胎断面高度、B 为轮胎断面宽度。轮胎断面高度 H 与轮胎断面宽度 B 之比称为轮胎的高宽比（以百分比表示），即 $H/B×100\%$，又称为轮胎的扁平比。通常高宽比有 80%、75%、70%、60%、55% 等。

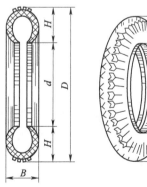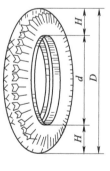

图 3-20　轮胎尺寸规格

轮胎高宽比（扁平比）对轮胎的滚动及操纵性能影响很大，采用高宽比小的宽轮胎是提高侧偏刚度的主要措施。早期轮胎的高宽比为 100%，现代轮胎的高宽比逐渐减小。目前，不少轿车已采用高宽比为 60% 或称 60 系列的宽轮胎。

轮胎结构标志：R 代表子午线轮胎，无 R 代表斜交线轮胎。

轮胎负荷指数：轮胎的负载能力，以数字代号表示，需查表检索具体负荷数值。

速度级别代号：表示轮胎最高行驶速度。不同的允许车速用不同的字母表示，轮胎速度级别代号见表 3-1。

表 3-1　轮胎速度级别代号

代号	C	D	E	F	G	J	K	L	M	N	P	Q	R	S	T	U	H	V
km/h	60	65	70	80	90	100	110	120	130	140	150	160	170	180	190	200	210	240

例如 195/55R16 85V，195 指的是轮胎宽度为 195mm；55 指的是轮胎高宽比，即断面高度是宽度的 55%；R 指的是该轮胎为子午线轮胎；16 指的是轮辋直径为 16 英寸；85 指的是负荷指数，代表最大载荷质量为 515kg；V 指的是速度级别为 240km/h。

常见的轮胎品牌包括：美国的固特异（Goodyear），日本的普利司通（Bridgestone），美国的凡士通（Firestone），英国的邓禄普（Dunlop），法国的米其林（Michelin），意大利的倍耐力（Pirelli），韩国的韩泰（Hankook）和锦湖（Kumho），德国的马牌（Continental），我国的回力、朝阳、三角、双星、长庆等。

4. 轮胎的动平衡

汽车的车轮是由轮胎、轮毂组成的一个整体。但由于制造上的原因，使这个整体各部分的质量分布不可能非常均匀。当汽车车轮高速旋转起来后，就会形成动不平衡状态，造成车辆在行驶中车轮抖动、转向盘振动的现象。为了避免这种现象或是消除已经发生的这种现象，就要使车轮在动态情况下通过增加配重的方法，使车轮校正各边缘部分的平衡。这个校正的过程就是车轮动平衡。轮胎上的动平衡块如图 3-21 所示。

如果车轮的动平衡有失衡的情况，在驾驶时能感觉到转向盘会有规律地抖动，车速越快越明显，严重时车内还会有共振感。同时悬架和轴承的寿命也要受到影响，造成机械损伤。当失衡比较严重时，轮胎也可能因为不正常的横向摆动产生偏磨现象，轮胎寿命也受影响，所以轮胎应定期使用动平衡检测仪进行动平衡检查。车轮动平衡检测仪如图 3-22 所示。

图 3-21　动平衡块　　　　　　　　图 3-22　车轮动平衡检测仪

拓展知识：轮胎压力监视系统（TPMS）

我国公安机关交通管理部门交通事故数据显示，在高速公路上 46% 的交通事故是由于轮胎发生故障引起的，其中爆胎就占了 70%。若汽车在时速 160km 以上时发生爆胎，死亡率几乎是 100%。胎压对汽车安全行驶有着重要影响。

当汽车轮胎气压过低时，轮胎侧壁反复变形大，容易出现裂口，轮胎温度升高，橡胶与其帘布层的结合力随之降低，使已有裂口变大，更容易发生爆胎，缩短了轮胎的使用寿命。同时轮胎气压过低会造成轮胎滚动阻力增加、油耗增大。试验表明，汽车胎压每降低 100kPa，燃油消耗会增加 10%~15%；轮胎气压过低还会导致车辆转弯时方向跑偏，出现安全事故。

当汽车轮胎气压过高时，胎面张力大，当受到地面的较大冲击时，轮胎容易裂口，并由裂口处迅速扩展，引发爆胎；轮胎气压过高，还会使制动距离增大，严重影响行车安全性。

2000 年，由于凡士通（Firestone）公司轮胎的质量事故，造成了近千人的伤亡事故，引起了世界各国广泛的关注。事实上，从 20 世纪 70 年代开始，美国、欧洲等国家就开始研究轮胎压力监视系统。

汽车轮胎压力监视系统 TPMS（Tire Pressure Monitoring System）是一种汽车轮胎气压实时自动检测系统，可对低胎压和高胎压进行预警，确保行车安全。TPMS 第一次作为专用词汇是在 2001 年 7 月，美国运输部和美国国家高速公路交通安全管理局（NHTSA），为响应美国国会对车辆安装 TPMS 立法的要求，联合对现有的两种 TPMS 进行了评价，并确认了直接式 TPMS 优越的性能和准确的监测能力。由此 TPMS 作为汽车轮胎智能监测系统成为汽车三大安全系统之一，与汽车安全气囊、防抱制动系统（ABS）一起被大众认可并受到应有的重视。美国法律规定：从 2007 年 1 月起，所有新出售的轿车必须安装 TPMS。现在，许多欧洲的汽车厂商也将 TPMS 作为汽车的必装设备。我国越来越多的车型也将 TPMS 作为标准配置。

1. TPMS 的分类

目前，TPMS 主要分为两种类型，一种是间接式轮胎气压监视系统（Wheel-Speed Based TPMS），另一种是直接式轮胎气压监视系统（Pressure-Sensor Based TPMS）。

1）间接式 TPMS。它通过汽车 ABS 的车轮转速传感器来比较车轮之间的转速差别，以达到监视胎压的目的。当汽车行驶时，轮胎气压监视系统接收 4 个车轮转速传感器的车轮转速信号，并进行综合分析。当某一个轮胎的气压太高或不足时，轮胎的直径就会变大或变小，车轮的转速也相应产生变化。监视系统将车轮转速的变化情况与预先储存的标准值相比较，就可得知轮胎气压是否太高或不足，从而报警。

2）直接式 TPMS。它是通过测量轮胎的温度和压力来监测轮胎压力的车用嵌入式系统。它利用安装在每一个轮胎里的压力传感器直接测量汽车轮胎里的气压，并通过无线调制发射到安装在驾驶台的监视器上，如图 3-23 所示。监视器上随时显示各个轮胎的气压相关数据，驾驶人可以直观地了解各个轮胎的气压状况。如果轮胎气压太低或者有渗漏时，系统就会自动报警。

间接方法的成本非常低，但因存在诸多缺点、系统校准复杂，在某些情况下无法正常工

图 3-23 直接式 TPMS

作，如无法对两个以上的轮胎同时缺气的状况和速度超过 100km/h 的情况进行判断，所以没有成为技术发展的主流。

2. TPMS 的组成及工作原理

TPMS 由两部分组成，如图 3-24 所示，一是报警器（包括显示屏、无线接收器和报警蜂鸣器），二是胎压传感器。报警器大多都比较简洁美观，可以接收并显示 4 个轮胎的气压数据，一般都需要连接汽车上的电源来完成供电。传感器每个车轮上装有一个，有外置与内置两种，外观虽然小巧但却内嵌了气压检测装置、无线发送装置和长寿命电池单元。

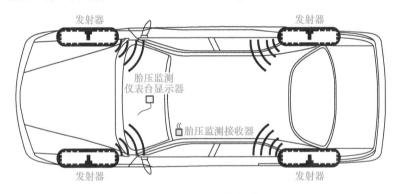

图 3-24 TPMS 的组成

当汽车开动时，安装到各个轮胎的传感器就会将胎压数据通过无线信号传输到报警器，报警器接收到数据后对胎压数据做出分析判断，并根据情况进行显示和警告。

轮胎压力传感器分别安装在 4 个车轮轮毂上，负责测量轮胎内部的压力、温度和电池电压等物理状况，并将测量数据通过无线形式按照一定的规律发送给胎压控制器。驾驶人通过胎压控制器上的显示屏和按键可查看 4 个轮胎的压力值、温度值。当某一个轮胎的压力、温度或电池电压超过了报警值，胎压控制器能够准确识别轮胎的位置，并且发出图形、声音、文字报警。

3.3 车架与车桥

思考：2011 年的现代 ix35 汽车，行驶里程为 160000km，在行驶中稳定性差，不易保持直线行驶，转向盘操纵频繁。你知道是什么原因引起的吗？

3.3.1 车架

车架俗称"大梁"，是汽车装配的基础，用于安装汽车各种总成部件，并使其保持正确的相对位置，同时承受来自车内、外的各种载荷。汽车车架的结构形式有 4 种：边梁式车架、中梁式车架、综合式车架和承载式车身。

1. 边梁式车架

边梁式车架一般是用铆接或焊接的方法，将两边的纵梁和若干根横梁牢固连接的桥式结构，如图 3-25 所示。边梁式车架便于安装支架和布置总成，有利于改装变型车和发展多种车型，目前被广泛应用于中型货车及特种汽车上。

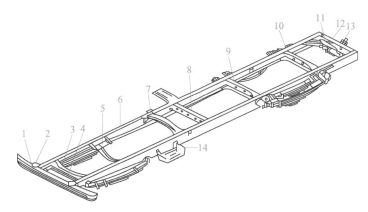

图 3-25　边梁式车架

1—保险杠　2—挂钩　3—前横梁　4—发动机前悬置横梁　5—发动机后悬置右（左）支架和横梁　6—纵梁
7—驾驶室后悬置横梁　8—第 4 横梁　9—后钢板弹簧前支架横梁　10—后钢板弹簧后支架横梁
11—角撑横梁组件　12—后横梁　13—拖钩部件　14—蓄电池托架

纵梁通常用低合金钢板冲压而成，断面形状一般为槽形，也有的做成 Z 字形或箱形断面。

边梁式车架的优点是能使车轮有较大的运动空间，便于采用独立悬架，从而提高汽车的越野性。与同吨位的货车相比，其车架较轻，减轻了整车质量；重心较低，因此行驶的稳定性好。缺点是这种车架的制造工艺复杂，精度要求高，维护和修理不便。

2. 中梁式车架

中梁式车架只有一根位于中央贯穿前后的纵梁，也称为脊骨式车架，如图 3-26 所示。中梁的断面可以做成管形或箱形。中梁式车架有较好的抗扭转刚度和较大的前轮转向角，在结构上允许车轮有较大的跳动空间，便于安装独立悬架，从而提高了汽车的越野性；与同吨位的货车相比，其车架轻，整车质量小，同时重心也较低，故行驶稳定性好；车架的强度和刚度较大；中梁还能起封闭传动轴的防尘罩作用。中梁式车架的缺点是制造工艺复杂，精度要求高，总成安装困难，维护修理也不方便，故目前应用较少。

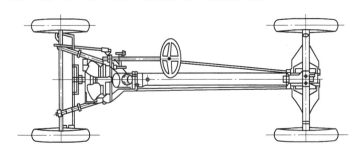

图 3-26　中梁式车架

3. 综合式车架

综合式车架是由边梁式和中梁式车架结合而成的，如图 3-27 所示。车架前段或后段近似边梁式结构，便于分别安装发动机或驱动桥。车架中部采用中梁式结构，传动轴从中梁中间穿过。这种结构制造工艺复杂，应用不多。

4. 承载式车身

承载式车身没有车架，而车身已兼起车架的作用，将所有部件固定在车身上，所有的力也由车身来承受，如图 3-28 所示。如今

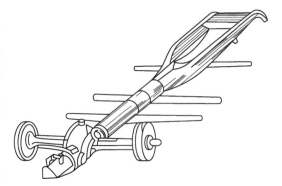

图 3-27　综合式车架

承载式车身通过不同强度钢材的运用，发生碰撞时通过吸能、溃缩等方式保证车内人员安全，在安全性和稳定性方面都有很大的提高，但是其产生的噪声和振动相对较大。车体的刚性和载重能力相对较弱，许多轿车和公共汽车均采用承载式车身，一般专业越野汽车和货车不采用这种结构。

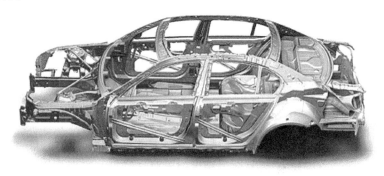

图 3-28　承载式车身

承载式车身的优点有：①无车架，减轻了整车质量；②结构不影响车厢内部空间，底板高度较低，上下车方便；③适用于轿车，整车质量比较轻、省油；④重心较低，公路行驶平稳，整体式车身比较安全。

承载式车身的缺点有：①传动系统和悬架的振动和噪声会直接传入车内，需采取防振和

隔声措施；②底盘强度远不如有大梁结构的车身，当 4 个车轮受力不均匀时，车身会发生变形；③制造成本偏高。

3.3.2　车桥

车桥通过悬架与车架（或者承载式车身）相连，两端安装汽车车轮。其功用是传递车架（或承载式车身）与车轮之间各方向的作用力及其力矩。

根据悬架结构的不同，车桥分为整体式和断开式两种，整体式车桥用于非独立式悬架，断开式车桥用于独立悬架。

根据车桥上车轮作用的不同，车桥可分为转向桥、驱动桥、转向驱动桥和支持桥 4 种类型。

1. 转向桥

转向桥是指承担转向任务的车桥。一般汽车的前桥是转向桥。四轮转向汽车的前后桥，都是转向桥。它利用车桥中的转向节使两端的车轮偏转一定的角度，以实现汽车的转向。它除承担汽车的垂直载荷外，还承受纵向力和侧向力及这些力造成的力矩。其结构主要由前轴（梁）、转向节、主销、轮毂等组成，如图 3-29 所示。

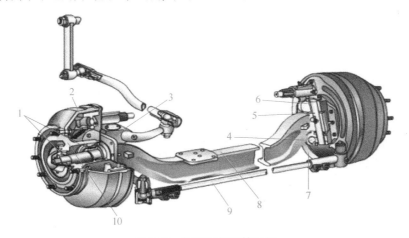

图 3-29　汽车整体式转向桥

1—轮毂轴承　2—制动鼓　3—转向节　4—止推轴承　5—主销　6—衬套　7—梯形臂
8—前轴　9—转向横拉杆　10—轮毂

1）前轴。其断面一般是工字形，为提高抗扭强度，在接近两端各有一个加粗部分成拳形，其中有通孔，主销即插入此孔内，中部向下弯曲成凹形，其目的是使发动机位置得以降低，从而降低汽车重心、扩展驾驶人视野、减小传动轴与变速器输出轴之间的夹角。

2）转向节。其是车轮转向的铰链，它是一个叉形件。上下两叉有安装主销的两个同轴孔，转向节轴颈用来安装车轮。转向节上销孔的两耳通过主销与前轴两端的拳形部分相连，使前轮可绕主销偏转一定角度而使汽车转向。

3）主销。其作用是铰接前轴及转向节，使转向节绕着主销摆动以实现车轮的转向。主销的中部切有凹槽，安装时用主销固定螺栓，并与它上面的凹槽配合，将主销固定在前轴的拳形孔中。主销与转向节上的销孔是间隙配合，以便实现转向。

4）轮毂。车轮轮毂通过两个圆锥滚子轴承支承在转向节外端的轴颈上。轴承的松紧度可用调整螺母（装于轴承外端）加以调整。

2. 转向驱动桥

既能转向又能驱动的车桥称为转向驱动桥。前轮驱动汽车和四轮驱动汽车的前桥为转向驱动桥。

转向驱动桥的结构组成既具有一般驱动桥所具有的主减速器、差速器及半轴，也具有一般转向桥所具有的转向节、主销和轮毂等，如图 3-30 所示。它与单独的驱动桥、转向桥相比，其不同之处在于转向所需要的半轴被分为两段，分别为内半轴（与差速器连接）和外半轴（与轮毂连接），二者用等角速万向节连接起来。同时，主桥也因此分成上下两段，分别固定在万向节的球形支座上。转向节轴颈做成空心，以便外半轴从中穿过。转向节的连接叉是球状转向节壳体，既满足了转向的需要，又适应了转向节的传力。转向驱动桥广泛地应用在全轮驱动的越野汽车上。

3. 支持桥

支持桥仅用于连接、安装左右车轮，既不产生驱动力，也不实现转向。前轮驱动汽车的后桥、多轴单桥驱动汽车的中桥或后桥、挂车上的车桥属于支持桥。支持桥由车轴和左右轮毂轴组成，如图 3-31 所示。

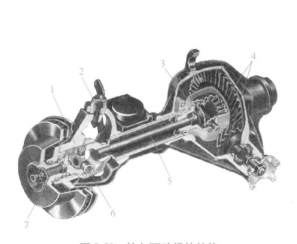

图 3-30　转向驱动桥的结构
1—转向节　2—主销　3—差速器　4—主减速器
5—内半轴　6—万向节　7—外半轴

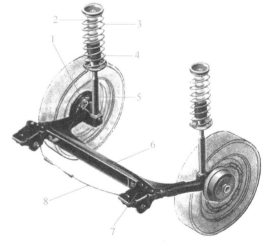

图 3-31　支持桥
1—制动器　2—缓冲限位块　3—弹簧
4—橡胶护罩　5—减振器　6—后桥焊接总成
7—橡胶-金属支承座　8—驻车制动拉索

3.3.3　车轮定位

车轮定位就是汽车的每个车轮（或通过转向节）和车桥、车架的安装应保持一定的相对位置，其作用是保持汽车直线行驶的稳定性，保证汽车转弯时转向轻便，且使转向轮自动回正，减少轮胎的磨损等。

1. 前轮定位

传统车轮定位主要是指前轮定位，但越来越多的现代汽车需要进行四轮定位。前轮定位参数有：主销后倾角、主销内倾角、前轮外倾角和前轮前束。

对于两端装有主销的转向桥，当汽车转向时，转向车轮会围绕主销轴线偏转，如图 3-32a 所示。但是在大多数断开式转向桥中没有主销，而是采用上、下球头销代替主销，上、下球头销球头中心的连心线相当于主销轴线，如图 3-32b 所示。

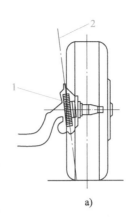
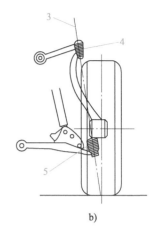

图 3-32　主销轴线

a）非独立悬架　b）独立悬架

1—转向主销　2、3—转向轴线　4—上球头销　5—下球头销

（1）主销后倾角　在汽车的纵向平面（汽车的侧面）内，主销上部向后方倾斜的一个角度 γ，称为主销后倾角，如图 3-33 所示。当主销具有后倾角 γ 时，主销轴线与路面交点 a 将位于车轮与路接触点 b 的前方（图 3-33a），当汽车直线行驶时，若转向轮偶然受到外力作用而稍有偏转（如右偏转，如图 3-33 中箭头所示），将使汽车行驶方向向右偏离。这时，由于汽车本身离心力的作用，在车轮与路面接触点 b 处，路面对车轮作用着一个侧向反作用力 F_Y，对车轮形成绕主销轴线作用的力矩 $F_Y L$，其方向正好与车轮偏转方向相反。在此力矩的作用下，将使车轮恢复到原来的中间位置，从而保证汽车能稳定地直线行驶。此力矩称为回正力矩。此力矩也不宜过大，否则在转向时为了克服此回正力矩，驾驶人须在转向盘上施加较大的力（即转向沉重）。γ 一般不超过 $2° \sim 3°$。现代汽车为了提高行驶速度，普遍采用扁平低压胎，轮胎变形增加，引起稳定力矩增加，因此 γ 角可以减小甚至接近于零，有的甚至为负值。

（2）主销内倾角　在汽车的横向平面（汽车的前后方向）内，主销上部向内倾斜一个角度，主销轴线与垂线之间的夹角 β 称为主销内倾角，如图 3-34a 所示。

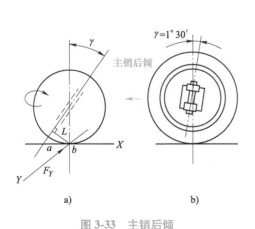
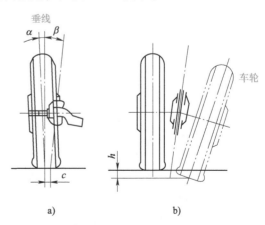

图 3-33　主销后倾

a）主销后倾作用原理　b）主销后倾角

图 3-34　主销内倾

a）使转向轻便　b）车轮自动回正

主销内倾角 β 具有使车轮自动回正的作用，如图 3-34b 所示。当转向车轮在外力作用下

由中间位置偏转一个角度时，车轮的最低点将陷入路面以下 h 处，但实际上车轮下边缘不可能陷入路面以下，而是将转向轮连同整个汽车前部向上抬起一个相应的高度 h，这样汽车本身的重力有使转向轮恢复到原来中间位置的效应，即能自动回正。主销内倾角越大或转向轮偏转角越大，汽车前部就被抬起得越高，转向轮自动回正的作用就越大。

此外，主销内倾角的另一个作用是使转向轻便。由于主销的内倾使得主销轴线与路面的交点到车轮中心平面与地面交线的距离 c 减小，转向时路面作用在转向轮上的阻力矩减小（因力臂 c 减小），从而可以降低转向时驾驶人在转向盘上的力使转向操作轻便，同时也可以减小因路面不平而从转向轮传到转向盘上的冲击力。但内倾角不宜过大，否则在转向时，车轮绕主销偏转的过程中，轮胎与路面产生较大的滑动，增加了轮胎与路面的摩擦阻力，这不仅使转向变得很沉重，还加速了轮胎的磨损，故一般内倾角 β 不大于 8°。在一些发动机前置、前轮驱动的轿车上，为了使汽车具有良好的行驶稳定性，特别是具有制动稳定性，其主销内倾角较大。

（3）前轮外倾角　在汽车的横向平面内，前轮中心平面向外倾斜一个角度 α，称为前轮外倾角，如图 3-35 所示。轮胎呈现"八"字形张开时称为负外倾，而呈现"V"字形张开时称为正外倾。

前轮外倾角 α 具有提高转向操纵的轻便性和车轮工作安全性的作用。如果空车时车轮的安装正好垂直于路面，则满载时车桥将因承载变形而可能出现车轮内倾，这样将加速汽车轮胎内侧的偏磨损。另外，路面对车轮的垂直反作用力沿轮毂的轴向分力使轮毂

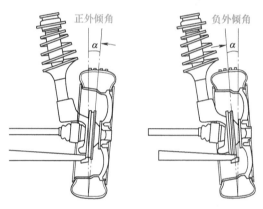

图 3-35　前轮外倾

压向外端的小轴承，加重了外端小轴承及轮毂紧固螺母的负荷，降低了它们的使用寿命，严重时会损坏外端的锁紧螺母而使车轮松脱，造成交通事故。因此，为了使轮胎磨损均匀和减轻轮毂外轴承的负荷，安装车轮时应预先使其有一定的外倾角，以防止车轮内倾。但是外倾角不宜过大，否则会使轮胎产生外侧偏磨损。现代汽车将外倾角一般设定为 1° 左右，有的接近垂直，有的为负值。

（4）前轮前束　俯视车轮，汽车的两个前轮并不完全平行，而是稍微带一些角度。在通过两前轮中心的水平面内，两前轮的前边缘距离 B 小于两前轮后边缘距离 A，$A-B$ 之差称为前轮前束，如图 3-36 所示。像内八字一样前端小后端大的称为前束，而像外八字一样后端小前端大的称为后束或负前束，一般前束值为 0~12mm。前轮前束可通过改变横拉杆的长度来调整。

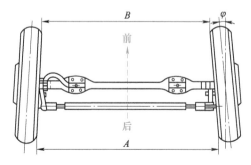

图 3-36　前轮前束

前轮前束的作用是消除由车轮外倾而引起的前轮"滚锥效应"。车轮有了外倾角后，在滚动时就类似于圆锥滚动，从而导致两侧车轮向外滚开。由于转向横拉杆和车桥的约束使车轮不可能向外滚开，车轮将在地面上出现边滚动

边向内滑移的现象，从而增加了轮胎的磨损。为了消除车轮外倾带来的这种不良后果，可在安装车轮时，使汽车两前轮的中心平面不平行，两轮前边缘距离 B 小于后边缘距离 A。这样可使车轮在每一瞬时的滚动方向接近于向着正前方，从而在很大程度上减轻和消除了由于车轮外倾而产生的不良后果。

2. 后轮定位

随着道路条件的改善，汽车行驶的速度越来越高，如果前轮驱动汽车和独立后悬架汽车后轮定位不当，即使前轮定位良好，仍然会有不良的操纵性和轮胎早期磨损，所以现在有许多高档轿车都需要设置四轮定位，不仅要求前轮定位，还需要有后轮定位。

（1）后轮外倾角　后轮外倾角和前轮外倾角非常相似，后轮外倾角也对轮胎磨损和操纵性有影响。车轮外倾角不是静态的，它随悬架的上下移动而变化。车辆加载后悬架下沉就会引起车轮外倾角改变。为了对载荷进行补偿，采用独立后悬架的大多数车辆常有一个较小的正后轮外倾角。

（2）后轮前束　后轮前束与前轮前束相似，如果后轮前束不当，后轮轮胎也会被擦伤，还会引起转向不稳定及降低制动效能。后轮前束也不是一个静态量，悬架摇动和反弹时它就要发生变化，滚动阻力和发动机转矩对它也有影响。对于前轮驱动车辆，后轮为从动轮，汽车的驱动力通过纵臂作用于后轴上，后轴将产生一定的弯曲，使车轮有前张的趋势，前轮驱动汽车后轴受力变形示意图如图 3-37 所示，而预先设置一定的后轮前束可以抵消这种前张。对于前驱动车辆：前驱动轮宜前束，后从动轮宜负前束。后驱动车辆则相反：前轮宜负前束，独立悬架的后驱动轮应尽可能为前束。

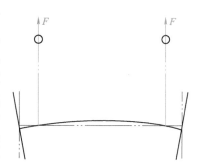

图 3-37　前轮驱动汽车后轴
受力变形示意图

当驾驶车辆驾驶人感到方向转向沉重、发抖、跑偏、不正、不归位或者发现轮胎单边磨损、波状磨损、块状磨损、偏磨等不正常磨损以及驾驶时车感飘浮、颤颤、摇摆等时，就应该考虑做四轮定位，检查车轮定位是否有偏差。

3.4　汽车悬架

案例： 2012 年迈腾 2.0T 行驶里程为 130000km，车辆无事故，车辆发生颠簸时，底盘发出"咯噔"或"咯吱咯吱"的响声，平路不明显。你知道是什么原因引起的吗？

3.4.1　悬架的概述

1. 悬架的作用

汽车在行驶中时，路面各种载荷通过行驶系统传向车身，造成车身振动，会引起乘车者的不适，同时造成汽车各部分机件的损伤和车上运载货物的损坏。为了保证汽车的平稳行驶，汽车上设置了具有弹性的悬架系统来消除振动。

悬架就是车架与车桥（对具有承载式车身的轿车或客车来说是车身与车轮）之间的一

切传力连接装置的总称。悬架的主要作用是保证车轮与地面很好地附着；将作用于车轮上的各种反力以及这些反力所造成的力矩可靠地传递到车架（或车身）；衰减冲击振动，改善汽车的行驶平顺性；稳定汽车行驶过程中车轮和车身的姿态，增强汽车的操纵性能。

2. 悬架的种类

（1）按汽车悬架导向机构分　按汽车悬架导向机构的不同悬架可以分为非独立悬架和独立悬架。

非独立悬架（图 3-38a）的结构特点是两侧的车轮由一根整体式车桥相连，车轮连同车桥一起通过弹性悬架与车架（或车身）连接。当一侧车轮因道路不平而发生跳动时，必然引起另一侧车轮在汽车横向平面内发生摆动。

独立悬架（图 3-38b）的结构特点是车桥做成断开的，每一侧的车轮可以单独地通过弹性悬架与车架（或车身）连接。

与非独立悬架相比较，独立悬架有如下优点：

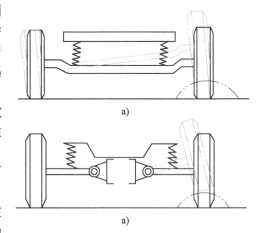

图 3-38　非独立悬架与独立悬架示意图
a）非独立悬架　b）独立悬架

1）两侧车轮可以单独跳动，互不影响，在不平道路上可减少车架和车身的振动，并有助于消除转向轮不断偏摆的不良现象。

2）可以减少汽车的非簧载质量（即不由弹簧支撑的质量），降低汽车的固有频率，提高汽车的平均行驶速度。

3）发动机总成的位置可以降低和前移，使汽车重心下降，提高了汽车行驶稳定性；同时给予车轮较大的上下运动的空间，因而可以将悬架刚度设计得较小，降低车身振动频率、改善行驶平顺性。

4）越野汽车全部车轮采用独立悬架，可保证汽车在不平道路上行驶时，车轮和路面有良好的接触，增大牵引力；此外，可增大汽车的离地间隙，因而大大提高了越野汽车的通过性能。

但独立悬架结构复杂、制造成本高，保养维修不便；在一般情况下，车轮跳动时，由于车轮外倾角与轮距有一定变化，轮胎磨损较严重。

（2）按控制方式的不同分　按控制方式的不同悬架可以分为被动控制和主动控制两种。传统的机械控制属于被动控制，即汽车的状态只能被动地取决于路面、行驶状况和汽车的弹性元件、减振器和导向机构等机械部件。主动控制采用电子控制技术，能根据路面和行驶状况自动调节悬架的刚度和阻尼，控制汽车的振动和状态，使汽车平顺地行驶。

3.4.2　悬架的组成

典型的汽车悬架结构由弹性元件、减振器以及导向机构（推力杆）3 部分组成，如图 3-39 所示。

1. 弹性元件

弹性元件的作用是使车架（或车身）与车桥（或车轮）之间成为弹性连接，和弹性的充气轮胎一起缓和不平路面对车辆的冲击，提高乘车者的舒适性，避免货物损伤，延长汽车使用寿命。

弹性元件包括钢板弹簧、螺旋弹簧、扭杆弹簧、气体弹簧等。

（1）钢板弹簧　钢板弹簧是汽车悬架中应用最广泛的一种弹性元件，是由若干片等宽但不等长（厚度可以相等，也可以不相等）的合金弹簧片组合而成的一根近似等强度的弹性梁，其一般结构如图 3-40 所示。钢板弹簧本身还能起导向机构的作用，并且由于弹簧各片之间的摩擦而起一定的减振作用。为了保证弹簧片间产生定值摩擦及消除噪声，可在弹簧片之间夹入塑料垫片。

（2）螺旋弹簧　螺旋弹簧是用一根钢丝卷成螺旋状的弹簧，如图 3-41 所示。它可

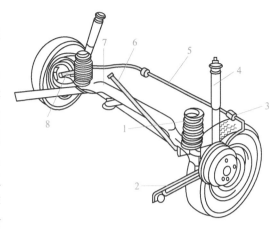

图 3-39　汽车悬架基本组成

1—弹性元件　2—纵向推力杆　3—橡胶套筒　4—减振器
5—横向稳定器　6—横向推力杆　7—车轴　8—支柱

做成等螺距或变螺距的，前者刚度不变，后者刚度是可变的。螺旋弹簧本身没有减振作用，因此在螺旋弹簧悬架中必须另装减振器。此外，螺旋弹簧只能承受垂直载荷，故必须还要装设导向机构以传递除垂直力以外的其他力和力矩。与钢板弹簧相比，螺旋弹簧具有良好的吸收冲击能力，具有很好的舒适性，且不需要润滑，不怕泥污，安装所需的纵向空间不大，质量小。螺旋弹簧广泛应用于独立悬架，特别是应用于前轮独立悬架。

图 3-40　钢板弹簧

图 3-41　螺旋弹簧

（3）扭杆弹簧　扭杆弹簧本身是一根采用铬钒合金弹簧钢制成的扭杆。扭杆断面通常为圆形，也有矩形和管形的，一端固定在车架上，另一端固定在悬架的摆臂上，摆臂则与车轮相连，如图 3-42 所示。当车轮跳动时，摆臂便绕着扭杆轴线摆动，使扭杆产生扭转弹性变形，从而保证了车轮与车架的弹性联系。

扭杆弹簧在汽车上的布置比较方便。扭杆弹簧单位质量的储能量是钢板弹簧的 3 倍，也比螺旋弹簧的高。因此，采用扭杆弹簧的悬架质量较轻、结构较简单、不需要润滑。安装扭杆弹簧时，应注意左、右扭杆上刻有不同的标记，不能互换，否则将使扭杆弹簧的预先扭转方向与工作时的扭转方向相反，导致扭杆弹簧的实际工作应力加大，而使其使用寿命缩短。

（4）气体弹簧　气体弹簧是在一个密封的容器中充入压缩气体（气压为 0.5～1MPa），利用气体的可压缩性实现其弹簧作用的。其弹簧的刚度是可变的，随着作用在弹簧上载荷的增加，容器内的定量气体受压缩，气压升高，则弹簧的刚度增大；反之，当载荷减小时，弹

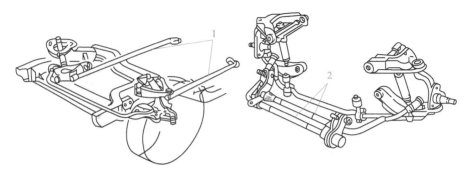

图 3-42　扭杆弹簧
1、2—扭杆

簧内的气压下降，刚度减小，故它具有比较理想的变刚度特性。气体弹簧分为空气弹簧和油气弹簧两种类型。

1）空气弹簧是利用压缩空气作弹簧的。根据压缩空气所用容器的不同，又有囊式和膜式两种形式。

囊式空气弹簧是由夹有帘线的橡胶气囊和密闭在其中的压缩空气所组成的。气囊内层用气密性好的橡胶制成，而外层则用耐油橡胶制成。气囊一般做成两节，节与节之间围有钢质的腰环，使中间部分不致有径向扩张，并防止两节之间相互摩擦。气囊的上下盖板将气囊密封，如图 3-43a 所示。

膜式空气弹簧的密闭气囊由橡胶膜片和金属压制件组成，如图 3-43b 所示。

2）油气弹簧以气体（一般为惰性气体氮气）作为弹性介质，而用油液作为传力介质。油气弹簧由空气室和相当于液力减振器的液压缸所组成。

油气弹簧的形式有单气室、双气室以及两级压力式等。单气室油气弹簧（图 3-44）又分为油气分隔式、油气不分隔式两种。

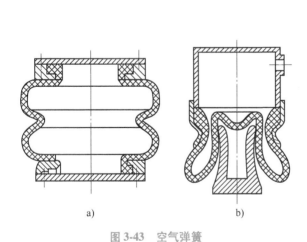

图 3-43　空气弹簧
a）囊式空气弹簧　b）膜式空气弹簧

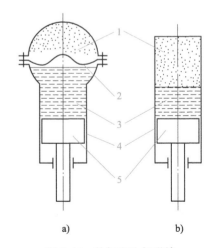

图 3-44　单气室油气弹簧
a）油气分隔式　b）油气不分隔式
1—气体　2—油气隔膜　3—油液　4—工作缸　5—活塞

① 单气室油气分隔式油气弹簧：上半球室、下半球室和橡胶油气隔膜构成了油气分隔

式弹簧，工作缸、活塞和阻尼阀等构成了减振器。

②单气室油气不分隔式油气弹簧：工作缸固定在车架上，管形活塞的下端与转向节相连。单气室油气不分隔式油气弹簧不仅是前悬架的弹性元件和减振元件，还兼作转向主销。管形活塞内腔以及活塞与工作缸壁间形成的环形腔内都充满着工作油液。在管形活塞头的上面有一油层，既可以润滑活塞又可以作为气室的密封。油层上方的空间即为高压气室，其中充满了高压氮气，气体和油液之间没有任何隔离装置。

2. 减振器

减振器的作用是使弹性系统的振动迅速衰减。它用以减少汽车的振动，与弹性元件并联安装（图 3-45）。汽车减振器有液力式、充气式和阻力可调式几种。

1）液力式减振器。目前汽车广泛采用的筒式液力式减振器能在压缩和伸张两个行程内起减振作用，故称为双向作用筒式减振器（图 3-46）。它一般具有 4 个阀：伸张阀 4、压缩阀 6、补偿阀 7 和流通阀 8。流通阀和补偿阀是一般的单向阀，其弹簧刚度很弱，当阀上的油压作用力与弹簧力同向时，阀处于关闭状态；当油压作用力与弹簧力反向时，只要有很小的油压，阀便能开启。压缩阀和伸张阀是卸载阀，其弹簧刚度较强，预紧力较大，只有当油压升高到一定程度时，阀才能开启。

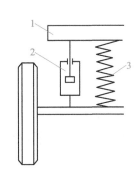

图 3-45　减振器和弹性元件
1—车架　2—减振器　3—弹性元件

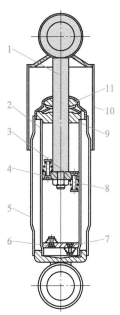

图 3-46　双向作用筒式减振器
1—活塞杆　2—工作缸　3—活塞　4—伸张阀
5—储油缸　6—压缩阀　7—补偿阀　8—流通阀
9—导向座　10—防尘罩　11—油封

双向作用筒式减振器的工作原理如下：

①压缩行程：当汽车车轮滚上凸起或滚出凹坑时，车轮移近车架（车身），减振器受压缩，减振器活塞 3 下移。活塞下面的腔室（下腔）容积减小，油压升高，油液经流通阀 8 流到活塞上面的腔室（上腔）。由于上腔被活塞杆占去一部分空间，上腔内增加的容积小于下腔内减小的容积，故还有一部分油液推开压缩阀 6，流回储油缸 5。这些阀对油液的节流

便造成对悬架压缩运动的阻尼力。

②伸张行程：当车轮滚进凹坑或滚离凸起时，车轮相对车身移开，减振器受拉伸。此时，减振器活塞向上移动，活塞上腔油压升高，流通阀 8 关闭。上腔内的油液便推开伸张阀 4 流入下腔。同样，由于活塞杆的存在，自上腔流来的油液还不足以充满下腔所增加的容积，下腔内产生一定的真空度，这时储油缸中的油液便推开补偿阀 7 流入下腔进行补充。这些阀的节流作用造成对悬架伸张运动的阻尼力。

为更好地缓和冲击和衰减振动，压缩阀、伸张阀的节流阻力应设计成随活塞运动速度而变化，且减振器在伸张行程内产生的阻尼力比压缩行程内产生的阻尼力大。

2）充气式减振器。它是 20 世纪 60 年代以来发展起来的一种新型减振器。其结构（图 3-47）特点是在缸筒的下部装有一个浮动活塞 2，在浮动活塞与缸筒一端形成的密闭气室 1 中，充有高压（2～3MPa）的氮气。在浮动活塞的上面是减振器油液。浮动活塞上装有大断面的 O 形密封圈 3，它把油和气完全分开，故此活塞亦称封气活塞。工作活塞 7 上装有随其运动速度大小而改变通道截面积的压缩阀 4 和伸张阀 8，此二阀均由一组厚度相同、直径不等、由大到小排列的弹簧钢片组成。

当车轮上下跳动时，减振器的工作活塞在油液中做往复运动，使工作活塞的上腔和下腔之间产生油压差，压力油便推开压缩阀或伸张阀而来回流动。由于阀对压力油产生较大的阻尼力，使振动衰减。

由于活塞杆的进出而引起的缸筒容积的变化，则由浮动活塞的上下运动来补偿。因此，这种减振器不需要储油缸，所以又称为单筒式减振器。前述双向作用筒式减振器又称为双筒式减振器。

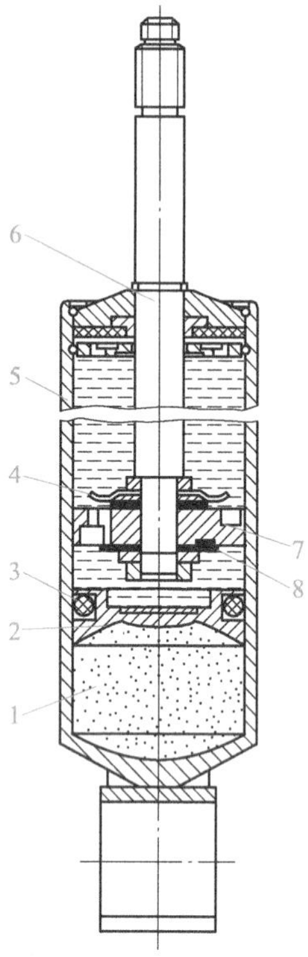

图 3-47　充气式减振器的结构

1—密闭气室　2—浮动活塞
3—O 形密封圈　4—压缩阀　5—工作缸
6—活塞杆　7—工作活塞　8—伸张阀

3）阻力可调式减振器。试验研究证明，随着使用因素（如道路条件、载荷）的变化，减振器的阻力也应随之改变，从而保证悬架系统有良好的振动特性。

图 3-48 所示为某些高级轿车上采用的阻力可调式减振器示意图，系统采用了刚度可变的空气弹簧。其工作原理是：当汽车的载荷增加时，空气囊的气压升高，则气室 2 内的气压也随之升高，膜片向下移动与弹簧 3 产生的压力相平衡。与此同时，膜片带动与它相连的活塞杆 4 和活塞 5 下移，因而使得活塞相对空心连杆 1 上的节流孔 6 的位置发生变化，结果减小了节流孔的通道截面积，也就是减少了节流孔的流量，从而增加了油液的流动阻力。反之，当汽车载荷减小时，活塞上移，增大了节流孔的通道截面积，从而减小了油液的流动阻力。

3. 导向机构

导向机构是传力机构，其作用是传递各个方向的力和力矩，使车轮按一定轨迹相对于车架和车身跳动。

在多数轿车和客车上，为了增强汽车的横向刚度、防止车身在转弯等行驶情况下发生过大倾斜，在悬架中还设有辅助弹性元件——横向稳定器。

在图 3-49 所示的横向稳定杆工作示意图中，弹簧钢制成的横向稳定杆呈扁平的 U 形，横向地安装在汽车的前端或后端。横向稳定杆中部自由地支撑在两个固定在桥壳上的橡胶套筒内。横向稳定杆两侧纵向部分的末端与下臂上的弹簧支座相连。

当车身只做垂直移动而两侧悬架变形相等时（图 3-49a），横向稳定杆在套筒内自由转动，横向稳定杆不起作用。当两侧悬架变形不等而车身相对于路面横向倾斜时（图 3-49b），车架的一侧移近弹簧支座，稳定杆的该侧末端就相对于车架向上移；而车架的另一侧远离弹簧支座，相应的稳定杆的末端则相对于车架向下移。然而，在车身和车架倾斜时，横向稳定杆的中部对于车架并无相对运动。这样在车身倾斜时，稳定杆两边的纵向部分向不同方向偏转，于是稳定杆便被扭转。弹性的稳定杆所产生的扭转的内力就妨碍了悬架弹簧的变形，起到了阻止车身倾斜的作用，因而减小了车身的横向倾斜和横向角振动。

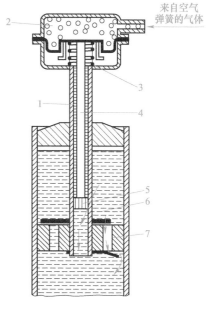

图 3-48　阻力可调式减振器示意图
1—空心连杆　2—气室　3—弹簧　4—活塞杆
5—活塞　6—节流孔　7—活塞

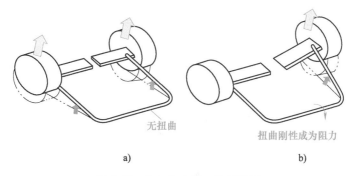

图 3-49　横向稳定杆工作示意图
a）两侧悬架变形相等　b）两侧悬架变形不等

3.4.3　非独立悬架

非独立悬架因其结构简单、工作可靠，被广泛应用于货车的前、后悬架。现代轿车中，很少采用或仅后悬架采用非独立悬架。

（1）钢板弹簧非独立悬架　图 3-50 所示为解放 CA1091 型汽车的钢板弹簧非独立悬架。前钢板弹簧 2 纵向安置，中部用两个 U 形螺栓 3 固定在前轴的工字梁上。钢板弹簧的主片（最上面的一片）的两端弯成卷耳，内装轴衬。前端卷耳用钢板弹簧销 15 与钢板弹簧前支架 1 相连，形成固定的铰链支点；后端卷耳则通过前板簧吊耳销 14 与用铰链挂在吊耳支架 10 上可以自由摆动的吊耳 9 相连接，从而保证了弹簧变形时两卷耳中心线间的距离可变。

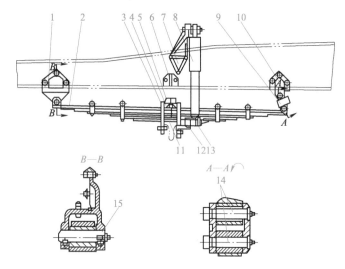

图 3-50　钢板弹簧非独立悬架

1—钢板弹簧前支架　2—前钢板弹簧　3—U 形螺栓　4—前板簧盖板　5—橡胶缓冲块
6—限位块　7—减振器上支架　8—减振器　9—吊耳　10—吊耳支架　11—中心螺栓
12—减振器下支架　13—减振器连接销　14—前板簧吊耳销　15—钢板弹簧销

钢板弹簧销钻有轴向油道，通过油嘴将锂基润滑脂加至衬套处进行润滑。在车辆使用过程中，要注意按使用说明书的要求定期加润滑脂，以免磨损加剧。

各弹簧片用中心螺栓加以连接，并用若干个弹簧夹定位，以防钢板弹簧反向变形（即反跳）时使各弹簧片分开，以免主片单独承载；此外，还可防止各片横向错动。

钢板弹簧在载荷作用下变形时，各弹簧片之间有相对滑动而产生摩擦，可以促使车架振动的衰减。但各弹簧片间的干摩擦，将使车轮所受的冲击在很大的程度上传给车架，既降低了悬架缓和冲击的能力，又使各弹簧片加速磨损。为减少弹簧片的磨损，在装配钢板弹簧时，各弹簧片间需涂上较稠的润滑剂（石墨润滑脂），并定期进行保养。为了在使用期间长期储存润滑脂和防止污染，有时将钢板弹簧装在护套内。

（2）螺旋弹簧非独立悬架　螺旋弹簧非独立悬架一般只用作轿车的后悬架（图 3-51）。

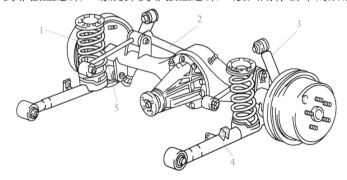

图 3-51　螺旋弹簧非独立悬架

1—螺旋弹簧　2—横支杆　3—减振器　4—下控制臂　5—上控制臂

两端车轮用整体式后桥相连，上、下控制臂 5、4 的一端和车桥固定在一起，另一端头部有孔，里边装有橡胶衬套，连接螺栓穿过橡胶衬套中间的孔和车身相连，并形成铰链点。汽车行驶过程中，整个后轴可以通过控制臂和车身连接的铰链点进行纵向摆动。由于铰链点处的橡胶衬套有一定的厚度和长度，橡胶本身又有弹性，所以后轴在铰链点摆动时，根据受力方向的不同，橡胶衬套可以在各个方向产生较小的变形来防止运动干涉。

左、右两个螺旋弹簧的间距应尽可能大，以提高悬架的横向角刚度。横支杆 2 可用来传递车轴和车身之间的横向作用力及其力矩。

（3）空气弹簧非独立悬架　图 3-52 所示为空气弹簧非独立悬架。囊式空气弹簧 6 的上、下端分别固定在车架和车桥（或与车桥相连的支架）上。从压气机 10 产生的压缩空气经油水分离器 9 和压力调节器 8 进入储气筒 7。压力调节器可使储气筒中的压缩空气保持一定的压力。储气罐 4 通过管路与两个（或几个）空气弹簧相通。储气罐和空气弹簧中的空气压力由车身高度控制阀 2 控制。空气弹簧和螺旋弹簧一样只能传递垂直力，其纵向力和横向力及其力矩也是由纵向推力杆和横向推力杆来传递的。车身高度控制阀 2 固定在车架上，通过控制杆 5 与车桥相连。阀体内有两个阀：通气源的通气阀和通大气的放气阀。这两个阀均由控制杆操纵。当汽车载荷增加、车桥移近车架时，控制杆上升，通过摇臂机构打开充气阀，压缩空气便进入空气弹簧，使车

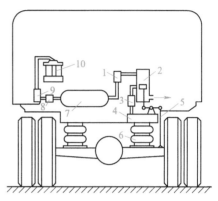

图 3-52　空气弹簧非独立悬架

1、3—空气滤清器　2—车身高度控制阀
4—储气罐　5—控制杆　6—囊式空气弹簧
7—储气筒　8—压力调节器
9—油水分离器　10—压气机

架和车身升高，直到恢复车身与车桥的原定距离为止；而当载荷减小、车桥远离车架时，控制杆下移，打开放气阀，则空气弹簧内的空气排入大气，车身和车架随即降低至原定数值。

空气弹簧和油气弹簧都与螺旋弹簧一样只能承受轴向载荷，故空气弹簧悬架中必须设置纵向和横向推力杆等导向机构。空气弹簧悬架中还必须装有减振器。

3.4.4　独立悬架

随着汽车速度的不断提高，非独立悬架已不能满足行驶平顺性和操纵稳定性等方面提出的要求。因此，独立悬架获得了很大的发展和广泛的应用，尤其是轿车的转向轮普遍采用了独立悬架。

按车轮运动形式的不同，独立悬架可以分成 4 种类型：

1）横臂式独立悬架（图 3-53a）。车轮可以在汽车横向平面内摆动的悬架称为横臂式独立悬架。

2）纵臂式独立悬架（图 3-53b）。车轮可以在汽车纵向平面内摆动的悬架称为纵臂式独立悬架。

3）车轮沿主销移动的悬架。含烛式悬架（图 3-53c）和麦弗逊式悬架（滑柱连杆式悬架，图 3-53d）。

4）多杆式独立悬架。车轮可以在由摆臂、推力杆等多杆件共同决定的斜向平面内摆动

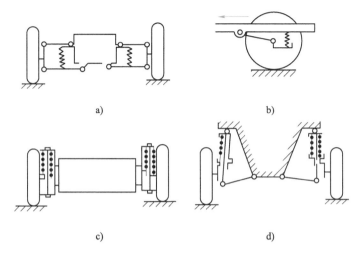

图 3-53 不同运动形式独立悬架示意图

a）横臂式 b）纵臂式 c）烛式 d）麦弗逊式

的悬架。

1. 横臂式独立悬架

横臂式独立悬架分为单横臂式和双横臂式两种。

1）单横臂式独立悬架。如图 3-54 所示为早期的奔驰轿车的单横臂式独立悬架。其后桥半轴套管是断开的，主减速器的右面有一个单铰链 4，半轴可绕其摆动。在主减速器上面安置着可调节车身水平的油气弹簧 2，它和螺旋弹簧 7 一起承受并传递垂直力。作用在车轮上的纵向力主要由纵向推力杆 6 承受。中间支承 3 不仅可以承受侧向力，还可以承受部分纵向力。当车轮上下跳动时，为避免运动干涉，其纵向推力杆 6 前端用球铰链与车身连接。

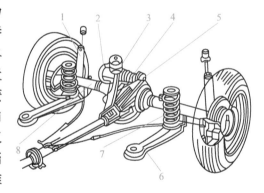

图 3-54 单横臂式独立悬架

1—减振器 2—油气弹簧 3—中间支承
4—单铰链 5—主减速器壳 6—纵向推力杆
7—螺旋弹簧 8—半轴套管

单横臂式独立悬架的车辆在行驶过程中，当悬架变形时，车轮平面将产生倾斜而改变两侧车轮与路面接触点间的距离，致使轮胎相对于地面侧向滑移，破坏轮胎和地面的附着，导致轮胎磨损较严重。另外，这种悬架用于转向轮时，会使主销内倾角和车轮外倾角发生较大的变化，对于转向操纵有一定的影响，故目前很少采用。但由于其结构简单，在车速不高的越野汽车上仍有采用。

2）双横臂式独立悬架。两个摆臂长度可以相等，也可以不等。等长双横臂式独立悬架（图 3-55a）中，当车轮上下跳动时，车轮平面没有倾斜，但轮距却发生了较大的变化，这将增加车轮侧向滑移的可能性。不等长双横臂式独立悬架（图 3-55b）中，如两摆臂长度选择适当，可以使车轮和主销的角度以及轮距的变化都不太大，不大的轮距变化在轮胎较软时可以由轮胎变形来适应。目前，轿车的轮胎可允许轮距的改变在每个车轮上达到 4~5mm

而不致沿路面滑移，因此，不等长的双横臂式独立悬架在轿车前轮上的应用较为广泛。

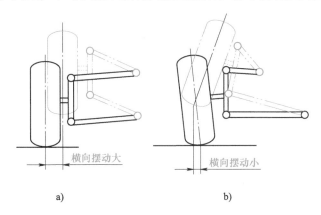

图 3-55　双横臂式独立悬架示意图

a）两摆臂等长的悬架　b）两摆臂不等长的悬架

为增强悬架的刚度，双横臂的摆臂常做成 V 字形或 A 字形（图 3-56），又称为双叉式独立悬架。

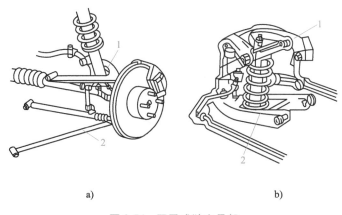

图 3-56　双叉式独立悬架

a）V 字形　b）A 字形

1—上摆臂　2—下摆臂

2. 纵臂式独立悬架

纵臂式独立悬架有单纵臂式和双纵臂式两种（图 3-57）。

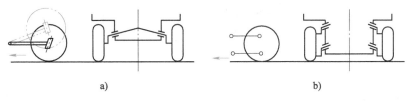

图 3-57　纵臂式独立悬架示意图

a）单纵臂式　b）双纵臂式

1）单纵臂式独立悬架。该种悬架中的车轮上下跳动会使主销的后倾角产生很大变化，一般不用于转向轮。

国产富康轿车的后悬架为单纵臂式独立悬架（图3-58）。其弹性元件是扭杆弹簧。两侧车轮不是各自独立地直接与车身弹性连接，而是通过一个后桥总成（包括扭杆弹簧支撑架8，左、右扭杆弹簧2、6，横向稳定杆套管4等），用前、后自偏转弹性垫块7、9与车身做弹性连接。两个单纵臂通过左、右扭杆弹簧与后桥总成弹性连接。当汽车转弯行驶时，在路面对车轮的侧向反力作用下，前、后自偏转弹性垫块产生侧向弹性变形。由于前、后自偏转弹性垫块的变形不同，使两后轮产生与两前轮转向相同的不太大的偏转角，从而减小了后轮的侧偏角，增强了不足转向特性。转弯行驶速度越高，不足转向特性越好，因此高速行驶的操纵稳定性更好。后轮随前转向轮按同一方向稍作偏转的特性称为后桥的随动转向功能。它是富康轿车最具独创性的特点。

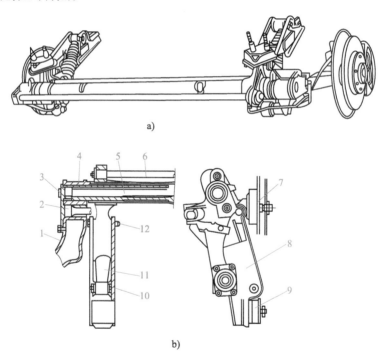

图3-58　富康轿车后悬架

1—单纵臂　2—左扭杆弹簧　3—横向稳定杆端头螺栓　4—横向稳定杆套管　5—横向稳定杆　6—右扭杆弹簧　7—前自偏转弹性垫块　8—扭杆弹簧支撑架　9—后自偏转弹性垫块　10、11—减振器　12—减振器螺栓

2）双纵臂式独立悬架。这种悬架的两个纵臂长度一般相等，形成平行四连杆机构。这样，在车轮上下跳动时，主销的后倾角保持不变，故这种形式的悬架适用于转向轮。

双纵臂式扭杆弹簧独立悬架（图3-59）的转向节和两个等长的纵臂1铰链式连接。在车架的两根管式横梁4内部，都装有若干层矩形断面的薄弹簧钢片叠成的扭杆弹簧6。两根扭杆弹簧的内端用螺钉5固定在横梁4的中部，而外端则插入摆臂轴2的矩形孔内。摆臂轴用衬套3支撑在管式横梁内。摆臂轴和纵臂为刚性连接。另一侧车轮的悬架与之完全相同而且对称。

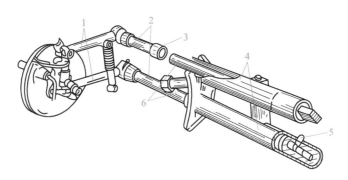

图 3-59 双纵臂式扭杆弹簧独立悬架

1—纵臂 2—摆臂轴 3—衬套 4—横梁 5—螺钉 6—扭杆弹簧

3. 车轮沿主销移动的悬架

车轮沿主销移动的悬架目前大致分为两种类型，一种是车轮沿固定不动的主销轴线移动的烛式悬架，另一种是车轮沿摆动的主销轴线移动的麦弗逊式悬架。

1）烛式悬架。如图 3-60 所示，烛式悬架的主销刚性地固定在悬架上，转向节与套管 4 连接在一起。当车轮跳动时，转向节与套管一起沿主销轴线移动。这种悬架对于转向轮来说，在悬架变形时，主销的定位角不会发生变化，仅轮距、轴距稍有改变，因此有利于汽车的转向操纵和行驶稳定性。但是侧向力全部由套在主销 1 上的套管 4 和主销承受，因此套管与主销之间的摩擦阻力大，磨损严重。

2）麦弗逊式悬架。如图 3-61 所示为富康轿车的麦弗逊式悬架。筒式减振器 2 的上端用螺栓和橡胶垫圈与车身连接，减振器下端固定在转向节 3 上，而转向节 3 通过球铰链与下摆臂 6 连接。车轮所受的侧向力通过转向节 3 大部分由下摆臂 6 承受，其余部分由减振器承受。因此，这种结构形式较烛式悬架在一定程度上减少了滑动磨损。

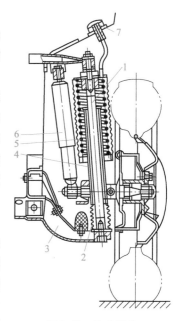

图 3-60 烛式悬架

1—主销 2、5—防尘罩 3—车架
4—套管 6—减振器 7—通风管

螺旋弹簧 1 套在筒式减振器 2 的外面。主销的轴线为上、下铰链中心的连线。当车轮上下跳动时，因减振器的下支点随下摆臂摆动，主销轴线的角度是变化的。这说明车轮是沿着摆动的主销轴线而运动的。因此，这种悬架在变形时，主销的定位角和轮距都有些变化。然而，如果适当调整杆系的位置，可使车轮的这些定位参数变化极小。该悬架突出的优点是增大了两前轮内侧的空间，便于发动机和其他一些部件的布置，因此多用在发动机前置、前轮驱动的轿车和微型汽车上。

4. 多杆式独立悬架

一些轿车上为减轻车重和简化结构利用螺旋弹簧承受垂直载荷，采用多个不同方向的杆件来承受和传递侧向力及纵向力，并共同决定车轮的运动，组成多杆式独立悬架（图 3-62）。上连杆 1 通过支架与车身相连，其外端与第三连杆 2 相连。上连杆的两端都装有橡胶隔振套。第三连杆 2 的下端通过推力轴承 5 与转向节连接。下连杆 6 与普通的下摆臂相同，其内端通

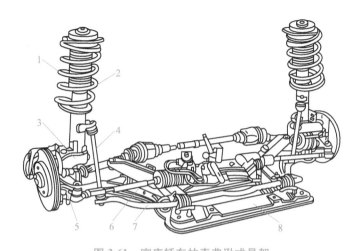

图 3-61　富康轿车的麦弗逊式悬架

1—螺旋弹簧　2—筒式减振器　3—转向节　4—连接杆　5—球头销　6—下摆臂

7—横向稳定杆　8—前托架

过橡胶隔振套与前横梁相连接，外端通过球铰与转向节相连。主销轴线 4 从下球铰一直延伸到上面的轴承处。多杆式悬架系统具有良好的操纵稳定性，可有效地降低轮胎的磨损，延长其使用寿命。

此外，还有一种悬架为多轴汽车的平衡悬架。

悬架的作用之一是维持车轮与地面之间的良好接触，如果多轴车辆各车轴分别采用非独立悬架形式，则在一般不平路面上，作用于各车轮上的地面法向载荷分配可能非常不均匀，极端情况下甚至会出现个别车轮脱离地面的情形（图 3-63a），这时，一方面有可能使其他车轮（车轴）超载，另一方面会降低多轴驱动车辆的牵引力。而若在全部车轮上采用独立悬架，虽然可以保证所有车轮与地面的良好接触，但汽车的悬架结构会变得十分复杂。如果在 3 轴车辆的中、后桥上采用如图 3-63b 所示的平衡悬架结构，即在平衡悬架的中部以铰链与车架连接，只要让平衡悬架两臂等长，便可保证处于平衡悬架两端的车轮与地面垂直载荷始终相等，此类悬架被称为平衡悬架。

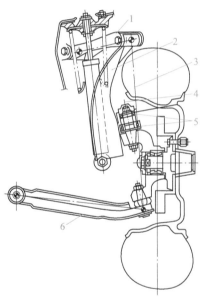

图 3-62　多杆式独立悬架

1—上连杆　2—第三连杆　3—转向轴线

4—主销轴线　5—推力轴承　6—下连杆

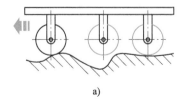
a)

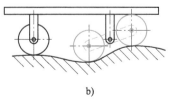
b)

图 3-63　3 轴车辆行驶示意图

a）非独立悬架　b）平衡悬架

钢板弹簧平衡悬架被广泛运用在 3 轴和 4 轴越野汽车中（图 3-64）；摆臂式平衡悬架是另一种平衡悬架形式（图 3-65），多用于 6×2 驱动形式的货车或客车。

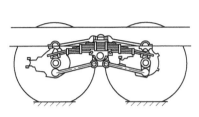

图 3-64　钢板弹簧平衡悬架结构图

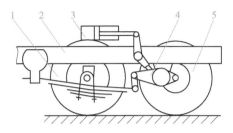

图 3-65　摆臂式平衡悬架

1—驱动轮　2—车架　3—控制油缸
4—举升臂　5—支撑轮（随动轮）

3.5　电子控制悬架系统

悬架中弹性元件的弹性和减振器的阻尼系数直接影响到汽车行驶平顺性（舒适性）和操纵稳定性。而汽车行驶平顺性和操纵稳定性对悬架的要求是矛盾的，如降低悬架弹簧的刚度，可使车身振动时的加速度减小，车辆的平顺性得以改善，但这会导致车身位移增加，给操纵稳定性带来不良影响。增加弹簧刚度可提高车辆的操纵稳定性，但刚度大的悬架对路面不平度很敏感，使平顺性下降。在传统悬架系统设计时，为同时兼顾行驶平顺性和操纵稳定性，常常根据车辆的用途等确定一个折中方案，以保证在某个簧载质量下的行驶平顺性和操纵稳定性。但传统悬架系统的悬架刚度不能随簧载质量的变化而变化，不能在各种行驶路面、各种载重量以及各种车速等行驶条件下得到最优的行驶平顺性和操纵稳定性。为此，人们研制开发了电子控制悬架系统。

3.5.1　电子控制悬架系统的作用及优点

电子控制悬架系统能够根据路面条件、载重量、行驶速度等来调节悬架系统的刚度、减振器阻尼力以及车身高度，从而使车辆在各种行驶条件下均可获得最佳的行驶平顺性和操纵稳定性。其主要优点有：

1）可以将弹簧刚度设计得很小，以使车身的自然振动频率尽可能低，保证汽车正常行驶时乘坐的舒适性。

2）可以将汽车悬架抗侧倾、抗纵摆的刚度设计得较大，以提高汽车的操纵稳定性，使汽车的行驶安全性明显提高。

3）可以在车轮碰到障碍物（如砖、石等）时，将车轮快速提起，避开障碍物，提高汽车的通过性。

4）可以在汽车载荷变化时，在不平路面上行驶时，自动保持车身高度不变。

5）可以防止汽车制动时车头的下冲。

6）可以避免汽车转弯时车身向外倾斜，提高汽车转弯时的操纵稳定性。

7）可以减小车轮跳离地面的倾向，提高车轮与地面间的附着力。

3.5.2　电子控制悬架系统的分类及组成

电子控制悬架系统又称为主动悬架系统，根据悬架系统中是否包含动力源可将其分为全主动悬架系统（有源主动悬架系统）和半主动悬架系统（无源主动悬架系统）；根据悬架系统介质的不同，又可分为空气式主动悬架系统、油气式主动悬架系统和液压式主动悬架系统3种。

虽然现代汽车电子控制悬架系统由于控制功能和控制方法的不同，其结构形式多种多样，但它们的基本组成都是相同的。汽车空气式主动悬架系统结构示意图如图3-66所示，该电子控制悬架系统主要由反映汽车运行状况的传感器向EMS、ECU输入信号，EMS、ECU接收传感器和控制单元输入的电信号，并向执行元件发出控制指令，执行元件产生一定的机械动作，从而改变车身高度、空气弹簧的刚度或减振器的阻尼力。传感器一般有车高传感器、车速传感器、车身加速度传感器、转向盘转角传感器、节气门开度传感器等。

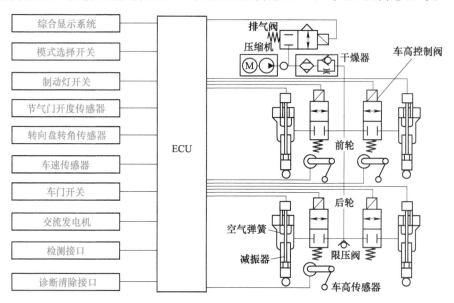

图3-66　汽车空气式主动悬架系统结构示意图

表3-2列出了各种用于电子控制悬架系统的传感器。开关有模式选择开关、制动压力开关、制动灯开关和车门开关等。执行元件有可调阻尼力的减振器，可调节弹簧高度和弹性大小的弹性元件等。

表3-2　用于电子控制悬架系统的传感器

传感器名称	传感器用途
车身加速度传感器	检测车身的振动，可间接反映汽车行驶的路面情况
车身位移传感器	检测车身相对车桥的位移，可反映车身的平顺性和车身的高度
车速传感器	检测车轮的转速，反映车速和用于计算车身侧倾程度
转向盘转角传感器	检测转向盘的转角，用于计算车身侧倾程度
制动压力开关	检测制动管路的制动液压力，提供汽车制动信号

（续）

传感器名称	传感器用途
制动灯开关	检测制动灯电路的通断，提供汽车制动信号
节气门位置传感器	检测节气门的开度，提供汽车加速度信号
模式选择开关	手动选择"软"或"硬"两种模式

3.5.3　电子控制悬架系统的结构和工作原理

1. 半主动悬架系统的结构和工作原理

半主动悬架系统结构简单，几乎不消耗能量，所以尽管控制项目较少，性能稍差，但仍被许多汽车采用。

半主动悬架系统通常以车身振动加速度的均方根值作为控制目标参数，以悬架减振器的阻尼为控制对象。半主动悬架系统的控制模型（图3-67）是在悬架计算机中事先设定了一个目标控制参数 α，它是以汽车行驶平顺性最优控制为目的设计的。汽车行驶时，安装在车身上的加速度传感器产生的车身振动加速度信号经整形放大后输入计算机，计算机立刻计算出当前车身振动加速度的均方根值 α，并与设定的目标参数比较，根据比较结果输出控制信号。

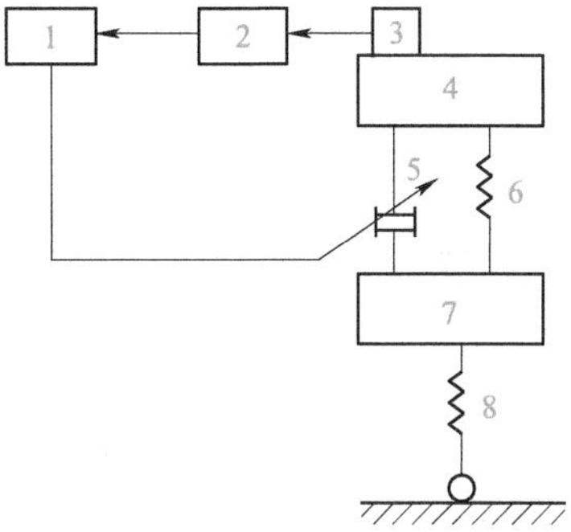

如果 $\alpha = \alpha_i$，控制器不输出调整悬架阻尼控制信号。

如果 $\alpha < \alpha_i$，控制器输出增大悬架阻尼控制信号。

如果 $\alpha > \alpha_i$，控制器输出减小悬架阻尼控制信号。

图 3-67　半主动悬架系统的控制模型
1—控制器　2—整形放大电路　3—加速度传感器
4—悬架簧载质量　5—阻尼可调减振器
6—悬架弹簧　7—非悬架簧载质量
8—轮胎的当量质量

悬架阻尼的改变一般是通过控制步进电动机驱动可调阻尼减振器中的有关部件改变阻尼孔的大小实现的，图3-68中所示为一种阻尼力可连续调节的半主动悬架系统，图3-69为可调阻尼减振器。其阻尼力能在几毫秒内由最小变到最大，ECU接收速度、位移、加速度等传感器信号后，计算出相应的阻尼值，向步进电动机发出控制信号，经阀杆调节阀门，使节流孔阻尼连续变化。

雪铁龙轿车电控油气悬架系统属于半主动悬架系统，系统提供两种弹簧刚度（运动、舒适）和两种悬架阻尼力（软、硬）有级调整。图3-70所示为该系统组成和布置图。

油气弹簧半主动悬架系统的刚度和阻尼的调整是通过油气弹簧实现的。在前、后各轴上的两个弹簧之间各引入第3个弹簧——中间弹簧（图3-71），汽车在正常行驶时，系统控制装置打开前、后轴的电磁阀，使中间弹簧起作用，这样，悬架可压缩气体的体积增加了50%，降低了悬架刚度，同时由于各电磁阀还打开一个节流孔，使油液在各轴上的3个弹簧之间自由流动，降低了悬架的阻尼，改善了汽车行驶的舒适性。

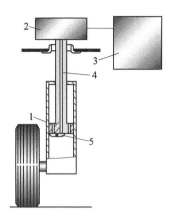

图 3-68　阻尼力可连续调节的半主动悬架系统

1—节流孔　2—步进电动机　3—ECU　4—阀杆　5—阀门

图 3-69　可调阻尼减振器

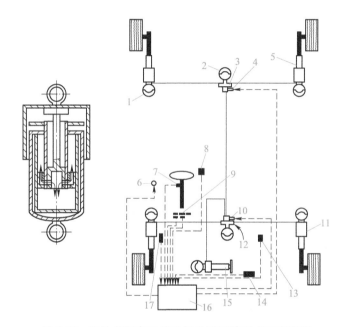

图 3-70　雪铁龙轿车电控油气悬架系统组成和布置图

1—油气弹簧　2—中间弹簧　3—后悬架刚度调节器　4—后电磁阀　5—后悬架　6—指示灯　7—转向盘转角传感器
8—控制开关　9—制动和加速踏板传感器　10—前电磁阀　11—前悬架　12—前悬架刚度调节器　13—制动压力传感器
14—车速传感器　15—液压泵　16—控制器　17—车身位移传感器

　　当要求硬悬架特性时，电子控制装置关闭前、后电磁阀，使中间弹簧与系统隔开，各悬架之间的油液停止流动，使悬架刚度增加、阻尼增大，提高了汽车抗侧倾的能力。

　　2. 主动悬架系统的结构和工作原理

　　主动悬架系统能根据车身高度、车速、转向角度及制动等信号，由电子控制单元控制悬架执行机构，进而改变悬架系统的刚度、减振器的阻尼力及车身高度等参数，从而使汽车具有良好的乘坐舒适性和操纵稳定性。

　　空气弹簧主动悬架系统主要由信号输入装置、空气悬架刚度及悬架阻尼力调节装置、车身高度调节装置和驱动装置组成。

（1）信号输入装置

1）车身位移传感器。它安装于车身与车桥之间，用来监测车身与车桥的相对高度，变化频率和幅度反映了车身的振动。

2）节气门开度传感器。它通过监测节气门开度的变化，向控制器提供汽车的加速度信息。

3）转向盘转角传感器。它安装于转向柱上，通过监测转向盘的转角，向控制器提供汽车转向的程度，包括转向的快慢和大小。

4）车速传感器。它实际上就是装于车轮上的车轮转速传感器，控制器可根据它输入的脉冲信号和转向信号，计算出车身的侧倾程度。

5）制动灯开关。它送入控制器的是一个阶跃信号，向控制器提供了汽车制动信息，控制器可据此产生抑制车身"点头"的控制信号。

6）悬架控制开关。它通常由 LRC 开关与车高控制开关组成，均装在驾驶室变速杆旁边。开关用于选择空气弹簧和减振器的工作模式。

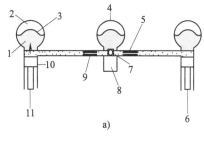

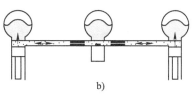

图 3-71　油气弹簧半主动悬架系统工作原理

a）硬模式　b）软模式

1—油室　2—气室　3—膜片　4—中间弹簧

5、9—节流孔　6、11—路面冲击

7—柱塞　8—电磁阀　10—液压缸

控制器（计算机）根据各个传感器输入的信号，经过运算分析后输出控制信号，使执行机构准确地执行动作，及时改变悬架系统的刚度、阻尼系数和车身高度，以确保汽车行驶过程中的操纵稳定性和乘坐舒适性。高度控制阀按照控制器的控制信号完成开闭动作，以改变空气悬架的充气量，实现车身的高度调节。调压器使空气泵输出的压缩空气压力保持稳定。

（2）空气悬架刚度及悬架阻尼力调节装置

1）空气悬架刚度的调节。空气悬架及空气悬架的结构如图 3-72、图 3-73 所示，悬架上端与车身相连，下端与车轮相连。空气悬架的内部结构如图 3-73 所示，它分主、副两个气室。主、副气室之间有一个气阀，气阀可以有完全关闭、大开度、小开度 3 种状态，开关气阀的控制杆由步进电动机驱动，可实现高、中、低 3 种状态的刚度调节。

在气阀完全关闭时，悬架的缓冲由主气室单独承担，这时悬架的刚度较大（处于刚度"高"的状态）。当气阀在大开度时，主、副气室空气流通，增大了悬架承担缓冲的空气容积，悬架的刚度变软（处于刚度"低"的状态）。当气阀的开度较小时，两气室空气的流通较小，刚度处于"中等"状态。

2）悬架阻尼力的调节。悬架阻尼力的调节是通过改变阻尼孔的截面积实现的。图 3-74 所示为悬架阻尼力调节原理，与阻尼调节杆连接的转阀上有 3 个阻尼孔，驱动装置驱动阻尼调节杆转动，就可使转阀通过转动开、闭 3 个阻尼孔，实现阻尼高、中、低 3 种状态的调节。转阀在图 3-74 所示的位置时，A、B、C 3 个截面的阻尼孔都被关闭。这时，只有减振器下端的阻尼孔（D 部）工作，因此，阻尼处于最大状态（阻尼在"高"状态）。

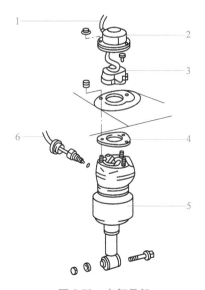

图 3-72　空气悬架
1—导线　2—执行器盖　3—执行器
4—悬架支架　5—气压缸　6—空气管

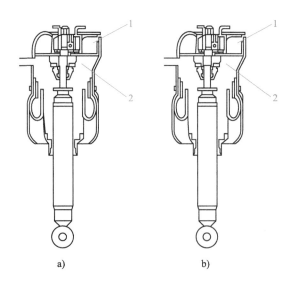

图 3-73　空气悬架的结构
a）刚度小　b）刚度大
1—副气室　2—主气室

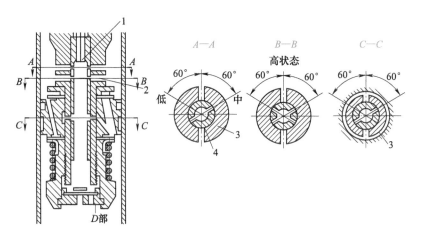

图 3-74　悬架阻尼力调节原理
1—阻尼调节杆　2—阻尼孔　3—活塞杆　4—转阀

　　当转阀从阻尼高状态位置顺时针转动 60°时，B 截面的阻尼孔打开，A、C 两截面的阻尼孔仍关闭。这时，增加了一个阻尼孔，阻尼减小，处于阻尼"中"状态。

　　当转阀从阻尼高状态位置逆时针转动 60°时，A、B、C 3 个截面的阻尼孔都被打开，这时，阻尼最小，处于阻尼"低"状态。

　　（3）车身高度调节装置　空气悬架是通过对主气室充气或放气实现对自身高度调节的（图 3-75）。

　　车身高度调节装置由空气压缩机、直流电动机、高度控制电磁阀、排气电磁阀、调压阀、空气干燥器等组成。

　　当需要提高车身高度时，直流电动机带动空气压缩机工作，压缩空气通过空气干燥器后，由高度控制电磁阀进入悬架主气室，车身高度便增加。达到规定高度时，高度控制电磁阀断电关闭，车身维持一定的高度。

当需要降低车身高度时，高度控制电磁阀和排气阀同时通电打开，悬架主气室中的空气排出，车身高度下降。调压器的作用是控制悬架主气室的气压。

（4）驱动装置　悬架刚度、阻尼调节的驱动装置多采用步进电动机或直流电动机（图3-76）。

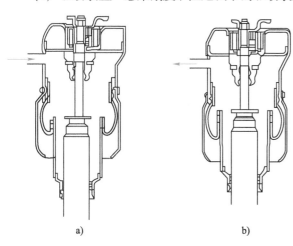

图 3-75　悬架高度的调节

a）车身升高　b）车身降低

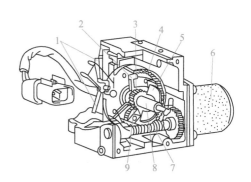

图 3-76　悬架参数调节的驱动装置

1—限位开关　2—托架　3—齿圈　4—行星齿轮
5—涡轮　6—直流电动机　7—蜗杆
8—齿轮轴　9—太阳轮

电动机经过蜗轮蜗杆、行星齿轮传动后驱动调节杆，限位开关可在阻断电动机电路的同时，对电动机实行电气制动，使电动机立即停止回转。

3. 主动悬架系统的分类

主动悬架系统按其控制功能，可分为车速与路面感应控制系统、车身姿态控制系统和车身高度控制系统。

（1）车速与路面感应控制系统　车速与路面感应控制系统主要是根据车速与路面的变化来改变悬架的刚度和阻尼系数，可以有"软"和"硬"两种选择，由计算机控制或由驾驶人通过手动开关选择。空气主动悬架是驾驶人通过模式选择开关来选择"软"或"硬"这两种模式。在这两种模式中，又按刚度和阻尼的大小分为低（软）、中（标准）、高（硬）3 种状态。在"软"模式中，悬架常处在"低"状态，而在"硬"模式中，悬架则经常处于"中"状态。在这两种不同的模式下，悬架由控制器控制这 3 种状态，根据车速和路面的变化自动地调节刚度和阻尼系数，使车身的振动达到最佳状态。

车速与路面感应控制包括高速感应控制、前后轮相关控制和坏路面感应控制 3 种控制功能。

1）高速感应控制。在车速很高时，控制器输出控制信号，使悬架的刚度和阻尼相应增大，以提高汽车高速行驶时的操纵稳定性。

2）前后轮相关控制。当汽车前轮在遇到路面接缝等突起时，控制器输出控制信号，相应减小后轮悬架的刚度和阻尼，以减小车身的振动和冲击。当后轮越过障碍后悬架又自动回到选定模式。

3）坏路面感应控制。当汽车进入坏路面行驶时，为抑制车身产生大的振动，控制器输出制信号，相应增大悬架的刚度和阻尼。

（2）车身姿态控制系统　车身姿态控制是指在汽车车速突然改变及转向等情况下，控制器对悬架的刚度和阻尼实施控制以抑制车身的过度摆动，从而确保汽车乘坐舒适性和操纵稳定性。它包括转向车身侧倾控制、制动车身点头控制和起步车身俯仰控制。

1）转向车身侧倾控制。在汽车急转弯时，应增大悬架的刚度和阻尼，以抑制车身的侧倾。

2）制动车身点头控制。在汽车紧急制动时，应增大悬架的刚度和阻尼，以抑制车身的点头。

3）起步车身俯仰控制。在突然起步或突然加速时，也应增加悬架的刚度和阻尼，以抑制车身的俯仰。

（3）车身高度控制系统　车身高度控制系统是控制器在汽车行驶车速和路面变化时，控制器对悬架输出控制信号，调整车身的高度，以确保汽车行驶的稳定性和通过性。车身高度控制分为"标准"模式和"高"模式两种情况，在每种模式中又分"低""中""高"3种状态。控制方式包括车速感应控制和连续坏路面行驶控制。

1）车速感应控制。当车速超过90km/h时，为了提高汽车的行驶稳定性和减少空气阻力，控制器输出控制信号，使排气阀和高度控制阀通电工作，悬架气室向外排气，以降低车身的高度。如果悬架是在"标准"模式下下，则车身高度将从"中"状态降低到"低"状态；如果是"高"模式下，则从"高"状态转入"中"状态。当车速低于60km/h时，又恢复原有的高度。提高车身高度是通过控制器输出的控制信号，使空气压缩机和高度控制阀通电工作，将压缩空气送入悬架气室实现的。

2）连续坏路面行驶控制。汽车在坏路面行驶时，应该提高车身，以减弱来自路面的突然抬起感，并提高汽车的通过性。

当车身位移传感器连续2.5s以上输出大幅度的振动信号，且车速在40~90km/h时，如果悬架处于"标准"模式，则车身高度从"中"状态转为"高"状态；如果处于"高"模式，则维持在"高"状态不变。

当汽车在连续不平路面行驶的速度在90km/h以上时，汽车的行驶稳定性被优先考虑。因此，在标准模式下车身高度将维持"中"状态不变，在"高"模式下则从"高"转入"中"的状态。

另外，还具有驻车时车身高度控制功能。当汽车处于驻车控制模式时，为了使车身外观平衡，保持良好的驻车姿势。当点火开关关闭后，ECU即发出指令，使车身高度处于常规模式的"低"控制模式。

电子控制主动式空气悬架系统主要由空气压缩机、干燥器、排气电磁阀、车身高度传感器、空气弹簧、减振器、悬架控制执行器、高度控制开关及悬架ECU等组成，如图3-77所示。空气压缩机由直流电动机带动产生压缩空气，压缩空气经干燥器干燥后由空气管道经排气电磁阀送至空气弹簧的主气室。当车身需要降低时，悬架ECU控制电磁阀使空气弹簧主气室中的压缩空气排到大气中，如图3-78a所示，空气弹簧压缩，车身降低；当车身需要升高时，悬架ECU控制电磁阀使压缩空气进入空气弹簧的主气室，使空气弹簧伸长，车身升

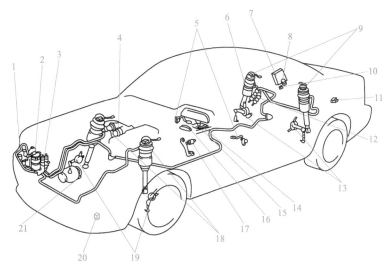

图 3-77　电子控制主动式空气悬架系统元件在车上的布置

1—干燥器和排气电磁阀　2—空气压缩机　3—前高度控制电磁阀　4—主节气门位置传感器　5—门控灯开关
6—空气弹簧和减振器　7—悬架 ECU　8—2 号高度控制继电器　9—后悬架控制执行器　10—高度控制连接器
11—高度控制通断开关　12—后高度控制电磁阀和减压阀　13—后车身高度传感器　14—LRC 开关　15—高度控制开关
16—转向传感器　17—制动灯开关　18—前悬架控制执行器　19—前车身高度传感器
20—1 号高度控制继电器　21—发电机 IC 调节器

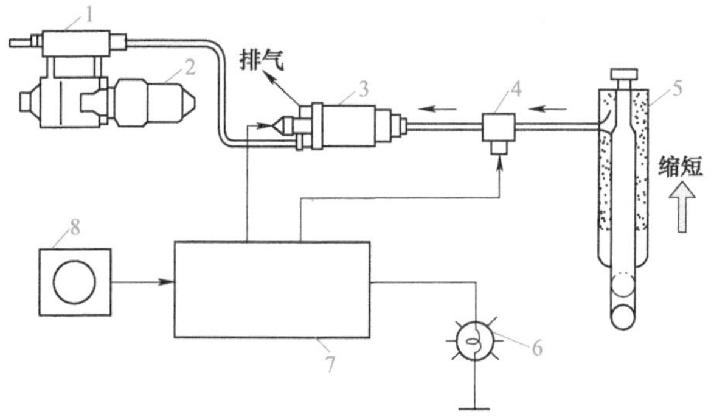

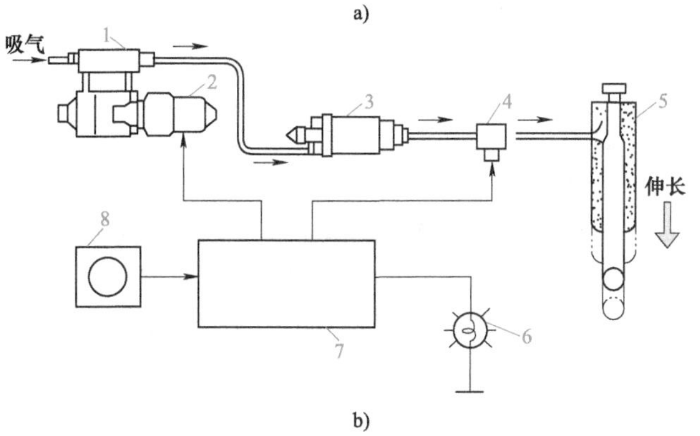

图 3-78　车身高度调节装置

1—空气压缩机及调压器　2—直流电动机　3—空气干燥器及排气阀　4—高度控制电磁阀
5—空气悬架　6—指示灯　7—悬架电子控制单元　8—车身高度传感器

高，如图 3-78b 所示。在空气弹簧的主、副气室之间有一个连通阀，空气弹簧的上部装有悬架控制执行器。悬架 ECU 根据各传感器输出信号，控制悬架执行器，一方面使空气弹簧主、副气室之间的连通阀发生改变，从而使主、副气室之间的气体流量发生变化，因此改变悬架的弹簧刚度；另一方面，执行器驱动减振器的阻尼力调节杆改变减振器的阻尼力。

对于悬架系统，通过专家们的理论分析、模拟仿真、工况测试等理论结合实际的方法，悬架系统已逐渐地从纯机械控制发展到电子控制再到人工智能。现在我国电控悬架系统即主动悬架系统的技术越来越成熟。

拓展知识：主动稳定杆系统

当车辆发生侧倾时，车身两侧悬架之间会产生相对反向跳动，进而加剧车身的侧倾，严重时会造成车辆侧翻。传统被动稳定杆抑制了车辆过大的侧倾角，但因其不能实时调整悬架的侧倾角刚度，而具有一定的局限性。主动稳定杆系统的出现很好地解决了这一问题。它在传统被动稳定杆的基础上增加了作动器，通过使用观测估计技术及特定算法，来实时对车辆施加反侧倾力矩，从而达到抑制车身侧倾、实现车辆的主动稳定控制的目的。

1. 主动稳定杆系统的作用

当车辆转向车身发生侧倾时，会使稳定杆的两个端部连接点产生相反位移，稳定杆被动地发生扭转变形，会产生抗扭力矩，传递到车身上即为反侧倾力矩。车辆主动稳定杆系统的内置液压或电动作动器，可以通过动作产生反侧倾力矩，而且根据车身抗侧倾的需要，可以通过控制算法产生实时可调的反侧倾力矩。当车辆向左转向时，由于离心作用，车身向外侧（右侧）倾斜，前后主动稳定杆同时起动，使每个主动稳定杆左、右两部分产生大小相等、方向相反的扭矩，共同对车身产生一个逆时针的反侧倾力矩，从而减小车身的侧倾。主动稳定杆系统在改善车辆侧倾稳定性的同时也合理地改善了车轮的抓地力，消除被动横向稳定杆在车辆发生侧倾时，造成车辆垂直方向的加速度与位移随之增大的问题，所以对改善车辆转向性能，提高车辆横摆稳定性也具有重要作用。

2. 主动稳定杆系统的结构形式

主动稳定杆系统在形状上与传统被动稳定杆系统相似，都是一个 U 形的扭杆弹簧。不同之处在于主动稳定杆系统从中间断开，或者在两端与作动器相连，作动器可以控制左、右两个半稳定杆及其稳定杆本体的扭转，以实现其扭转刚度的可变性。

目前，主动稳定杆系统有液压式和电机式两类，液压式主动稳定杆系统用液压缸作为作动器，虽能在一定程度内改善车辆的侧倾稳定性，但因其结构复杂、响应速度较慢，难以满足变化较大工况的需求，且活塞机构移动的位移有限，所以该系统比较适用于大型车辆。电机式主动稳定杆系统以电动机作为作动器，相对液压式主动稳定杆系统而言，其执行机构相对简单、易于控制，能根据不同的工况调整输出扭矩值，且能耗较小，所以应用也较普遍。

3. 主动稳定杆系统的应用

目前，在宝马、奥迪、路虎等一些车型上主动稳定杆系统均已实现较为成熟的应用。

奥迪 A8 配备了电机式的主动稳定杆系统，其主动稳定杆系统如图 3-79 所示。电动机的转矩通过减速增矩后，带动摇臂转动；摇臂通过连杆机构将动力传至下横臂，进而控制下横臂的运动，以实现对车轮跳动的控制。同时，动力可以沿相反路径传至电动机，由不平路面引起的车轮跳动，可以通过该路径带动电动机转动，从而实现对蓄电池的充电。

图 3-79 奥迪 A8 主动稳定杆系统

1—减速器 2—连杆机构 3—下横臂 4—摇臂 5—电动机

3.6 汽车行驶系统常见故障

汽车行驶系统常见故障现象及原因见表 3-3。

表 3-3 汽车行驶系统常见故障现象及原因

故障名称	故障现象	故障原因
悬架故障	悬架导致车身侧倾过大	减振器损坏，横向稳定杆弹力减弱或连杆损坏，横向控制杆或下悬架控制臂磨损严重
	悬架万向节传动轴有噪声	传动轴变形，万向节磨损严重
	悬架前轮摆动或跑偏故障	轴承损坏，车轮不平衡，前轮定位角不正确，下摆臂或转向横拉杆的球头销磨损或松动，左、右减振器损坏或变形，转向节、减振器及下摆臂的紧固螺栓松动，两前轮气压不一致
	悬架异响	下摆臂的前、后橡胶衬套磨损、老化或损坏，螺旋弹簧失效或弯折，减振器活塞杆与缸筒磨损严重，减振器、转向节、下摆臂的连接螺栓松动
车轮故障	汽车行驶时偏向一侧，驾驶人要把住转向盘或把转向盘加力于一侧汽车才能正常行驶，否则极易偏离行驶方向	①装用了不合规格的或磨损的轮胎，两侧轮胎大小不一；两侧气压不相等，或一侧轮胎磨损过甚。前轮轮毂轴承调整不当，过紧或过松；两侧前轮定位角不同或发生变化；前轴弯曲变形 ②减振器失效 ③车架一侧断裂，车架变形，后桥与车架错位
	汽车行驶中前轮左右摆动，前轮垂直颠簸，严重时影响加速时间以及最高车速	①轮胎气压不一致；轮胎大小不一 ②前轮定位不正确 ③车轮动平衡不正确 ④前轮轮毂轴承损坏或松动

（续）

故障名称	故障现象	故障原因
车桥与车架故障	汽车转向时，转动转向盘感到沉重费力，无回正感	①转向节臂变形 ②转向节推力轴承缺油或损坏 ③转向节主销与衬套间隙过小或缺油 ④前轴或车架变形引起前轮定位失准 ⑤轮胎气压不足

练习题

一、填空题

1. 转向轮的定位参数有（　　）、（　　）、（　　）、（　　）。

2. 车架的基本形式有（　　）、（　　）、（　　）。

3. 汽车行驶系统一般由（　　）、（　　）、（　　）、（　　）组成。

4. 按汽车导向装置的不同，悬架分为（　　）悬架和（　　）悬架。

5. 双向作用筒式减振器在（　　）和（　　）行程中均起减振作用。

二、选择题

1. 转向轮围绕（　　）摆动。

　　A. 转向节　　　　　B. 转向节轴　　　　　C. 主销　　　　　D. 前轴

2. （　　）具有保证车轮自动回证的作用。

　　A. 主销内倾角　　　B. 主销后倾角　　　　C. 前轮前束　　　D. 车轮外倾角

3. 钢板弹簧一端装一个吊耳的主要原因是（　　）。

　　A. 弹簧工作时长度会发生变化　　　　B. 能提高缓冲和减振效果

　　C. 提高承载能力　　　　　　　　　　D. 延长使用寿命

4. 独立悬架与（　　）车桥配合。

　　A. 断开式　　　　　B. 整体式　　　　　C. 前两者均可　　D. 支持桥

5. 无梁式车架是以（　　）兼作车架。

　　A. 车身　　　　　　B. 机体　　　　　　C. 变速器壳　　　D. 驱动桥壳

三、简答题

1. 通过实地调查车辆车轮或者网上收集资料，对车轮的结构及类型、轮胎的类型、轮胎上的规格标记等进行说明。

2. 独立悬架与非独立悬架相比，在结构上有何区别？有哪些优点？

3. 车轮定位的主要参数有哪些？各起什么作用？

4. 汽车悬架一般由哪几部分组成？简述各部分的作用。

5. 减振器有哪几种类型？简述各种减振器的结构和工作原理。

6. 查找一款你最喜欢的国产车型的悬架类型，并说明这种悬架的优缺点。

第 4 章

汽车转向系统

☞ 教学目标：
1. 掌握机械转向系统的构造及工作原理。
2. 掌握机械转向器（齿轮齿条式、循环球式、蜗杆曲柄指销式）的结构与工作原理。
3. 掌握助力转向系统的构造与工作原理。
4. 掌握整体式液压助力转向器的构造与工作原理。
5. 掌握电子控制转向系统的构造与工作原理。
6. 理解四轮转向系统的构造与工作原理。

☞ 思考：
汽车能够行驶的同时，需要按照驾驶人的意志转向，汽车底盘中哪些部件能够实现转向功能呢？

4.1 汽车转向系统概述

4.1.1 汽车转向系统的定义及作用

汽车在行驶中，需要经常改变行驶方向，当汽车直线行驶时，转向轮也会受到路面侧向干扰力作用，自动偏转而改变行驶方向，此时驾驶人需要利用一套机构使转向轮向相反方向偏转，从而使汽车恢复原来的行驶方向，这一套用来改变或恢复汽车行驶方向的专设机构即为转向系统。

汽车转向系统的功能就是按照驾驶人的意图改变和保持汽车的行驶方向。汽车转向系统对汽车的行驶安全至关重要，要求转向系统工作可靠、操纵轻便，转向机构应能减轻地面传到转向盘上的冲击，并保持适当的"路感"，当汽车发生碰撞时，转向装置应能减轻或避免对驾驶人的伤害。

4.1.2 汽车转向系统的分类及组成

汽车转向系统可按照转向能源的不同分为机械转向系统和助力转向系统两大类。

1. 机械转向系统

机械转向系统以驾驶人的体力作为转向能源，所有传递力的构件都是机械的，主要由转向操纵机构、转向器和转向传动机构三大部分组成。

1) 转向操纵机构是驾驶人操纵转向器工作的机构，包括从转向盘到转向器输入端的零部件。

2）转向器是把转向盘传来的转矩按一定传动比放大并输出的增力装置，转向器最早采用的是蜗轮蜗杆式，以后陆续出现了螺杆螺母式、齿轮齿条式、循环球式等形式。

3）转向传动机构是把转向器输出的力矩传递给转向车轮的机构，包括从转向臂到转向车轮的零部件。当汽车需要改变行驶方向时，驾驶人可以通过转动转向盘来实现。转向力矩由转向轴、转向器、直拉杆、横拉杆和梯形臂等机件传递，并使转向节偏转，实现汽车方向的改变。

传统机械转向系统的优点是结构简单、工作可靠、生产成本低。其缺点也非常明显，具体如下：

1）随着汽车速度的提高和汽车质量的增大，转向操纵难度增大，转向越来越费力。

2）传统机械转向系统的传动比是固定的，传动比无法随汽车转向过程中的车速、转向加速度等参数的变化而进行补偿，驾驶人必须在转向之前就对汽车的转向响应特性进行一定的操作补偿，这样会增加驾驶人的精神和体力负担。

2. 助力转向系统

助力转向系统是兼用驾驶人体力和发动机（或电动机）的动力作为转向能源的转向系统。助力转向系统是在机械转向系统的基础上加设一套转向加力装置而形成的。

1）液压助力转向系统是在传统机械转向系统基础上额外加装了一套液压助力系统，一般由转向助泵、油罐、供油装置、助力装置和控制阀等组成。它以液压油为动力，通过转向助泵产生的动力来推动机械转向器工作。

由于该系统通过液压力作用来推动传统机械转向机构的转向运动，从而减轻了驾驶人的劳动强度，在一定程度上克服了传统机械转向系统由于传动比固定而造成的转向"轻便"与"灵敏"之间的矛盾。

2）电液助力转向系统的转向助力特性在工作时可以改变。它主要有两种类型：电控液压助力转向系统和电动液压助力转向系统。目前汽车上应用最多的是电动液压助力转向系统。

3）电动助力转向系统是在传统机械转向系统的基础上，增加了传感器装置、电子控制装置和转向助力机构等。其特点是使用电动执行机构在不同的驾驶条件下为驾驶人提供合适的助力。

汽车转向系统经历了传统机械转向系统、液压助力转向系统、电液助力转向系统和电动助力转向系统 4 个发展阶段，目前汽车转向系统正处在液压助力转向系统、电液助力转向系统向电动助力转向系统发展的过渡阶段。除以上转向系统外，汽车转向系统还向前轮主动转向、四轮转向和线控助力转向系统方向发展。

4.2 机械转向系统

案例： 一辆高尔夫轿车，行驶里程为 1600km，在平直路面上以 40km/h 行驶时，用手握住转向盘，汽车能够直线行驶，但转向盘有向右侧转动的力矩，松开转向盘后汽车行驶向右跑偏。你知道是什么原因引起的么？

汽车机械转向系统由转向操纵机构、转向器和转向传动机构 3 部分组成，如图 4-1 所示。

4.2.1　转向操纵机构

　　汽车转向操纵机构主要由转向盘、转向轴、转向柱管等部件组成。它的作用是产生转动转向器所必需的操纵力，并具有一定的调节和安全性能。转向操纵机构要将驾驶人操纵转向盘的操纵力传给转向器。为了方便不同体形驾驶人的操纵及保护驾驶人的安全，现代汽车转向操纵机构还带有各种调整机构及安全保护装置。

　　1）转向盘也称方向盘，由轮缘、轮辐和轮毂组成，其结构如图 4-2 所示。轮辐一般有 3 或 4 根辐条。轮毂有圆孔及键槽，利用键和螺母将其固定在转向轴的轴端。转向盘内部由成形的金属骨架构成，骨架外面一般包有柔软的合成橡胶或树脂，也有包皮革的，以使它具有良好的手感，防止驾驶人手心出汗时转向盘打滑。

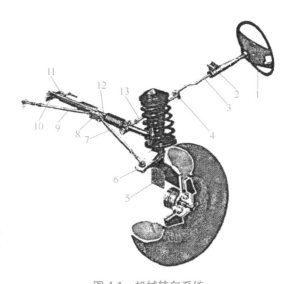

图 4-1　机械转向系统

1—转向盘　2—转向柱管　3—上转向轴　4—柔性万向节
5—左转向节　6—左转向节臂　7—左横拉杆　8—托架
9—右横拉杆　10—转向减振器　11—支架
12—转向器　13—下转向轴

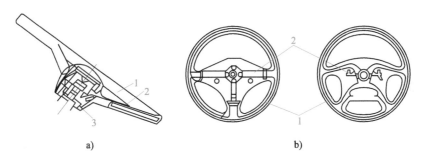

　　a)　　　　　　　　　　　　　　b)

图 4-2　汽车转向盘的结构

a）侧视图　b）正视图

1—轮缘　2—轮辐　3—轮毂

　　转向盘在驾驶室内的位置与各国交通法规规定车辆靠道路的左侧还是右侧行驶有关。包括我国在内的大多数国家规定车辆右侧通行，相应地将转向盘安置在驾驶室左侧。

　　转向盘上还安装有汽车电喇叭开关按钮、控制转向灯开关及车速控制开关和安全气囊等装置，以方便驾驶人操作并保护驾驶人的安全。出于安全考虑，不仅要求转向盘具有可起缓冲作用的柔软表皮，还要求转向盘在汽车发生碰撞时，其骨架能产生变形，以吸收冲击能量，减轻对驾驶人的伤害。

　　2）转向轴是连接转向盘和转向器的传动件，并传递它们之间的转矩。转向柱管安装在车身上，支承着转向盘。转向轴下端与转向万向节相连，上端用轴承或衬套支承在转向柱管内，固定在支架内的轴承中。轴承下端装有弹簧，可自动消除转向柱管与转向轴之间的轴向间隙。

3）转向柱管上端通过上支架固定在驾驶室前围仪表板上，下端安装在下固定支架孔内，下固定支架用两个螺栓固定在驾驶室底板上。转向轴从转向柱管中穿过，支承在转向柱管内的轴承和衬套上。转向柱管上端装有喇叭接触环、转向灯开关、刮水器开关总成、转向盘锁总成等。

随着汽车车速的提高，对于轿车除要求装有吸能式转向盘外，还要求转向柱管也必须备有缓和冲击的吸能装置。另外还要求当汽车受到碰撞而产生较大变形时，转向轴和转向柱管能够朝上倾斜，以避免转向盘撞击驾驶人的胸部和头部。

缓冲吸能式转向操纵机构具有吸收能量、减轻驾驶人受伤程度的作用，其结构有波纹管式、网格管式、支架变形（或断裂）式及管柱式等，吸能式转向柱管如图 4-3 所示。其中，波纹管式和支架变形（或断裂）式转向柱管靠碰撞时产生的弹性变形来吸能；网格管式转向柱管靠碰撞时产生的塑性变形来吸能；而管柱式转向柱管靠碰撞时产生的摩擦来吸能。

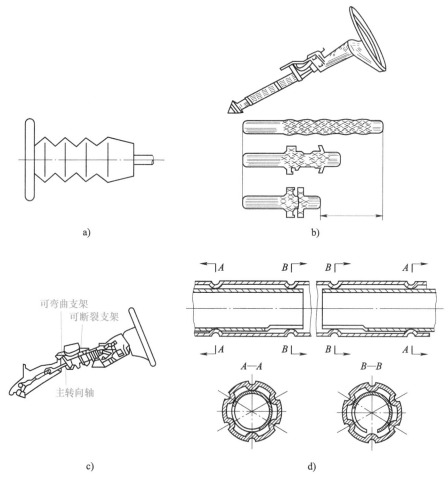

图 4-3　吸能式转向柱管

a）波纹管式　b）网格管式　c）支架变形（或断裂）式　d）管柱式

为方便不同身高及体形的驾驶人操纵，现代轿车越来越多地采用可倾斜和可伸缩的转向柱管机构。图 4-4 所示为手动倾斜式转向柱管调整机构示意图。首先，向下扳动倾斜调整手柄，使锁紧螺栓松动，为防止转向柱管下落，用两只弹簧保持平衡；然后以下支架的枢轴为中心将转向柱管向上扳动，在长孔范围内移动，直到满意位置，最后再向上扳动倾斜调整手柄，将锁紧螺栓拧紧，转向柱管就被定位在倾斜机构支架上。

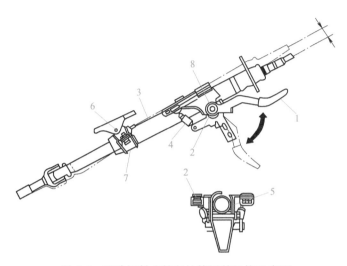

图 4-4　手动倾斜式转向柱管调整机构示意图

1—倾斜调整手柄　2—锁紧螺栓　3—转向柱　4—弹簧　5—倾斜机构支架　6—枢轴　7—下支架　8—长孔

图 4-5 所示为手动伸缩式转向柱管调整机构示意图。其调整为向下扳动伸缩调整手柄，解除锁紧。利用两根转向轴上的花键配合，伸缩调整转向盘的前后位置直至合适，再向上扳动调整手柄，用楔形限位器紧固转向轴。

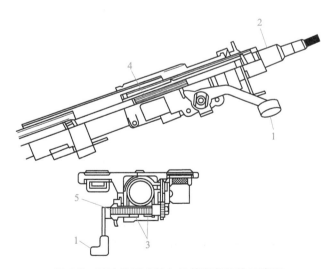

图 4-5　手动伸缩式转向柱管调整机构示意图

1—伸缩调整手柄　2—转向轴　3—限位器　4—花键　5—手柄枢轴

4.2.2 转向器

转向器是转向系统中的减速增矩装置，其功用是增大由转向盘传到转向节的力，并改变力的传动方向。目前广泛应用的转向器有齿轮齿条式转向器、循环球式转向器和蜗杆曲柄指销式转向器等几种。

1. 齿轮齿条式转向器

如图 4-6 所示为齿轮齿条式转向器结构形式。其工作过程为转向盘旋转→转向齿轮轴旋转→转向齿条直线运动→转向横拉杆带动转向节转动。

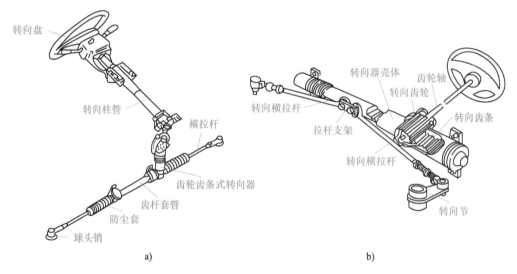

图 4-6　齿轮齿条式转向器结构形式
a）两端输出式　b）中间输出式

转向齿轮轴通过轴承安装在转向器壳体内，上端和转向轴通过万向节连接。转向器齿条与转向器壳体是配合件，转向器壳体固装在前桥上。压紧弹簧通过压块将齿条压靠在齿轮轴的齿轮上，通过调整螺母可调整弹簧的预紧力。

采用齿轮齿条式转向器不需要转向摇臂和转向直拉杆等，该类转向器结构简单，可靠性好，便于独立悬架的布置；同时，由于齿轮齿条直接啮合，转向灵敏、轻便，在各类汽车上的应用越来越多。

2. 循环球式转向器

循环球式转向器是目前国内外汽车上较为流行的一种结构形式，一般有两级传动副，第一级是螺杆螺母传动副，第二级是齿条齿扇传动副。

图 4-7 所示为一种循环球式转向器。其第一传动副为转向螺杆 3 和转向螺母 4。转向螺母 4 外侧的下平面上加工有齿条，与齿扇轴 15 上的齿扇啮合，组成第二传动副：齿条齿扇传动。转向螺母既是螺杆螺母传动副的从动件，又是齿条齿扇传动副的主动件。通过转向盘和转向轴转动转向螺杆时，转向螺母不能转动只能轴向移动，并驱动齿扇轴转动。

为了减少转向螺杆 3 和转向螺母 4 之间的摩擦，两者之间的螺纹用沿螺旋槽滚动的钢球 5 代替，以实现滑动摩擦变为滚动摩擦。转向螺杆 3 和转向螺母 4 上都加工出断面轮廓为两

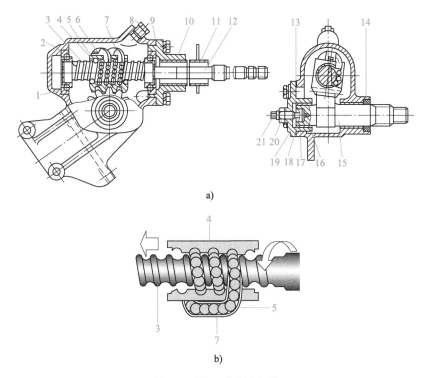

图 4-7　循环球式转向器

a）结构图　b）球流示意图

1—转向器壳体　2—推力角接触球轴承　3—转向螺杆　4—转向螺母　5—钢球　6—钢球导向卡
7—钢球导管　8—六角头锥形螺塞　9—调整垫片　10—上盖　11—转向柱管　12—转向轴
13—转向器侧盖衬垫　14—油封　15—齿扇轴　16—摇臂轴衬套　17—垫片　18—孔用弹性挡圈
19—侧盖　20—螺母　21—调整螺钉

段或三段不同心圆弧组成的近似半圆的螺槽，两者能配成近似圆形断面的螺旋管状通道。转向螺母 4 侧有两对通孔，可将钢球从此孔塞入螺旋形通道内。两根 U 形钢球导管 7 的两端插入转向螺母 4 侧面的两对通孔中，钢球导管 7 内也装满了钢球，这样，两根钢球导管 7 和转向螺母 4 内的螺旋管状通道组合成两条各自独立的封闭的钢球"流道"。

转向螺杆 3 转动时，通过钢球将力传给转向螺母 4，转向螺母 4 即沿轴向移动。同时，在转向螺杆 3 与转向螺母 4 两者和钢球 5 间的摩擦力偶矩的作用下，所有钢球 5 在螺旋管状通道内滚动，形成"球流"。钢球 5 在管状通道内绕行后流出转向螺母 4 而进入钢球导管 7 的一端，再由钢球导管 7 的另一端流回螺旋通道。因此，在转向器工作时，钢球 5 只在封闭通道内循环，而不致脱落。

循环球式转向器的最大优点是传动效率高、操纵轻便、工作可靠、使用寿命长。其主要缺点是结构复杂、制造精度要求高、逆效率也高。

3. 蜗杆曲柄指销式转向器

图 4-8 所示为蜗杆曲柄指销式转向器。其动力传递路线为：转向蜗杆 6→指销 8→摇臂轴 9。

摇臂轴 9 通过滑动轴承衬套支承在转向器壳体 5 上，转向蜗杆 6 通过角接触球轴承支承

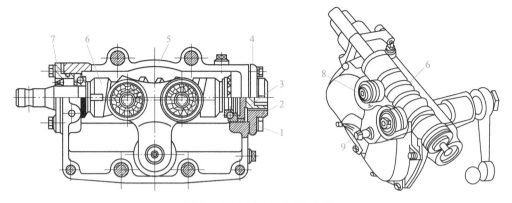

图 4-8　蜗杆曲柄指销式转向器

1—推力球轴承　2—螺母　3—调整螺塞　4—下盖　5—转向器壳体　6—转向蜗杆　7—上盖　8—指销　9—摇臂轴

在壳体上。轴承预紧力由调整螺塞 3 在外部调整，调整后用锁紧螺母锁紧。两个指销 8 通过双列圆锥滚子轴承支承在摇臂轴 9 内端的曲柄上。其预紧度在装配时由螺母调整。蜗杆上梯形截面螺纹与两个锥形指销 8 啮合，其啮合间隙通过侧盖上的调整螺钉在外部调整，调整后用螺母锁紧。

4.2.3　转向传动机构

转向传动机构的功用是将转向器输出的力和运动传给转向桥两侧的转向节，使两侧转向轮偏转，并使两转向轮偏转角按一定关系变化，以保证汽车转向时车轮与地面的相对滑动尽可能小。

1. 转向传动机构的组成与布置方式

以图 4-9a 为例，转向传动机构主要由转向摇臂、转向直拉杆、转向节臂、转向梯形臂和转向横拉杆等组成。由转向器输出的力矩经上述各组件传到两轮的转向节，并由转向梯形臂和转向横拉杆组成的转向梯形机构保证左右两转向轮的偏转角接近满足转向的运动关系。

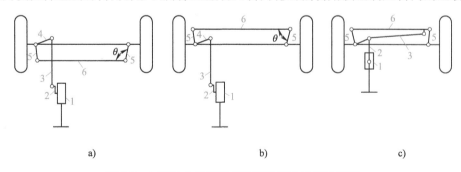

a)　　　　　　　　　　　b)　　　　　　　　　　　c)

图 4-9　与非独立悬架配用的转向传动机构示意图

a）转向梯形在前桥之后　b）转向梯形在前桥之前　c）转向直拉杆横置

1—转向器　2—转向摇臂　3—转向直拉杆　4—转向节臂　5—转向梯形臂　6—转向横拉杆

转向传动机构的组成和布置因转向器位置和转向桥悬架类型的不同而不同。

1）与非独立悬架配用的转向传动机构布置方案主要有图 4-9 所示的几种。

当前桥仅为转向桥时，转向梯形布置在前桥之后（图 4-9a）。当汽车直线行驶时，转向梯形臂与转向横拉杆在与道路平行的平面内交角 θ>90°。

　　在前桥为转向驱动桥或发动机位置较低的情况下，为避免运动干涉，往往将转向梯形布置在前桥之前（图 4-9b），此时，上述平面内交角 θ<90°。

　　若转向摇臂不是在汽车纵向平面内前后摆动，而是在与道路平行的平面内左右摆动，则转向直拉杆横置（图 4-9c）。

　　2）与独立悬架配用的转向传动机构布置方案为：当转向轮采用独立悬架时，每个转向轮分别相对于车架做独立运动，因而转向桥是断开的。与此相应，转向传动机构中的转向梯形也必须是断开式的，分成几段。

　　图 4-10 所示为几种与独立悬架配用的转向传动机构示意图。图 4-10a、图 4-10b 所示为与循环球式转向器配用的转向传动机构布置方案，图 4-10c、图 4-10d 所示为与齿轮齿条式转向器配用的转向传动机构布置方案。

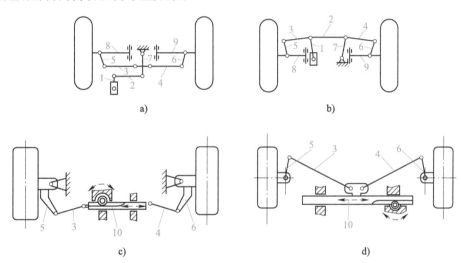

a)　　　　　　　　　　　　　　b)

c)　　　　　　　　　　　　　　d)

图 4-10　几种与独立悬架配用的转向传动机构示意图

1、7—转向摇臂　2—转向直拉杆　3—左转向横拉杆　4—右转向横拉杆　5—左梯形臂
6—右梯形臂　8—悬架左摆臂　9—悬架右摆臂　10—齿轮齿条式转向器

2. 转向传动机构零部件结构

　　转向传动机构的构件多为杆件，各杆件之间一般为球形铰链连接。

　　1）转向摇臂。其作用是把转向器输出的力和运动传给直拉杆。转向摇臂和摇臂轴的结构如图 4-11 所示。转向摇臂上端有带细齿花键的锥孔，与转向器的输出端转向摇臂轴利用花键连接。摇臂轴外端面和转向摇臂上端孔的外端面刻有短线等装配标志，以保证正确装配，当转向摇臂轴在中间位置时，汽车处于直线行驶状态。转向摇臂 2 下端通过球头销 3 与直拉杆连接。球头销 3 球面一般经过强化和硬化处理。

　　2）转向直拉杆。其作用是将转向摇臂传来的力和运

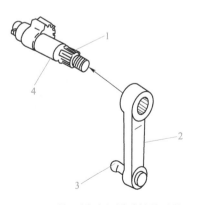

图 4-11　转向摇臂和摇臂轴的结构

1—带锥度的细齿花键　2—转向摇臂
3—球头销　4—转向摇臂轴

动传给转向梯形臂或转向节臂。其结构如图 4-12 所示，转向直拉杆是一段两端扩大的钢管。转向直拉杆前端是球头销，后端是球头销座，分别与转向节臂（或梯形臂）、转向摇臂球形铰相连，以保证三者在相对的空间运动中不发生干涉。前、后球形铰链结构中都有压缩弹簧，以补偿机械磨损，并缓和经车轮和转向节传来的路面冲击。弹簧预紧力可用端部螺塞 4 调节。

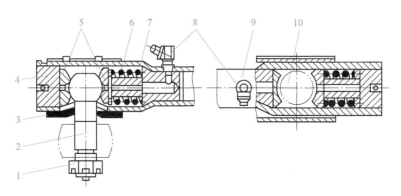

图 4-12　转向直拉杆的结构

1—螺母　2—球头销　3—橡胶防尘垫　4—端部螺塞　5—球头座　6—压缩弹簧
7—弹簧座　8—油嘴　9—转向直拉杆　10—转向摇臂球头销

3）转向横拉杆。其是联系左、右梯形臂并使其协调工作的连接杆。如图 4-13 所示为一种转向横拉杆结构图。转向横拉杆由转向横拉杆体 2 和两端的横拉杆接头 1 组成（图 4-13a）。两端接头为球头座-球头销结构，其上有压紧弹簧 12 和调节螺塞 11（图 4-13b）。球头座分上、

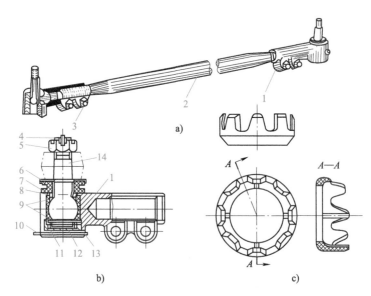

图 4-13　转向横拉杆结构图

a）转向横拉杆　b）接头　c）球头座

1—横拉杆接头　2—转向横拉杆体　3—夹紧螺栓　4—开口销　5—槽形螺母　6—防尘垫座　7—防尘垫
8—防尘罩　9—球头座　10—限位销　11—调节螺塞　12—压紧弹簧　13—弹簧座　14—球头销

下两部分（图 4-13c），装配时凹凸部互相嵌合。两端接头和转向横拉杆用螺纹连接。接头螺纹部分有切口，具有弹性。接头旋装到转向横拉杆后，用夹紧螺栓 3 夹紧。转向横拉杆两端的螺纹旋向相反，一个为右旋、另一个为左旋。放松夹紧螺栓 3，转动转向横拉杆，即可改变转向横拉杆的总长度，从而可调整转向轮前束。

4）转向减振器。随着汽车车速的不断提高，现代汽车的转向轮有时会产生摆振，即转向轮绕主销轴线往复摆动，进而引起整车身的振动，大大影响了汽车行驶的稳定性和舒适性，加剧了前轮轮胎的磨损。为此，越来越多的高速汽车转向传动机构中安装了转向减振器。

转向减振器一端与车身或前桥铰接，另一端与转向直拉杆或转向器铰连。转动减振器的结构和工作原理与悬架减振器类似，但两者特性不同。转向减振器在压缩和伸张时的特性是相同的，即对称的。

4.3 助力转向系统

助力转向系统是将发动机或电动机作为主要转向能源的转向系统。高速轿车、重型货车、越野汽车及自卸汽车转向时需要克服的阻力矩比普通汽车转向要大得多。因此，为了减轻驾驶人的疲劳强度，改善转向系统的技术性能，目前很多汽车都采用了助力转向系统。采用助力转向系统的汽车转向时，所需的能量在正常情况下，只有小部分是驾驶人提供的体能，而大部分是发动机驱动转向助力泵旋转，将发动机输出的部分机械能转化为压力能。在驾驶人控制下，能量对转向传动装置或转向器中某一传动件施加不同方向的随动渐进压力，从而实现转向。助力转向系统按照传能介质的不同，可以分为液压式和气压式两种。气压式系统因其工作压力较低、尺寸庞大，一般用于前轴载荷比较大的部分货车和客车。而液压系统工作压力高、无噪声、工作滞后时间短，而且能吸收来自不平路面的冲击，所以在各类汽车上获得广泛应用。

4.3.1 液压助力转向系统概述

1. 液压助力转向系统的组成
液压助力转向系统与机械转向系统相比，只是多了一套液压转向加力装置，它主要由机械转向器、转向控制阀（转阀式）、转向助力缸以及将发动机输出的部分机械能转换为压力能的转向助力泵、转向储油罐等组成。转向助力泵由曲轴通过传动带驱动运转向外输出油压，转向储油罐有进、出油管接头，通过油管分别和转向助力泵及转向控制阀连接（图 4-14）。

2. 液压助力转向系统的分类
液压助力转向系统按液流形式可分为常压式和常流式两种，如图 4-15、图 4-16 所示。

根据转向加力装置零部件布置和连接组合方式不同，液压式助力转向系统又可以分为整体式、半整体式及组合式助力转向系统，如图 4-17 所示。

液压式助力转向系统按转向控制阀阀芯的运动方式，还可以分为滑阀式和转阀式两种形式，本书主要介绍液压常流转阀式助力转向系统的工作原理。

图 4-14　液压助力转向系统

1—转向盘　2—转向轴　3—助力转向器　4—左侧转向横拉杆　5—低压油管　6—高压油管
7—转向助力泵　8—转向储油罐　9—右侧转向横拉杆　10—万向节　11—齿轮　12—齿条

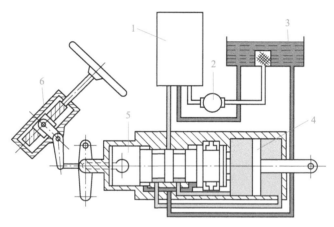

图 4-15　常压式液压助力转向系统示意图

1—储能器　2—转向助力泵　3—转向储油罐　4—转向助力缸　5—转向控制阀　6—机械转向器

4.3.2　液压常流转阀式助力转向系统

转阀式助力系统结构主要由齿轮齿条式机械转向器、转向助力缸和转阀式转向控制阀等组成（图 4-18）。转向器的壳体同时作为助力缸，转向助力缸活塞与齿条制成一体，活塞将助力缸分成左右两腔。转向控制阀与转向器组成整体，并且由转向轴直接操纵。

转阀式转向控制阀的结构如图 4-19 所示，主要由阀体、阀套、阀芯及扭杆等组成。阀套制成圆筒形，外表面切有 3 条较宽深和 3 条较窄浅的环形槽。宽深的槽是油槽，其底部有与内壁相通的孔。窄浅的槽用于安装密封圈。阀套与转向齿轮制成一体。

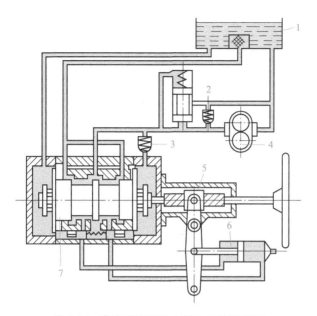

图 4-16　常流式液压助力转向系统示意图

1—转向储油罐　2—安全阀　3—单向阀　4—转向助力泵　5—机械转向器　6—转向助力缸　7—转向控制阀

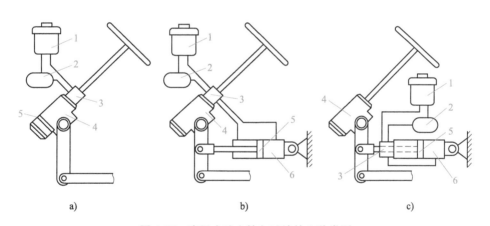

　　　a)　　　　　　　　　　　　　b)　　　　　　　　　　　　　c)

图 4-17　液压式助力转向系统的 3 种类型

a）整体式助力转向系统　b）半整体式助力转向系统　c）组合式助力转向系统

1—转向储油罐　2—转向助力泵　3—转向控制阀　4—转向器　5—助力缸活塞　6—转向助力缸

　　阀芯也呈圆筒形，其外表面与阀套间隙配合，两者可以相对转动。阀芯 5 与阀套 4 配合间隙很小，配合精度很高，组成偶件不可单独更换。阀芯 5 外表面切成与阀套 4 相对应的 8 条不贯通的纵向槽，并形成 8 条台肩，相间的 4 条台肩开有径向贯通油孔。阀芯 5 通过销 7 与扭杆 6 和转向轴相连，阀套 4（转向齿轮 1）通过销 2 与扭杆 6 相连，因而转向轴可通过扭杆 6 带动转向齿轮 1 转动。扭杆 6 安装在阀芯 5 的孔中，转向时由于转向阻力矩可使扭杆产生弹性变形。

　　该转阀具有 4 个互相连通的转阀进油口 P，通道 A、B 分别与助力缸的左、右腔出油口连通。当阀芯转过一个很小的角度时，从液压助力泵来的压力油经 P 流入通道 A 或 B，继而

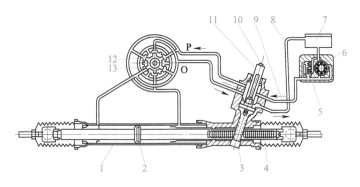

图 4-18 转阀式助力转向系统结构

1—转向助力缸 2—助力缸活塞 3—转向齿轮 4—转向齿条 5—流量控制阀 6—转向助力泵 7—转向储油罐
8—回油管路 9—进油管路 10—扭杆 11—转向轴 12—阀芯 13—阀套

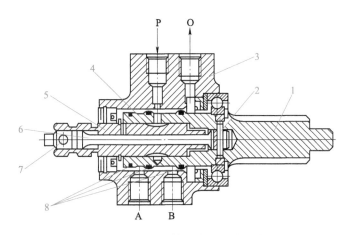

图 4-19 转阀式转向控制阀的结构

1—转向齿轮 2、7—销 3—阀体 4—阀套 5—阀芯 6—扭杆 8—密封圈 P—转阀进油口
O—转阀出油口 A—通助力缸左腔出油口 B—通助力缸右腔出油口

进入助力缸的一个腔内，相对应通道 B 或 A 的进油道被隔断，压力油不能进入，因而助力缸另一腔的低压油在活塞的推动下经转阀出油口 O 流回储油罐。

当汽车直线行驶时，转阀处于中间位置，如图 4-20 所示。助力缸两腔相通，并与转阀进油口 P、转阀出油口 O 通过阀芯径向油道相通，压力油流回转向储油罐。因此，转向助力缸不起助力作用。

当汽车左转向时，转向轴连同阀芯被逆时针转动，由于受到路面传来的转向阻力，助力缸活塞和转向齿条暂时不能运动，所以转向齿轮暂时不能随转向轴转动。这样，由转向轴到转向齿轮的转矩只能使扭杆产生少许变形，使转向轴（即阀芯）得以相对转向齿轮（即阀套）转过少许角度，两者产生相对

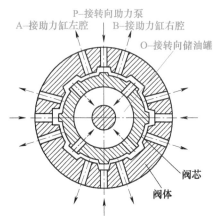

图 4-20 直线行驶时转阀工作位置

角位移，如图 4-21 所示。P 与 B 相通，A 与 O 相通，从而转阀使助力缸右腔成为高压油腔，左腔则成为低压油腔。作用在助力缸活塞上的向左的液压作用力，帮助转向齿轮迫使转向齿条向左移动，转向车轮开始向左偏转。同时，转向齿轮本身也开始与转向轴同向转动。只要转向盘继续转动，扭杆的扭转变形便一直保持不变，转向控制阀所处的左转向位置也不变。一旦转向盘停止转动，助力缸暂时还继续工作，导致转向齿轮继续转动，使扭杆的扭转变形减小，直到扭杆恢复自由状态，转阀回到中间位置，助力缸停止助力。此时，转向盘即停在某一位置上不动，则车轮转角也保持一定。若转向盘继续转动，助力缸又继续工作。

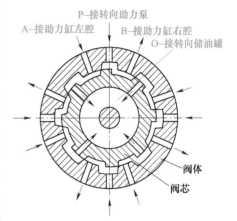

图 4-21　左转行驶时转阀工作位置

当汽车右转向时，转向盘顺时针转动，则扭杆、转阀阀芯的转动方向以及助力缸活塞移动的方向均与前述相反，使转向轮向右偏转。

在转向过程中，若转向盘转动的速度快，阀体与阀芯的相对角位移量也大，左右助力腔的油压差也相应加大，前轮偏转的速度也加快；转向盘转动得慢，前轮偏转得也慢；转向盘转到某一位置上不动，前轮也偏转到某一位置上不变。此即"快转快助，大转大助，不转不助"原理。

汽车转向后需回正时，驾驶人放松转向盘，阀芯在弹性扭杆作用下回到中间位置，失去了助力作用，转向轮在回正力矩的作用下自动回位。若驾驶人同时回转转向盘时，转向助力器助力，帮助车轮回正。

当汽车直线行驶偶遇外界阻力使转向轮发生偏转时，阻力矩通过转向传动机构、转向齿轮作用在阀体上，使之与阀芯之间产生相对角位移，使得助力缸左、右腔油压不等，产生与转向轮转向相反的助力作用。转向轮迅速回正，保证了汽车直线行驶的稳定性。

当液压助力转向系统失效后，该助力转向器将变成机械转向器，其动力传递路线与机械转向系统的完全一致。

4.3.3　转向助力泵

转向助力泵是助力转向的动力源，其作用是将发动机输出的机械能转化为驱动转向助力缸工作的液压能，再由转向助力缸输出转向力，驱动转向车轮转向。转向助力泵的结构有多种形式，常见的有齿轮式、叶片式、转子式、柱塞式等。其中，叶片式转向助力泵在现代汽车上的应用越来越广。

图 4-22 所示为双作用叶片式转向助力泵的结构及工作原理。当发动机带动助力泵顺时针旋转时，叶片在离心力的作用下紧贴在定子的内表面上，工作容积开始由小变大，从吸油口吸进油液，而后工作容积由大变小，压缩油液，经压油口向外供油。再转 180°，又完成一次吸压油过程。

转向助力泵的转子是通过发动机驱动或电动机驱动的，工作时油压及流量的变化是通过安全阀和溢流阀来实现的，双作用叶片式转向助力泵原理示意图如图 4-23 所示。当输出压力过高时，这个压力传到溢流阀右侧，使安全阀左移开启，高压油流回进油腔，降低了输出油压。当输出油量过大时，节流孔处油液的流速很高，但该处的压力很小，此压力经横向油道传到溢流阀右侧，使节流阀左右两侧的压差增大，在压差的作用下，节流阀压缩弹簧右移，使进油道和出油道相同，部分油液在转向助力泵内循环流动，减少了出油量。当这两个阀出现弹簧过软、折断或不密封时，将会导致转向助力泵油压和流量不足而出现故障。

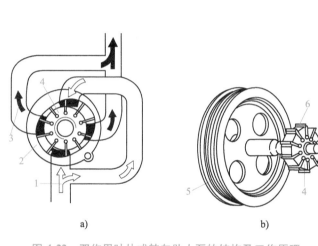

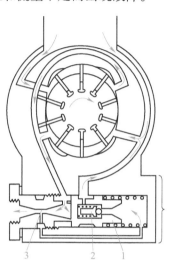

图 4-22　双作用叶片式转向助力泵的结构及工作原理
a）叶片工作和油液流向　b）转向助力泵叶片
1—吸油　2—定子　3—排油　4—转子　5—带轮　6—叶片

图 4-23　双作用叶片式转向
助力泵原理示意图
1—溢流阀　2—安全阀　3—节流孔

4.4 电子控制助力转向系统

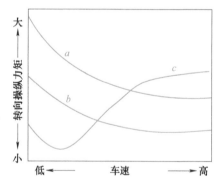

　　汽车转向时地面对转向轮的反向阻力矩会随汽车速度发生变化，车速越高转向阻力矩越小。相应地，需要驾驶人施加于机械转向系统转向盘的操纵力矩也随车速的升高而减小，如图 4-24 中曲线 a 所示。

　　助力转向系统以固定倍率放大转向力矩，其转向操纵力矩-车速特性的变化趋势与机械转向系统基本相同，只是所需操纵力矩大幅降低，如图 4-24 中曲线 b 所示，理想的转向操纵力矩-车速特性应同时满足汽车转向轻便灵活性与操纵稳定性的要求：汽车静止或

图 4-24　转向操纵力矩-车速特性
a—机械转向系统　b—助力转向系统
c—理想转向操纵特性

低速行驶时，转向所需操纵力小，轻便省力；汽车中高速行驶时，所需转向操纵力稍大，需增强驾驶人的"路感"，提高操纵稳定性，保证理想转向操纵特性高速行车时的安全，如图 4-24 中曲线 c 所示。

　　对比图 4-24 中 a、b、c 3 条曲线，可以看出助力转向系统一定程度上解决了汽车低速转向应该轻便的问题，但无法保证高速时的操纵稳定性，甚至使高速转向时路感变差；同时，为了兼顾高速转向的操纵稳定性，助力转向系统又无法在汽车低速转向时提供足够的助力。

电子控制助力转向系统根据理想的转向操纵力特性，对助力转向系统的助力进行控制，使之在停车转向时提供足够的助力，使汽车原地转向容易，随车速的升高助力逐渐减小，高速时无助力甚至适当增加转向阻力。这样，就可同时保证转向轻便性和操纵稳定性的要求。电子控制助力转向系统主要有电控液力助力转向系统和电控电动助力转向系统两大类。

1. 电控液力助力转向系统

它是在液力助力转向系统的基础上，增加了一套电子控制装置的助力转向系统。常见的控制方式有流量控制式和反力控制式。

（1）流量控制式电控液力助力转向系统　其组成及工作原理示意图如图 4-25 所示，与液力助力转向系统相比，多出一套电子控制装置，包括：信号输入装置（车速传感器 7、转向角传感器 4、选择开关 9 等）、执行机构（旁通流量控制阀 2、电磁阀 3）和控制单元（控制器 8）3 部分。

其控制原理为：在转向助力泵与转向器之间设有旁流通道，由旁通流量控制阀 2 控制其流量的大小，间接控制流向助力转向器 5 的压力油流量，也即控制转向助力的大小。控制器 8 接收传感器 4、7 输入的转角、车速等信号，通过分析计算，控制分流电磁阀 3 通电电流的大小，进而控制旁通流量控制阀的旁通流量，最终控制转向助力的大小。其控制程序决定了操纵特性，可保证低速时的转向轻便，中高速时，所需转向操纵力的适当加大。当控制系统出现故障时，旁通流量控制阀完全关闭，电控液力助力转向系统变为非电控助力转向系统，旁流通道与旁通流量控制阀一般直接设在助力转向器壳体上。

旁通流量控制阀流量受电磁阀控制（图 4-26）。随着电磁线圈 2 的电流的变化，主滑阀 3 直线移动，从而控制旁流通道的节流孔面积。稳压滑阀 1 起到稳定节流口前后压力差的作用，进而使旁通流量由主滑阀 3 准确控制。

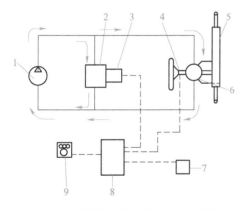

图 4-25　流量控制式电控液力助力转向
系统组成及工作原理示意图

1—转向助力泵　2—旁通流量控制阀　3—电磁阀
4—转向角传感器　5—转向器　6—控制阀
7—车速传感器　8—控制器　9—选择开关

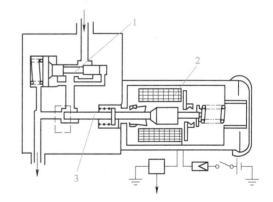

图 4-26　旁通流量控制阀结构示意图
1—稳压滑阀　2—电磁线圈　3—主滑阀

流量控制式电控液力助力转向系统结构简单，在液压助力转向系统的基础上进行简单改造即可实现，但该系统对操纵力的控制会受到范围限制。

（2）反力控制式电控液力助力转向系统　其结构示意图如图 4-27 所示。其控制系统包括：油压反力控制装置和电子控制装置 2 部分。油压反力室内有来自分流阀的助力高压油，柱塞 13 在油压作用下对转向控制阀轴 4 施加一个压力，由这个压力产生的摩擦力矩阻碍转向控制阀轴的转动。油压反力室 14 的油压不同，柱塞对转向控制阀轴的作用力大小不同，表现为转向所需操纵力不同。

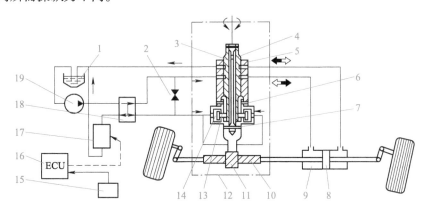

图 4-27　反力控制式电控液力助力转向系统结构示意图

1—储油罐　2—节流孔　3—扭杆转阀　4—转向控制阀轴　5—转阀阀体　6、7—销钉　8—助力油缸活塞
9—助力油缸　10—齿条　11—小齿轮　12—转向齿轮箱　13—柱塞　14—油压反力室　15—车速传感器
16—控制单元　17—电磁阀　18—分流阀　19—转向助力泵

　　油压反力室的油压受到分流阀 18、电磁阀 17 和节流孔 2 的调节控制。流经电磁阀 17 的电流不同，电磁阀 17 开度不同，排回储油罐 1 的流量不同。分流阀 18 可将从转向助力泵输出的油液向转向控制阀和电磁阀分流，若转向控制阀侧油压升高，则流向电磁阀 17（亦即油压反力室）的油量增多。当转向控制阀侧的油压达到一定值时，则从固定的节流孔 2 向油压反力室供油。

　　反力控制式电控液力助力转向系统有 3 种控制状态：

　　1）停车以及低速时的控制。此时，通过电磁阀线圈的电流较大，分流阀分流的油液经过电磁阀返回到储油罐的油量较大，油压反力室压力较小，柱塞对转向控制阀轴的压力也小。汽车在液压助力作用下实现轻便转向。

　　2）中高速直线行驶时的控制。汽车直线行驶时，转向控制阀中的进、回油路是连通的（常流式）。当因某种原因汽车偏离直线行驶时，进、回油路连通面积减小，进油处压力上升，通过分流阀进入电磁阀侧的油量增多。而在中高速行驶时电磁阀电流减小，泄油量减少，所以柱塞背压升高，阻力增大，增加路感，驾驶人可得到稳定的直行感。

　　3）中高速转向时的控制。从较大油压反力的中高速直线行驶进行转向操纵时，转向控制阀的进、回油路连通面积进一步减小，由分流阀进入油压反力室的油量进一步增多，同时从固定的小节流孔向油压反力室进油，这样柱塞的背压更大。随着转向操纵角的增大，转向操纵力也直线上升，所以能够获得高速的、稳定的转向操纵感。

　　2. 电控电动助力转向系统

　　电控电动助力转向系统是一种直接依靠电动机提供辅助转矩的电动助力式转向系统。该系统仅需要控制电动机电流的方向和幅值，不需要复杂的控制机构。该系统利用计算机控制，为转向系统提供了较高的自由度，同时还降低了成本和重量。与电控液力助力转向系统相比，电控电动助力转向系统具有如下优点。

1）能耗降低，电控电动助力转向系统只有转向时系统才工作，消耗能量少，因而与液压式助力转向系统相比，在各种行驶工况下均可节能80%~90%。

2）轻量化显著，电控电动助力转向系统无电控液力助力转向系统必须具有的转向助力缸、转向助力泵、转阀、液压管道等部件，因此，其结构紧凑，质量较轻，无油渗漏问题，系统易于布置。

3）优化助力控制特性，电控电动助力转向系统由于采用电子控制，可以使转向系统的转向性能得到优化，增强随动性。

4）系统安全可靠，当电控电动助力转向系统出现故障时，可立即切断电动机与助力齿轮机构的动力传送，迅速转入人工-机械转向状态。

电控电动助力转向系统由转矩传感器3、车速传感器、电子控制单元1、电动机4和减速器5组成，如图4-28所示。

电控电动助力转向系统的助力源是电动机，转向系统的电子控制单元根据车速、转向力及转

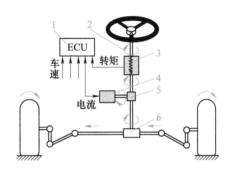

图 4-28　电控电动助力转向系统组成示意图
1—电子控制单元　2—转向力矩　3—转矩传感器
4—电动机　5—减速器　6—转向齿轮

向角等参数，计算得到最佳的转向力矩，并向转向助力机构输出控制信号，实现最佳的转向助力控制。当操纵转向盘时，装在转向盘轴上的转向力矩传感器不断地测出转向轴上的转向力矩信号，该信号与车速信号同时输入电子控制单元。电子控制单元根据这些输入信号，确定转向力矩的大小和方向，即选定电动机的电流大小和方向，调整转向力矩的大小。电动机的转矩由安装在电动机上的电磁离合器接合，通过减速机构减速增矩后，加在汽车的转向机构上，使之得到一个与汽车工况相适应的转向作用力。

按汽车前轴负荷的不同，转向系统电动机的安装位置有不同的方案，前轴负荷较轻（<6500N）时,电动机减速器总成通常安装在转向轴上，称为转向轴助力式 EPS（C-EPS）系统；前轴负荷稍重（6500~12000N）时，电动机减速器总成通常安装在转向齿轮上，称为转向齿轮助力式 EPS(P-EPS) 系统；前轴负荷较重（>12000N）时，电动机减速器总成通常安装在齿条轴上，称为齿条轴助力式 EPS（R-EPS）系统。目前，受车载蓄电池的限制，EPS 电动机的功率不能太大（<500W），因此电控电动助力转向系统在商用车上的应用受到限制。

4.5　四轮转向系统

4.5.1　四轮转向概述

四轮转向系统（Four-Wheel Steering，4WS）的汽车在转向时，后轮可相对车身主动转向，使汽车的4个车轮都能起到转向作用，以改善汽车的转向机动性、操纵稳定性和行驶安全性。四轮转向汽车在低速转弯时，前后车轮逆相位转向，可减小车辆的转弯半径；在高速转弯时，前后车轮主要进行同相位转向，能减少车辆质心侧偏角，降低车辆横摆率的稳态超

调量等，进一步提高车辆操纵稳定性。

1. 四轮转向系统的作用

1）车辆在高速行驶和在湿滑路面上行驶时的转向特性更加稳定和可控。

2）在整个车速变化范围内，汽车对转向输入的响应更迅速和准确。

3）在高速工况下，汽车的直线行驶稳定性提高，路面不平度和侧风对车辆行驶稳定性的影响较小。

4）汽车高速行驶变换车道的稳定性提高。

5）低速时，后轮朝前轮偏转方向的反向偏转，使汽车转弯半径大大减小，因而更容易控制。

2. 四轮转向系统的分类

（1）按转向方式分类

1）同相位转向。改善汽车高速行驶的操纵稳定性。

2）逆相位转向。减小汽车的转弯半径。

（2）按后轮转向机构控制和驱动方式分类　按后轮转向机构控制和驱动方式的不同，四轮转向系统可以分为非电控式四轮转向系统（机械式、液压式）及电控式四轮转向系统（电控机械式、电控液压式和电控电动式）等几种类型。电控电动式四轮转向系统，取消了前、后轮之间的传动轴、绳索、液压管道等部件，大大简化了后轮转向机构，并且能够实现前、后轮转向角关系的精确控制。目前使用最广泛的四轮转向系统为电控液压式，主要用于前轮采用液压助力转向系统的汽车中。

（3）按前、后轮的偏转角和车速之间的关系分类

1）转角传感型。前轮和后轮的偏转角度之间存在一定的应变关系，即后轮可按前轮偏转方向做同向偏转，也可做反向偏转。

2）车速传感型。根据事先设计的程序，当车速达到某一预定值（通常为 35～40km/h）时，后轮与前轮同方向偏转；低于某一预定值时，后轮与前轮反方向偏转。

4.5.2　四轮转向系统的转向特性

1. 低速时的转向特性

汽车低速转向时的行驶轨迹，如图 4-29 所示。低速转向时，各车轮上几乎不产生向心力，4 个车轮的前进方向的垂线在一点相交，车辆即以此交点为转向中心进行转向。对于前轮转向的两轮转向车辆，其后轮不转向，转向中心大致在后轴的延长线上，如图 4-29a 所示。而四轮转向车辆在此时是后轮逆向转动，转向中心就比两轮转向车辆的超前并靠近车体处，如图 4-29b 所示。在低速转向时，若前轮转向角度相同，四轮转向车辆的转向半径更小，内轮也更小，所以转向特性好。一般来说，对于汽车，若后轮逆向转动 5°，则可减少最小转弯半径约 0.5m，内轮差约 0.1m。

当汽车车速低于 29km/h 时，转动转向盘，后轮会产生与前轮转向相反的方向转动；当车速为零时，后轮最大转向角是 6°。后轮转向角减小的程度随车速变化而变化，在 29km/h 时后轮转角几乎为零。

2. 高速时的转向特性

直行汽车的转向实际上是两个运动的合成，即汽车的质心绕改变前进方向的转向中心的

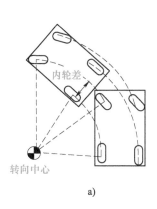 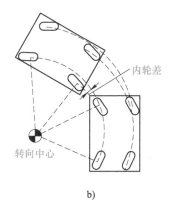

图 4-29 汽车低速转向时的行驶轨迹

a）两轮转向 b）四轮转向

公转和绕质心的自转运动。高速时两轮转向的转向特性如图 4-30 所示。

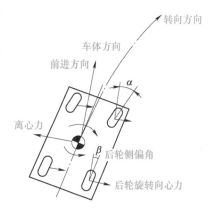

两轮转向车辆高速转向时的运动状态如下：前轮转向时，前轮产生侧偏角 α 并且产生旋转向心力使车体开始自转。当车体出现偏向时，后轮也出现侧偏角 β，且产生旋转向心力。4 个车轮分担自转和公转的力，一边平衡一边转向。但是，车速越高，离心力越大，所以必须给前轮更大的侧偏角，使它产生更大的旋转向心力。为了使后轮产生与此相对应的侧偏角，车体就会产生更大的自转运动。但是，车速越高，车体的自转运动越不稳定，容易引起车辆的旋转或侧滑。

理想的高速转向的运动状态是尽可能使车身的倾向和前进方向一致，以防多余的自转运动。在四轮转向车辆上通过对后轮的同向转向操作，使后轮也产生侧偏角 α，使它与前轮的旋转向心力平衡，从而抑制自转运动。这样就有可能得到车身方向与车辆前进方向一致的稳定转向状态。

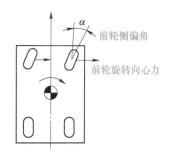

当车速增至大于 29km/h 时，转向盘转角在最初的 200°转角内后轮转向与前轮一致。在这个车速范围内，

图 4-30 高速时两轮转向的转向特性

转向盘转角大于 200°时，后轮会与前轮转向相反方向偏转。当车速提高到 96km/h 且转向盘转角为 100°时，后轮将会与前轮相同方向转动约 1°。此时转向盘转动 50°，后轮将会沿前轮相反方向转动大约 1°。高速时两轮转向与四轮转向的转向特性比较如图 4-31 所示。

4.5.3 四轮转向系统的结构及工作原理

四轮转向系统前轮采用传统转向系统，后轮采用直接助力式电动转向系统。主要部件包括电子控制单元，前、后轮转角传感器，车速传感器，车身横摆角速度传感器，前、后轮转向执行器等。

转向时，前轮转角、车速、横摆角速度传感器等信号送入 ECU 进行分析计算，ECU 确定后轮转角并向步进电动机输出驱动信号，通过后轮转向机构驱动后轮偏转以适应前轮转向，实现四轮转向。车速感应型电控电动四轮转向系统工作特点是后轮偏转的方向和转角大小主要受车速的控制，同时也响应前轮转角、横摆角速度的变化。ECU 根据设定的控制策略，通过程序控制，实现汽车的四轮转向。在低速行驶或者转向盘转角较大时，前、后轮实现逆相位转向，且后轮偏转角度随前轮转角增大而在一定范围内增大。这种转向方式可提

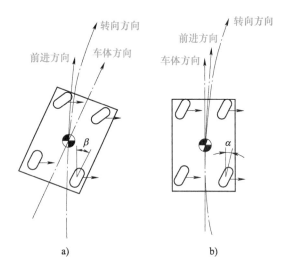

图 4-31　高速时两轮转向与四轮转向的转向特性比较
a）两轮转向分析　b）四轮转向分析

高汽车低速时的操纵轻便性，减小汽车的转弯半径，提高汽车的机动灵活性。在中、高速行驶或转向盘转角较小时，前、后轮可实现同相位转向。使汽车车身的横摆角速度大大减小，可减小汽车车身发生动态侧偏的倾向，提高汽车高速行驶的操纵稳定性。

拓展知识：线控转向系统

汽车转向系统是决定汽车安全性的关键总成，传统汽车转向系统采用机械系统，线控转向系统取消了转向盘和转向轮之间的机械连接，完全由电能实现转向，是汽车转向系统未来的发展方向，可以满足人们对未来汽车安全性（从汽车动态控制到防撞）和舒适性（从电子高速公路控制的导航助手到自动驾驶系统）的更高要求。

1. 线控转向系统的组成

线控技术（X-by-Wire）源于飞机控制系统，将这种控制方式引入汽车驾驶上，将使驾驶人的操作动作经过传感器转变成电信号，通过电信号网络传输到功率放大器再推动执行机构。线控转向系统（Steering by Wire，SBW）一般由转向盘总成、转向执行总成和主控制器、自动防故障系统及电源等模块组成。如图 4-32 所示为线控转向系统示意图。

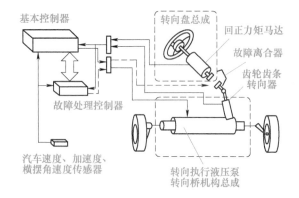

图 4-32　线控转向系统示意图

1）转向盘总成包括转向盘、转向盘转角传感器、力矩传感器、转向回正力矩电动机。转向盘总成的主要功能是将驾驶人的转向意图（通过测量转向盘转角）转换成数字信号传递给主控制器；同时接收主控制器送来的力矩信号，产生转向盘回正力矩，以提供给驾驶人相应的路感信息。

2）转向执行总成包括前轮传感器、转向执行电动机、转向电动机控制器和前轮转向组件等。转向执行总成的功能是接收主控制器的命令，通过转向电动机控制器控制转向车轮转动，实现驾驶人的转向意图。

3）主控制器对采集的信号进行分析处理，判别汽车的运动状态，向转向盘回正力矩电动机和转向电动机发送指令，控制两个电动机的工作，保证各种工况下都具有理想的车辆响应。同时控制器还可以对驾驶人的操作指令进行识别，判定在当前状态下驾驶人的转向操作是否合理。当汽车处于非稳定状态或驾驶人发出错误指令时，线控转向系统会将驾驶人错误的转向操作屏蔽，而自动进行稳定控制，使汽车尽快地恢复到稳定状态。

4）自动防故障系统是线控转向系统的重要模块，它包括一系列的监控和实施算法，针对不同的故障形式和故障等级做出相应的处理，以求最大限度地保持汽车的正常行驶。

5）电源系统承担着控制器、两个执行液压泵以及其他车用电器的供电任务。

2. 线控转向系统的工作原理

汽车线控转向系统的工作原理如图 4-33 所示，是用传感器检测驾驶人的转向数据，然后通过数据总线将信号传递至车上的 ECU，并从转向控制系统获得反馈命令，转向控制系统也从转向操纵机构获得驾驶人的转向指令，并从转向系统获得车轮情况，从而指挥整个转向系统的运动。

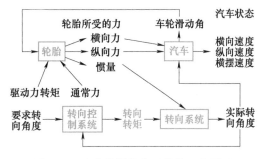

图 4-33　汽车线控转向系统的工作原理

汽车线控转向系统的优势如下：

1）方便了转向系统的总布置，柔性转向系统无各零部件之间的刚性机械连接。

2）改善驾驶人路感，在刚性转向系统中，路面不平和转向轮不平衡产生的振动会传到转向盘，而在柔性转向系统中，不存在转向盘"打手"现象。

3）改善驾驶特性，增强操纵性。基于车速、牵引力控制，以及其他相关参数基础上的转向比率（转向盘转角和车轮转角的比值）不断变化，低速行驶时，转向比率低，可以减少转弯或停车时转向盘转动的角度；高速行驶时，转向比率变大，可获得更好的直线行驶条件。

4）提高汽车安全性能，发生正面碰撞事故时，可避免转向柱伤害驾驶人。

5）增强舒适性，驾驶人腿部活动空间增大，出入驾驶室更加方便、自由。

线控转向系统是继 EPS 后发展起来的新一代转向系统，具有比 EPS 操纵稳定性更好的特点，它取消了转向盘与转向轮之间的机械连接，完全由电能实现转向，彻底摆脱了传统转向系统所固有的限制，提高了汽车的安全性和驾驶的方便性。未来汽车的主体将是零排放汽车，混合动力电动汽车、燃料电池电动汽车等新型电动汽车的逐步推广，为线控电动转向系统的应用带来了非常广阔的前景。

4.6　汽车转向系统常见故障

汽车转向系统的常见故障现象及原因见表 4-1。

表 4-1　汽车转向系统的常见故障现象及原因

故障名称	故障现象	故障原因
转向不稳	①汽车转向时感觉转向盘松旷量很大，需要转动转向盘较大角度，才能控制汽车的行驶方向 ②汽车不能长期保持直线行驶，有时而漂向左侧、时而漂向右侧的趋势，方向不好控制 ③有时转向反应过于灵敏，轻微转动转向盘，车辆却向一侧漂移过多 ④有时又有转向反应迟缓的现象	①转向器主、从动啮合传动副间隙过大或轴承松旷 ②转向盘与转向轴、万向节连接部位松旷 ③转向摇臂与转向摇臂轴连接松旷 ④转向直拉杆与横拉杆球头连接部位松旷 ⑤转向直拉杆、横拉杆与转向节连接松旷 ⑥转向节主销与衬套磨损后松旷或悬架上、下摆臂球头松旷 ⑦车轮轴承间隙过大 ⑧转向助力控制阀不良。如滑阀式转向控制阀回位弹簧损坏或太软，难以克服转向器逆传动阻力，使滑阀不能及时回位，或因油液脏污使滑阀运动受到阻滞 ⑨车架或车身变形，导致转向系统及车轮定位参数改变
转向沉重	汽车转弯时，转动转向盘感到吃力，且无回正感	①轮胎气压不足 ②转向节与主销配合过紧或缺油 ③转向直拉杆、横拉杆球头连接调整过紧或缺油 ④转向器主动部分轴承预紧力太大或从动部分与衬套配合太紧 ⑤转向器主、从动传动装置的啮合调整得太紧 ⑥转向器无油或缺油 ⑦转向节推力轴承缺油或损坏 ⑧转向轴弯曲或其套管变形造成刮碰 ⑨主销后倾角过大、主销内倾角过大或前轮负外倾 ⑩前梁、车架变形造成前轮定位失准 ⑪转向助力系统失效
转向轮摆振	汽车在低速范围内或高速范围内行驶时，有时出现两前轮各自围绕主销角振动的现象。尤其是高速时，两前轮左右摆振严重，握转向盘的手有麻木感，甚至在驾驶室内可看到整个车头在晃动	①车轮不平衡 ②转向器主、从动部分啮合间隙或轴承间隙太大 ③转向器垂臂与其轴配合松旷 ④纵、横拉杆球头连接松旷 ⑤转向系统部件刚度太低 ⑥前梁或车架弯、扭变形 ⑦转向系统与前悬架的运动互相干涉 ⑧车轮定位失准 ⑨轮毂轴承间隙过大 ⑩转向器在车架上的连接松旷

（续）

故障名称	故障现象	故障原因
行驶跑偏	汽车行驶中，行驶方向自动偏向一边，必须用力把住转向盘才能保持直线行驶	①左右轮胎气压不一致 ②前左、前右减振器弹簧刚度不一致 ③车身变形或车架变形使两侧轴距不等 ④转向轮定位失准 ⑤转向轮单边制动拖滞 ⑥转向轮单边轮毂轴承装配过紧或损坏 ⑦转向轮某一侧的前稳定杆、下摆臂变形 ⑧左右车架前钢板弹簧挠度不等或弹力不一 ⑨助力转向系统控制阀损坏或密封环弹性减弱，阀芯运动不畅或偏离中间位置，应予以调整或更换等 ⑩更换了转向系统 ECU 或转向盘转角传感器后未进行转向盘零点校正，应按维修手册所述进行转向盘零点校正
单边转向不足	汽车转弯时，转向盘左右转动量或车轮转角不相等	①转向摇臂安装位置不对 ②转向角限位螺钉调整不当 ③前钢板弹簧、骑马螺栓松动，或中心螺栓松动 ④直拉杆弯曲变形 ⑤钢板弹簧安装位置不正，或是中心不对称的前钢板弹簧装反
转向异响	汽车转向时，转向系统出现不正常的响声，而且对转向性能有影响	①转向助力泵驱动带过松或过紧 ②固定转向泵的螺钉松动或者转向泵故障 ③储油罐的液面过低或有气泡 ④转向各机械连接部位过松或过紧 ⑤储油罐滤网堵塞，或液压回路中有过多的沉积物 ⑥油管接头松动或油管破裂 ⑦转向助力控制阀性能不良

练习题

一、填空题

1. 机械转向系统由（　　　）、（　　　）和（　　　）三大部分组成。

2. 液压式助力转向系统中，转向加力装置由（　　　）、（　　　）、（　　　）和（　　　）组成。

3. 齿轮齿条式转向器传动副主动件是（　　　），从动件是（　　　）。

4. 助力转向器由（　　　）、（　　　）和（　　　）三大部分组成。

二、选择题

1. 转弯半径是指由转向中心到（　　　）。

    A. 内转向轮与地面接触点间的距离

    B. 外转向轮与地面接触点间的距离

    C. 内转向轮之间的距离

    D. 外转向轮之间的距离

2. 采用齿轮、齿条式转向器时，不需要（　　　），所以结构简单。

    A. 转向节臂　　　　B. 转向摇臂　　　　C. 转向直拉杆　　　　D. 转向横拉杆

3. 在转向系统中起减速增矩，改变力的传递方向的是（　　　）。

    A. 转向盘　　　　B. 转向器　　　　C. 转向梯形　　　　D. 转向操纵拉杆

4. 以下不属于循环球式转向器特点的是（　　　）。

    A. 正传动效率高

    B. 自动回正作用好

    C. 使用寿命长

    D. 路面冲击力不易造成转向盘振动现象

三、简答题

1. 汽车转向系统分为哪几类？各由哪几部分组成？

2. 简述循环球式转向器的工作原理。

3. 简述流量控制式电控助力转向系统的工作原理。

4. 简述电控电动助力转向系统的工作原理。

5. 四轮转向系统有哪些优越性？简述电控四轮转向系统的工作原理。

第5章 汽车制动系统

教学目标：

1. 掌握汽车制动系统的分类、结构及工作原理。
2. 掌握制动器（鼓式、盘式）的结构及工作原理。
3. 掌握制动传动装置（机械、液压、气压）的组成及工作原理。
4. 掌握防抱制动系统（ABS）的作用、基本组成、分类及工作原理。
5. 理解驱动防滑系统（ASR）的基本作用与结构原理。
6. 理解车身电子稳定系统（ESP）的基本作用与结构原理。

思考：

汽车在行驶的过程中，需要根据路况适时减速甚至停车，在停车时能够可靠地驻停，汽车底盘中的制动系统是怎样实现这些功能的呢？

5.1 汽车制动系统概述

5.1.1 汽车制动系统的作用

汽车制动系统是指为了在技术上保证汽车的安全行驶，提高汽车的平均行驶速度等，而在汽车上设置的一套（或多套）能由驾驶人控制、产生与汽车行驶方向相反外力的装置。

汽车制动系统的作用是使行驶中的汽车按照驾驶人的要求进行适时地强制减速甚至停车；使已停驶的汽车在各种道路条件下（包括在坡道上）稳定驻车；使下坡行驶的汽车速度保持稳定。

5.1.2 汽车制动系统的分类

1. 按功用分类

1）行车制动装置。行车时，驾驶人常使用的制动装置，一般用脚操纵，能产生较大的制动力。

2）驻车制动装置。驾驶人在停车时使用的制动装置，一般用手操纵，用于停车后防止汽车滑溜。它的制动器可装在变速器或分动器之后的传动轴上，因此称为中央制动装置；也可利用后桥车轮制动器兼充当驻车制动器，因此称为复合式制动器。

3）第二制动系统。当行车制动系统失效时仍然能够保证汽车实现减速或停车的装置。

4）辅助制动系统。在汽车下长坡时用以稳定车速的装置。经常行驶在山区的汽车，仅靠行车制动系统来达到连续下长坡时稳定车速的目的，可能会致使车轮制动器过热而降低制动效能，甚至会完全失效，因此许多汽车装有辅助制动系统。

2. 按制动能源分类

1）人力制动系统。指仅靠驾驶人施加于制动踏板或手柄上的力作为制动的动力源的制动系统，分为液压式和机械式两种。机械式仅用于驻车制动。

2）伺服制动系统。指兼用人力和发动机动力进行制动的制动系统。

3）动力制动系统。指利用发动机的动力所转化的气压或液压作为制动动力源的制动系统，由驾驶人通过制动踏板或手柄控制制动时刻与制动强度。其中按传力介质不同又分为气压式、全液压式、气顶液式。

3. 按传输方式分类

按制动能量的传输方式，汽车制动系统可分为机械式、液压式、气压式和电磁式。

5.1.3 汽车制动系统的基本组成与工作原理

1. 制动系统基本组成

制动系统主要由控制装置、传输装置和制动器3个主要部分组成。

1）控制装置是指由驾驶人直接操纵，向传输装置提供制动或控制所需能量的部件，包括产生制动动作和控制制动效果的各种部件，如制动踏板。

2）传输装置是指处于控制装置和制动器之间并使二者实现功能连接的零部件组合，包括将制动能量传输到制动器的各个部件及管路，如制动主缸、轮缸及连接管路。

3）制动器是指产生与车辆运动趋势相反的力的部件，汽车所使用的制动器都是摩擦制动器，也就是阻止汽车运动的制动力矩来源于固定元件和旋转工作表面之间的摩擦。

以液压制动系统为例（图5-1），它主要由车轮制动器和液压传动机构组成。车轮制动器由制动鼓、制动蹄、制动底板等组成。制动鼓8固定在车轮上，随车轮一同旋转，它的工作面是内圆柱面。固定不动的制动底板11有两个支承销12，支承着两个弧形制动蹄10的下端。制动蹄10的外圆面上装有摩擦片9，上端用制动蹄回位弹簧13拉紧压靠在轮缸活塞7上。

液压传动机构主要由制动踏板、推杆、制动主缸、制动轮缸和油管等组成。制动轮缸6也安装在制动底板11上，并用油管与车架上的制动主缸4相连通。主缸活塞3可由驾驶人通过制动踏板1来操纵。

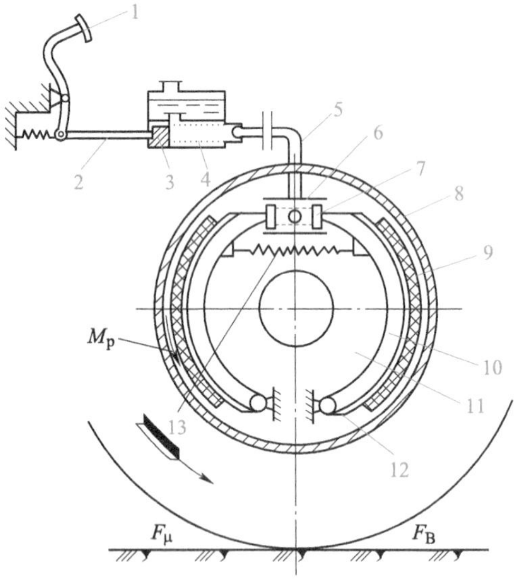

图 5-1 液压制动系统工作原理示意图
1—制动踏板 2—推杆 3—主缸活塞 4—制动主缸
5—油管 6—制动轮缸 7—轮缸活塞
8—制动鼓 9—摩擦片 10—制动蹄
11—制动底板 12—支承销 13—制动蹄回位弹簧

2. 制动系统工作原理

制动系统不工作时，制动鼓的内圆面与制动蹄摩擦片的外圆面之间保留有一定的间隙，使制动鼓可以随车轮自由旋转。

制动时，驾驶人踩下制动踏板，推杆推动主缸活塞，使制动主缸中的油液以一定压力流入制动轮缸，通过轮缸活塞使两制动蹄的上端向外张开，从而使摩擦片压紧在制动鼓的内圆面上。这样，不旋转的制动蹄就对旋转着的制动鼓产生一个摩擦力矩 M_p，方向与车轮旋转方向相反，迫使车轮停止转动。而汽车因惯性继续向前运动，由于车轮与路面间的附着作用，车轮即对路面作用一个向前的周缘力 F_μ。与此同时，路面给车轮作用一个向后的反作用力 F_B，即制动力。制动力 F_B 由车轮经车桥和悬架传递给车架和车身，迫使整个汽车产生一定的负加速度。制动力越大，负加速度也越大。

当松开制动踏板时，制动蹄回位弹簧将制动蹄拉回原位，摩擦力矩 M_p 和制动力 F_B 消失，制动作用解除。

5.1.4 汽车制动系统的要求

为了保证汽车能在行驶安全的条件下发挥出高速行驶的能力，制动系统必须满足以下要求：

1）具有良好的制动性能，包括良好的制动效能、良好的制动效能稳定性、良好的制动方向稳定性 3 个方面。

2）操纵轻便、灵敏，调整与维护便捷。

3）具有良好的制动平顺性，制动力矩既能迅速而平稳地增加，又能迅速而彻底地解除。

4）对挂车的制动系统，还要求挂车的制动作用时间应略早于主车；挂车自行脱钩时能自动进行应急制动。

5.2 制动器

案例： 一辆奥迪轿车，行驶里程为 60000km，车主反映制动时，制动距离过长，请读者在学习制动器后分析可能存在的故障原因。

制动器是制动系统中用来产生阻碍汽车运动或运动趋势的部件。制动器主要由旋转元件和固定元件两部分组成，利用旋转元件和固定元件的摩擦产生摩擦力矩，使其旋转角速度降低，依靠车轮与路面的附着作用产生制动力，达到减速的目的。

按旋转元件形状的不同，汽车制动器可分为鼓式和盘式两大类。鼓式制动器的摩擦副中的旋转元件为制动鼓，其工作表面为圆柱面；盘式制动器的旋转元件为盘状的制动盘，以两端面为工作表面。

按旋转元件安装位置，汽车制动器有中央制动器和车轮制动器两类。中央制动器的旋转元件固装在传动系统的传动轴上，一般只用于驻车制动和缓速制动。车轮制动器一般用于行车制动，也可兼用于第二制动（或应急制动）和驻车制动。

5.2.1 鼓式制动器

鼓式制动器摩擦副中的旋转元件是制动鼓，内圆柱面是其工作面；制动轮缸是制动鼓张开的驱动机构。用制动轮缸张开的鼓式制动器，按其结构与工作特点不同，又分为领从蹄式制动器、双领蹄式与双从蹄式制动器、双向双领蹄式制动器和自增力式制动器。

（1）领从蹄式制动器　领从蹄式制动器的结构如图5-2所示。制动时，两制动蹄在相同的制动轮缸9液压力作用下，绕各自的偏心调整螺钉1的轴线向外旋转张开，压靠到旋转的制动鼓上，制动蹄与制动鼓之间产生摩擦力矩（即制动力矩），其方向与车轮的旋转方向相反，对车轮产生制动作用。解除制动时，油压撤除，两制动蹄在回位弹簧10的作用下回位。

当汽车前进行驶时，制动鼓的旋转方向如图5-2中箭头所示。制动时，两制动蹄绕各自的支撑点向外旋转张开。制动蹄12的旋转方向与制动鼓的旋转方向相同，称为领蹄；制动蹄11的旋转方向与制动鼓的旋转方向相反，称为从蹄。当汽车倒驶制动时，制动蹄12变成从蹄，而制动蹄11则变成领蹄。这种在汽车前进制动和倒向行驶制动时，都有一个领蹄和一个从蹄的制动器即称为领从蹄式制动器。由于领蹄和从蹄所受的法向力不互相平衡，因此这种制动器也称为简单非平衡式制动器。不平衡的法向力由车轮轮毂轴承的反力来平衡，这就对轮毂轴承形成了附加径向载荷，会影响轮毂轴承的使用寿命。领从蹄式制动器受力情况如图5-3所示。

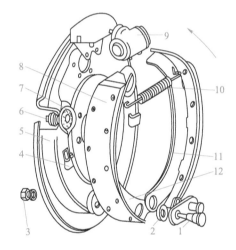

图5-2　领从蹄式制动器的结构

1—偏心调整螺钉　2—垫圈　3—锁止螺母　4—托架
5—制动底板　6—偏心轮调整螺钉　7—偏心轮
8—摩擦衬片　9—制动轮缸　10—回位弹簧　11、12—制动蹄

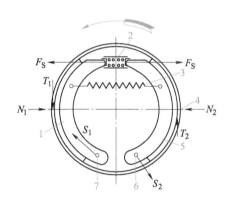

图5-3　领从蹄式制动器受力情况

1—领蹄　2—制动轮缸　3—回位弹簧
4—制动鼓　5—从蹄　6、7—支承销

（2）双领蹄式制动器　双领蹄式制动器在汽车前进时，两制动蹄均为领蹄的制动器称为双领蹄式制动器。双领蹄式制动器受力情况如图5-4所示，其总体结构与领从蹄式制动器相差不多。只是采用了两个单活塞式制动轮缸，且上下反向布置。制动蹄一端卡在制动轮缸活塞上，另一端铰接在支承销上。

在汽车前进时，该制动器的前、后蹄均为领蹄，故称为双领蹄式制动器。这种制动器前进时制动效能高，但在倒车制动时，两制动蹄都变成从蹄，制动效能下降很多。该制动器适用于作为

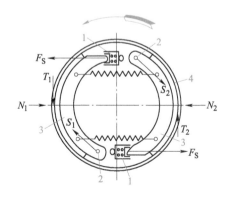

图5-4　双领蹄式制动器受力情况

1—制动轮缸　2—支承销　3—制动蹄　4—制动鼓

前轮制动器。

双领蹄式鼓式制动器的结构如图 5-5 所示。

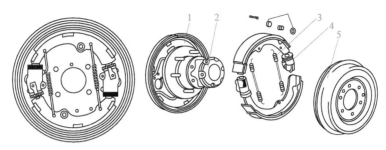

图 5-5　双领蹄式鼓式制动器的结构

1—制动底板　2—轮毂　3—回位弹簧　4—制动轮缸　5—制动鼓

（3）双从蹄式制动器　如将图 5-4 所示的制动器翻转 180°（图 5-6），便成为在汽车前进时两蹄均为从蹄的双从蹄式制动器。该制动器的结构与双领蹄式制动器很相似，差别仅在固定元件与旋转元件的相对运动方向不同。双从蹄式制动器的前进制动效能低于双领蹄式制动器的制动效能，但其制动效能对摩擦因数变化的敏感程度较小，即具有良好的制动效能稳定性。该制动器只在少数汽车上装用。

（4）双向双领蹄式制动器　不管是前进制动还是倒车制动，两个制动蹄都是领蹄的制动器称为双向双领蹄式制动器，如图 5-7、图 5-8 所示。

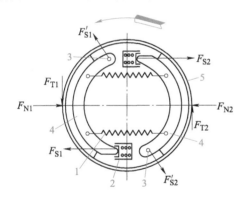

图 5-6　双从蹄式制动器受力情况

1—回位弹簧　2—制动轮缸

3—支承销　4—制动蹄　5—制动鼓

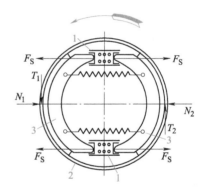

图 5-7　双向双领蹄式制动器受力情况

1—双活塞式制动轮缸　2—制动鼓　3—制动蹄

该制动器的结构特点有两个：一是采用两个双活塞式轮缸；二是两个制动蹄两端都采用浮式支撑，且支点在圆周方向也是浮动的。装用这种制动器的汽车无论是前进制动还是倒车制动，其制动效果一样。

双领蹄式、双从蹄式与双向双领蹄式制动器的固定元件都是中心对称布置的，如果间隙调整正确，两制动蹄对制动鼓所施加的法向作用力能够相互平衡，不会对轮毂轴承造成附加的径向载荷，因此，这 3 种制动器都是平衡式制动器。

（5）自增力式制动器　自增力式制动器分单向自增力和双向自增力两种，它们的结构区别在于轮缸中的活塞数目不同。

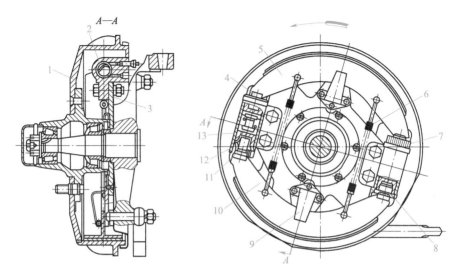

图 5-8　双向双领蹄式制动器的结构

1—制动鼓　2、13—制动轮缸　3—制动底板　4、8—支座　5—上制动蹄　6—制动蹄回位弹簧

7、12—调整螺母　9—制动蹄限位装置　10—下制动蹄　11—可调支座

　　双向自增力式制动器的结构原理如图 5-9 所示。当行车制动时，两制动蹄在相同的轮缸促动力 F_S 作用下同时向外张开，压靠到旋转的制动鼓上并由于摩擦力的作用，使两制动蹄均沿顺时针方向移动。当后制动蹄 3 尚未顶靠到支承销 5 时，前制动蹄 1 与制动鼓所产生的切向合力所造成的绕下支点的力矩与促动力所造成的绕同一支点的力矩同向，故前蹄为领蹄；当两制动蹄继续移动到后制动蹄 3 顶靠在支承销 5 上以后，前制动蹄 1 即对浮动的可调顶杆 2 产生作用力 F_S'，并间接作用在后制动蹄下端。此时后制动蹄上端为支撑点，在促动力 F_S 和 F_S' 共同作用下向外旋转张开，使该制动蹄也变成了领蹄，且此时后制动蹄对制动鼓的压力比前制动蹄还大，产生了自动增力作用。

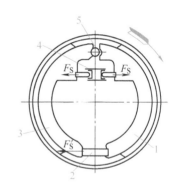

图 5-9　双向自增力式制动器结构原理

1—前制动蹄　2—顶杆　3—后制动蹄

4—轮缸　5—支承销

　　倒车制动时，两制动蹄的工作情况正好相反，此时前制动蹄具有自动增力效果。由于在行车制动和倒车制动时，制动器都具有自动增力作用，因此该种制动器称为双向自增力式制动器。日本丰田皇冠轿车、南京依维柯轻型货车、北京切诺基 BJ2021 轻型越野汽车的后轮制动器及北京 BJ1040 轻型货车的前轮制动器都采用了双向自增力式制动器。

　　各种结构形式的制动器都是围绕着提高制动效能、提高制动的平顺性和稳定性、简单和调修方便等方面来考虑的。单就制动效能而言，自增力式制动器的制动力矩最大，依次为双领蹄式、领从蹄式。但自增力式制动器的效能对摩擦因数的依赖性最大，因而其效能的稳定性最差。此外，在制动过程中，自增力式制动器制动力矩的增长在某些情况下显得过于急速。双向自增力式制动器多用于轿车后轮，单向自增力式制动器只用于中、轻型汽车的前轮，因倒车制动时对前轮制动器效能的要求不高。双领蹄式、双向双领蹄式和双从蹄式等具有两个轮缸的制动器，最宜布置双回路制动系统。领从蹄式制动器发展较早，其效能及效能稳定性均居中游，且有结构较简单等优点，故目前仍相当广泛地用于各种汽车。

5.2.2 盘式制动器

盘式制动器由旋转元件（制动盘）和固定元件（制动钳）组成。制动盘是摩擦副中的旋转件，以金属圆盘的端面为工作面。制动钳由装在横跨制动盘两侧的钳形支架中的制动块和促动装置组成。制动块由工作面积不大的摩擦块和金属背板组成。

按摩擦副中固定元件的结构分类，盘式制动器有钳盘式和全盘式两大类。全盘式制动器制动盘的全部工作面可同时与摩擦片接触。全盘式制动器主要用于重型汽车。钳盘式制动器又可分为固定钳盘式和浮动钳盘式两种。钳盘式制动器由工作面积不大的摩擦块与其金属背板组成制动块；每个制动器中有 2~4 块制动块，这些制动块及其促动装置都装在横跨制动盘两侧的钳形支架中，称为制动钳。钳盘式制动器散热能力强，热稳定性好，轿车和轻型货车广泛采用这种制动器。

1. 固定钳盘式制动器

固定钳盘式制动器的基本结构如图 5-10 所示。制动盘 2 固定在轮毂上。制动钳固定在车桥的转向节凸缘 10 上，既不能旋转也不能沿制动盘轴线方向移动。制动钳内装有两个制动轮缸活塞 8，分别压住制动盘两侧的制动块 7。当驾驶人踩下制动踏板使汽车制动时，制动轮缸的液压上升，活塞 8 被微量顶出，使两侧的制动块 7 同时夹紧制动盘 2 产生制动。此时活塞 8 上矩形橡胶密封圈的刃边在活塞摩擦力的作用下，产生弹性变形，如图 5-11a 所示。其极限变形量应等于（制动器间隙为设定值时）完全制动时所需的活塞行程。解除制动时，活塞 8 在密封圈的弹力作用下复位，直至密封圈变形完全消失为止，此时摩擦片与制动盘 2 之间的间隙即为设定间隙。制动器存在过量间隙，制动时活塞密封圈变形达到极限

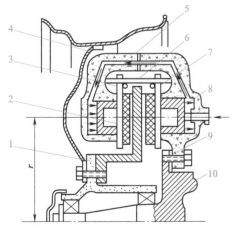

图 5-10 固定钳盘式制动器的基本结构

1—轮毂凸缘 2—制动盘 3—回位弹簧 4—轮辐
5—钳体 6—导向支承销 7—制动块 8—活塞
9—调整垫片 10—转向节或桥壳凸缘
r—制动盘摩擦半径

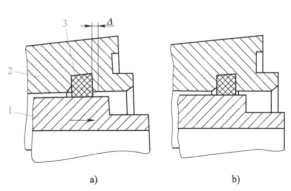

图 5-11 活塞密封圈的工作情况

a）制动状态 b）不制动状态

1—活塞 2—制动钳体 3—密封圈

值后，轮缸活塞在液压作用下克服密封圈的摩擦力而继续移动，直到完全制动为止。但解除制动后，活塞密封圈将活塞拉回的距离为制动器的间隙恢复到设定值。由此可见，密封圈能兼起活塞回位弹簧和一次调准式间隙自调装置的作用，使得制动钳结构简单、造价低廉，故在轻、中型轿车上得到广泛应用，但这种结构对橡胶密封圈的弹性、耐热性、耐磨性及加工精度要求较高，而且所能保持制动器的间隙较小，在保证彻底解除制动方面还不够可靠。

固定钳盘式制动器存在着以下缺点：

1）液压缸较多，使制动钳结构复杂。

2）液压缸分置于制动盘两侧，必须用跨越制动盘的钳内油道或外部油管来连通，这必然使得制动钳的尺寸过大，难以安装在现代化轿车的轮辋内。

3）热负荷大时，液压缸（特别是外侧液压缸）和跨越制动盘的油管或油道中的制动液容易受热汽化。

4）若要兼用于驻车制动，则必须加装一个机械促动的驻车制动钳。

这些缺点使得固定钳盘式制动器难以适应现代汽车的使用要求，故自20世纪70年代以来，大部分汽车使用下述的浮动钳盘式制动器。

2. 浮动钳盘式制动器

图 5-12 所示是浮动钳盘式制动器工作原理示意图。它只在制动盘 4 的内侧设置液压缸，外侧的制动块附装在制动钳体 1 上。制动钳支架 3 固定在转向节上，制动钳体 1 与制动钳支架 3 可沿装在制动钳支架上的导向销 2 轴向滑动。制动时，活塞 8 在液压力 F_{p_1} 作用下，将活动制动块 6（带摩擦块磨损报警装置）推向制动盘 4。与此同时，作用在制动钳体 1 上的反作用力 F_{p_2} 推动制动钳体沿导向销 2 向右移动，使固定在制动钳体上的固定制动块 5 压靠到制动盘上。于是制动盘两侧的摩擦块在 F_{p_1} 和 F_{p_2} 的作用下夹紧制动盘，使之在制动盘上产生与运动方向相反的制动力矩，促使汽车制动。

与固定钳盘式制动器相比，浮动钳盘式制动器的单侧液压缸结构不需要跨越制动盘的油道，因此

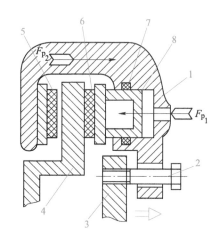

图 5-12　浮动钳盘式制动器工作原理示意图
1—制动钳体　2—导向销　3—制动钳支架
4—制动盘　5—固定制动块　6—活动制动块
7—活塞密封圈　8—活塞

不仅轴向和径向尺寸较小，还可能布置得更接近车轮轮毂，而且制动液受热汽化的机会较少。

3. 盘式制动器与鼓式制动器的比较

1）盘式制动器与鼓式制动器相比，有如下优点：①一般无摩擦助势作用，因而制动器效能受摩擦因数的影响较小，即效能较稳定；②在输出制动力矩相同的情况下，尺寸和质量一般较小；③浸水后效能降低不大，而且只需经 1~2 次制动即可恢复正常；④制动盘厚度方向的热膨胀量小，不会像制动鼓热膨胀那样使制动器间隙明显增加而导致制动踏板行程过大；⑤较容易实现间隙自动调整，其他维修作业也较简便。

2）盘式制动器的不足之处有：①制动效能较低，故用于液压制动系统时所需制动促动管路压力较高，一般要用伺服装置；②兼用于驻车制动时，需要加装的驻车制动传动装置，较鼓式制动器复杂，因而在后轮上的应用受到限制。目前，盘式制动器已广泛应用于轿车，

以获得汽车在较高车速下制动的方向稳定性。

5.2.3　驻车制动器

驻车制动器又称手制动器，其主要作用是使汽车可靠地停驻，便于在坡道上起步，在行车制动器失效后临时使用或配合行车制动器进行紧急制动。按照安装位置的不同，驻车制动器可分为中央制动式和车轮制动式两种。

中央制动式驻车制动器安装在变速器或分动器之后，制动力矩作用在传动轴上。车轮制动式驻车制动器与行车制动器共用一套制动器总成，只是传动结构是相互独立的，按结构形式的不同，分为蹄盘式和鼓式两种。

中央制动式驻车制动器如图 5-13 所示，其制动鼓通过螺栓与变速器输出轴的凸缘盘紧固在一起，制动底板固定在变速器输出轴轴承盖上，两个制动蹄通过偏心支承销支承在制动底板上，其上端装有滚轮 7，在回位弹簧 9 的作用下滚轮 7 紧靠在凸轮的两侧，凸轮轴 6 支承在制动底板的上部，轴外端与摆臂 3 连接，摆臂的另一端与穿过压紧弹簧的拉杆 4 相连，拉杆 4 再通过摆臂 11、传动杆 12 与驻车制动杆 15 相连。驻车制动杆 15 上连有锁止棘爪 13，驻车制动器工作时，锁止棘爪 13 嵌入齿扇上的棘齿内，起锁止作用。解

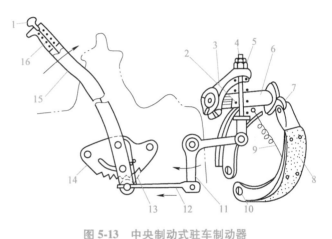

图 5-13　中央制动式驻车制动器

1—按钮　2—压紧弹簧　3、11—摆臂　4—拉杆　5—调整螺母
6—凸轮轴　7—滚轮　8—制动蹄　9—回位弹簧
10—偏心支承销孔　12—传动杆　13—锁止棘爪
14—齿扇　15—驻车制动杆　16—拉杆弹簧

除制动时，需按下驻车制动杆上的按钮 1 使锁止棘爪脱离棘齿才能搬动驻车制动杆 15。

汽车驻车制动器多采用鼓式制动器，如轿车一般是前轮为盘式制动器，后轮为鼓式制动器，后轮的鼓式制动器兼起驻车制动器。为了提高制动效能，越来越多的轿车前、后轮皆采用盘式制动器，但为了进行驻车制动，将后轮的盘式制动器又增加了一个鼓式制动器，即所谓的"盘中鼓"。对于中型以上的客、货车多采用中央制动器。

目前，越来越多的车型采用电子驻车制动系统（Electrical Park Brake，EPB），电子驻车制动系统由电子控制按钮通过电动机卡紧制动器，产生制动力，从而实现停车制动。起步时可不用手动关闭电子驻车制动系统，踩加速踏板起步时电子驻车制动系统会自动关闭。

5.3　制动传动装置

案例：一辆标致轿车，行驶里程为 30000km，车主反映，制动时需要将制动踏板踩到很低的位置才会有制动力，这是什么原因呢？通过汽车制动传动装置的学习，请读者分析可能存在的故障原因。

5.3.1 汽车制动传动装置的类型

汽车制动传动装置将驾驶人或其他动力源的作用力传到制动器，并控制制动器工作，从而获得所需要的制动力矩。按传力介质的不同，制动传动装置可分为液压式、气压式和气液综合式；按制动管路套数的不同，有单管路和双管路制动传动装置。现代汽车的行车制动系统都必须采用双管路制动传动装置。

5.3.2 液压制动传动装置

液压制动传动装置是利用液压油，将制动踏板力转换为液压力，通过管路传至车轮制动器，再将液压力转变为制动蹄张开的机械推力。双回路液压传动装置是利用相互独立的双腔制动主缸，通过两套独立管路，分别控制两桥或三桥的车轮制动器。其特点是若其中一套管路发生故障而失效时，另一套管路仍能继续起制动作用，从而提高了汽车制动的可靠性和行车安全性。

1. 双回路液压制动传动装置的布置形式

双回路液压制动传动装置由制动踏板、双腔式制动主缸、前后车轮制动器以及油管等组成。制动主缸的前后腔分别与前后轮制动轮缸之间通过油管连接，并充满液压油。双回路液压制动传动装置在各型汽车上的布置方案各不相同，可归纳为如下几种：一轴对一轴（II）型、交叉（X）型、一轴半对

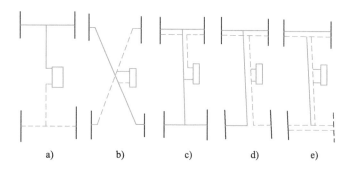

图 5-14 双管路液压制动传动装置布置形式

a）一轴对一轴（II）型　b）交叉（X）型　c）一轴半对半轴（HI）型
d）半轴-轮对半轴-轮（LL）型　e）双半轴对双半轴（HH）型

半轴（HI）型、半轴-轮对半轴-轮（LL）型、双半轴对双半轴（HH）型，其布置形式如图 5-14 所示。

（1）一轴对一轴（II）型（图 5-14a）　其特点是：前轴制动器与后轴制动器各有一套管路。这种布置形式最为简单，可与单轮缸鼓式制动器配合使用，是发动机前置、后轮驱动式汽车，如南京依维柯汽车、广州标致轿车等广泛采用的一种布置形式。其缺点是，当一套管路失效时，前、后桥制动力分配的比值被破坏。

（2）交叉（X）型（图 5-14b）　其特点是：一轴的一侧车轮制动器与另一轴对侧车轮制动器同属一个管路。在任一管路失效时，剩余总制动力都能保持正常值的 50%，且前、后桥制动力分配比值保持不变，有利于提高制动稳定性。这种布置形式多用于发动机前置、前轮驱动的轿车上，如上海桑塔纳、一汽奥迪 100、二汽富康-雪铁龙、天津夏利轿车等。

（3）一轴半对半轴（HI）型（图 5-14c）　其特点是：每侧前轮制动器的半数轮缸和全部后轮制动器轮缸属于一套管路，其余的前轮轮缸属于另一套管路。

（4）半轴-轮对半轴-轮（LL）型（图 5-14d）　其特点是：两套管路分别对两侧前轮制动器的半数轮缸和一个后轮制动器起作用。

（5）双半轴对双半轴（HH）型（图 5-14e）　　其特点是：每套管路均只对每个前、后轮制动器的半数轮缸起作用。

以上各种布置形式中，HI、LL、HH 型较为复杂，故应用较少。

2. 液压制动传动装置的构造

（1）**总体构造**　液压制动传动装置如图 5-15 所示，主要由制动踏板、制动主缸、制动轮缸、制动器和油管等组成。制动踏板和制动主缸装在车架上，制动轮缸装在制动底板上，主缸与轮缸内均装有活塞，并用油管连通。连接油管多用钢管，部分有相对运动的区段则用高强度的橡胶软管连接。制动前整个系统充满了制动油液。

制动时，驾驶人踩下制动踏板 5，先使串联式双腔制动主缸 2 的后腔活塞工作，再使前腔活塞工作，将油液从串联式双腔制动主缸中压出并经油管

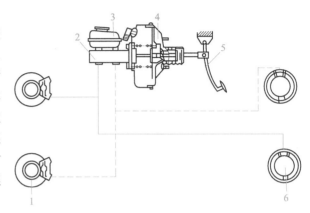

图 5-15　液压制动传动装置
1—盘式制动器（前轮）　2—串联式双腔制动主缸
3—储液室　4—真空助力器　5—制动踏板
6—鼓式制动器（后轮，兼作驻车制动器）

同时分别注入前、后各车轮轮缸内，使轮缸活塞向外移动，从而将制动蹄压靠到制动鼓（盘）上，使汽车产生制动。放开制动踏板时，制动蹄和轮缸活塞在回位弹簧的作用下回位，将制动油液压回串联式双腔制动主缸，制动作用即行解除。

管路液压和制动器产生的制动力矩与踏板力成线性关系，若轮胎与路面间的附着力足够，汽车所受到的制动力也与踏板力成线性关系。这种特性称为制动踏板感，俗称"路感"，由此驾驶人可直接感觉到汽车的制动强度，以便及时进行必要的调节和控制。这种制动系统的特性是：如其中一回路失效，剩余的总制动力仍能保持正常的 50%，即使正常工作回路中的制动器抱死侧滑，失效回路中未被制动的车轮仍能传递侧向力，前、后轮制动力分配达到 3.36：1。当汽车在高速状态下制动时，均能确保后轮不抱死，或者前轮比后轮先抱死，以避免后轮失去侧向附着力，进而导致汽车失去控制。

（2）**制动主缸**　其作用是将由制动踏板输入的机械能转换成液压能。现代汽车一般采用串联式双腔制动主缸，相当于两个单腔制动主缸串联在一起而构成，如图 5-16 所示。主缸的壳体装有前缸（第二）活塞 7、后缸（第一）活塞 12 及前缸弹簧 21、后缸弹簧 18；前缸活塞用前缸密封圈 19 密封；后缸活塞用后缸密封圈 16 密封，并用挡圈 13 定位。两个储液筒分别与前腔 B、后腔 A 相通，通过各自的出油阀 3 与前、后制动轮缸相通，前缸活塞靠后缸活塞的液力推动，而后缸活塞直接由推杆 15 推动。

主缸不工作时，前、后腔内的活塞头部与皮碗正好位于各自的旁通孔 11 和补偿孔 10 之间。前缸活塞回位弹簧的弹力大于后缸活塞回位弹簧的弹力，以保证两个活塞不工作时都处于正确的位置。

踩下制动踏板制动时，踏板力通过传动机构传到推杆 15，并推动后缸（第一）活塞 12 向前移动，皮碗盖住补偿孔 10 后，后腔压力升高。在后腔液压和后缸弹簧力的作用下，推动前缸（第二）活塞 7 向前移动，前腔压力也随之升高。当继续下踩制动踏板时，前、后

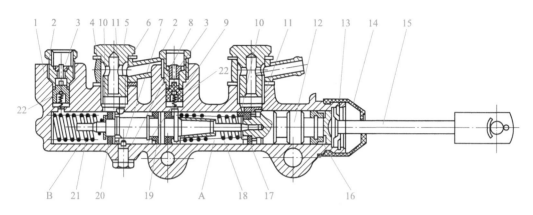

图 5-16　串联式双腔制动主缸

1—主缸缸体　2—出油阀座　3—出油阀　4—进油管接头　5—空心螺栓　6—密封垫　7—前缸（第二）活塞
8—定位螺钉　9—密封垫　10—补偿孔　11—旁通孔　12—后缸（第一）活塞　13—挡圈　14—护罩　15—推杆
16—后缸密封圈　17—后活塞皮碗　18—后缸弹簧　19—前缸密封圈　20—前活塞皮碗
21—前缸弹簧　22—回油阀　A—后腔　B—前腔

腔的液压继续升高，使前、后制动器产生制动。

放松制动踏板，在前、后活塞弹簧的作用下，主缸中的活塞和推杆回到初始位置，管路中的油液推开回油阀 22 流回到主缸，从而解除制动。

为了保证制动主缸活塞在解除制动后能退回到适当位置，在不工作时，推杆的头部与活塞背面之间应留有一定的间隙。为了消除这一间隙所需的踏板行程称为制动自由行程。该行程过大将使制动失灵，过小则使制动解除不彻底。

（3）制动轮缸　其作用是将主缸传来的液压力转变为机械推力，以使制动蹄张开。对不同结构车轮制动器，轮缸的数目和结构形式也不同，通常分为双活塞式和单活塞式两类，其工作原理基本相同。单活塞式制动轮缸如图 5-17 所示，它借活塞端面凸台来保持进油间隙。为缩小轴向尺寸，液腔密封采用装在活塞导向面上的密封圈。目前，这种制动轮缸趋于淘汰。双活塞式制

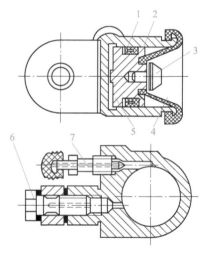

图 5-17　单活塞式制动轮缸
1—密封圈　2—缸体　3—顶块　4—防护罩
5—活塞　6—进油管接头　7—放气阀

动轮缸如图 5-18 所示，缸体用螺栓固定在制动底板上，缸内有两个活塞，二者之间的间隙形成轮缸内腔。每个活塞上装有一个密封圈以使内腔密封。制动时，制动液自油管接头和进油孔进入内腔，活塞在液压作用下外移，通过顶块和支撑盖推动制动蹄，使车轮制动。防护罩除防尘外，还可防止水分进入，以免活塞和轮缸生锈而卡住。该装置制动柔和灵敏、结构简单、使用方便、不消耗发动机功率。但操纵较费力，制动力不是很大，液压油低温流动性差，高温时易产生气阻，如有空气侵入或漏油会使制动效能降低甚至失效。通常在液压制动传动装置中增设制动增压或助力装置，使制动系统操纵轻便并增大制动力，构成真空液压制动传动装置。

（4）制动液　制动液是液压制动系统中传递制动压力的液态介质，常用于采用液压制动系统的车辆中。制动液又称刹车油，它的英文名为 Brake Fluid，是制动系统中不可缺的部分，而在制动系统之中，它可作为力传递的介质，因为液体是不能被压缩的，所以从总泵输出的压力会通过制动液直接传递至分泵之中。

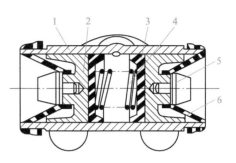

图 5-18　双活塞式制动轮缸
1—缸体　2—活塞　3—密封圈　4—弹簧
5—顶块　6—防护罩

制动液的好坏对制动系统工作可靠性有很大影响，为此对制动液的性能有如下要求：黏温性好，凝固点低，低温流动性好；沸点高，高温下不产生气阻；使用过程中品质变化小，并不引起金属件和橡胶件的腐蚀和变质；吸水性差而溶水性良好；能对液压系统的运动件起到良好的润滑作用。

5.3.3　真空液压制动传动装置

真空液压制动传动装置是以发动机工作时在进气管中产生的真空度（或利用真空泵）为力源的动力制动传动装置。在人力液压制动传动装置的基础上，加装一套真空加力装置便构成真空液压制动传动装置，有真空增压式和真空助力式两种。真空增压式装在制动主缸之后，利用真空度对制动主缸输出的油液进行增压；真空助力式装在制动踏板与制动主缸之间，利用真空度对制动踏板进行助力。

1. 真空增压式液压制动传动装置

图 5-19 所示为真空增压式液压制动传动装置示意图。它是在人力液压制动系统的基础上，加装一套由发动机进气管（真空源）、真空单向阀、真空筒控制阀、伺服气室及辅助缸等组成的真空增压系统构成的。发动机怠速时，进气管 1 内真空度很高，在此真空度的作用下，真空筒 3 的空气经真空单向阀 2 吸入发动机，因而真空筒 3 中也形成一定的真空度，构成制动时的加力力源（对柴油发动机，由于进气管的真空度不高，需另装真空泵作为动力源）。在工作过程中最高真空度可达 0.07MPa。当踩下制

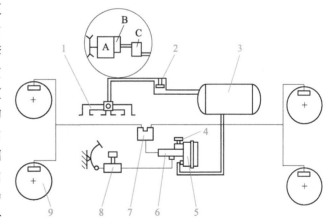

图 5-19　真空增压式液压制动传动装置示意图
1—进气管　2—真空单向阀　3—真空筒　4—控制阀　5—真空伺服气室
6—辅助缸　7—双活塞安全缸　8—制动主缸　9—车轮制动器
A—发动机　B—真空泵　C—单向阀

动踏板时，从制动主缸 8 中压出的制动油液先进入辅助缸 6，液压力由此传入前、后制动轮缸，同时又作用于控制阀 4，使真空伺服气室 5 起作用，而对辅助缸进行增压，使由此输送至制动轮缸的液压远远高于制动主缸，真空增压系统起增压作用。

真空增压器由辅助缸、控制阀和加力装置等组成，国产 66-IV 型真空增压器的构造如图 5-20 所示。踩下制动踏板时（图 5-21a），制动液便从制动主缸流入辅助缸，由于此时球阀 24 仍是开启的，故制动液经过辅助缸活塞 25 上的孔进入各制动轮缸，轮缸液压等于主缸液压。与此同时，辅助缸的液压还作用在控制阀活塞 1 上，并推膜片座 4 使真空阀 5 的开度逐渐减小直至关闭，使上腔 B 和下腔 C 隔绝；再开启大气阀 6。于是，外界空气便经进气滤清器流入控制阀上腔 B 和右腔 A，降低了真空度；而此时下腔 C 和左腔 D 中的真空度仍保持不变。在 D、A 两腔压力差的作用下，伺服气室膜片 14 带动伺服气室推杆 18 左移，球阀 24 关闭，这样，制动主缸与辅助缸左腔隔绝。此时，辅助缸活塞 25 上有两个作用力：一是主缸的液压力，二是推杆的推力，辅助缸左腔和各轮缸的压力高于主缸压力，起到增压作用。在 A、B 两腔真空度降低（压力升高）过程中，控制阀膜片 3 和阀门组渐渐下移，当 A、B 两腔的真空度下降到一定数值时，大气阀 6 关闭而使真空度保持恒定，这一稳定值的大小取决于制动主缸压力，而制动主缸压力又取决于制动踏板力和踏板行程。当松开制动踏板时，制动主缸液压力下降，控制阀平衡状态被破坏，控制阀活塞 1 及膜片座 4 下移，真空阀开启，A、B 两腔压力降低，D、A 两腔压差减小，增压作用降低，制动强度减弱。当制动踏板完全放松时，所有运动件在各自回位弹簧作用下复位（图 5-21b），A、B、C、D 腔又都具有一定真空度，为下次制动做好准备。

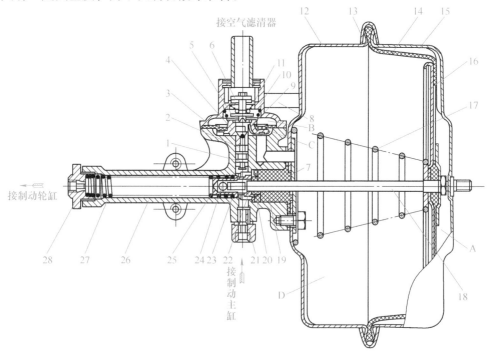

图 5-20　国产 66-IV 型真空增压器的构造

1—控制阀活塞　2、23—密封圈　3—控制阀膜片　4—膜片座（带真空阀座）　5—真空阀　6—大气阀
7—连接块　8—气管　9—控制阀膜片回位弹簧　10—控制阀体（带大气阀座）　11—阀门弹簧　12—伺服气室前壳体
13—卡箍　14—伺服气室膜片　15—伺服气室后壳体　16—膜片托盘　17—伺服气室膜片回位弹簧　18—伺服气室推杆
19—密封圈座　20—密封圈　21—辅助缸进油接头　22—活塞限位座　24—球阀　25—辅助缸活塞　26—辅助缸体
27—辅助缸活塞回位弹簧　28—辅助缸出油接头　A—右腔　B—上腔　C—下腔　D—左腔

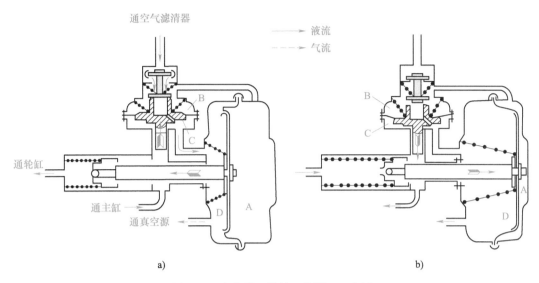

图 5-21　真空增压器的工作原理示意图

a）踩下制动踏板时　b）放松制动踏板时

2. 真空助力式液压制动传动装置

　　如图 5-22 所示为一汽红旗 CA7220 型轿车的真空助力式液压制动传动装置示意图。它采用的是交叉型（X）布置的双回路液压制动系统，即左前轮缸与右后轮缸为同一液压回路，右前轮缸与左后轮缸为另一液压回路，制动主缸 4 装在伺服气室 3 前端，前腔通往左前轮制动器轮缸 11，并经感载比例阀 9 通向右后轮制动器轮缸 13；后腔通往右前轮制动器轮缸 12，并经感载比例阀 9 通向左后轮制动器轮缸 10。真空单向阀 8 直接装在伺服气室 3 上。伺服气室 3 工作时产生的推力，同踏板力一样，也直接作用在制动主缸 4 的活塞推杆上。伺服气室 3 和控制阀 2 组合成一个整体部件，称为真空助力器。

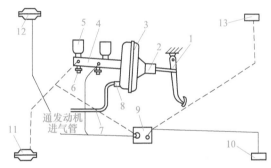

图 5-22　真空助力式液压制动传动装置示意图

1—制动踏板机构　2—控制阀　3—伺服气室
4—制动主缸　5—储液罐　6—制动信号灯液压开关
7—真空供能管路　8—真空单向阀　9—感载比例阀
10—左后轮制动器轮缸　11—左前轮制动器轮缸
12—右前轮制动器轮缸　13—右后轮制动器轮缸

　　真空助力器一般位于制动踏板与制动主缸之间，为便于安装，通常与主缸合成一个组件，主缸的一部分深入真空助力器壳体内。其主要由真空伺服气室和控制阀组成，其结构如图 5-23 所示，控制阀部分放大后如图 5-23b 和图 5-23c 所示。制动时，踩下制动踏板，踏板力推动控制阀推杆 12 和控制阀柱塞 18 向前移动，在消除柱塞与橡胶反作用盘 7 之间的间隙后，再继续推动制动主缸推杆 2，主缸内的制动液压油以一定压力流入制动轮缸。与此同时，在阀门弹簧 16 的作用下，真空阀 9 也随之向前移动，直到压靠在伺服气室膜片座 8 的阀座上，从而使通道 A 与 B 隔绝，即伺服室前、后腔隔绝。

与此同时，真空阀 9 离开大气阀座 10，大气阀打开，大气经过滤环 11、大气阀的开口和通道 B 充入伺服气室后腔。伺服气室因前、后腔的压差而产生推力，此推力通过伺服气室膜片座 8、橡胶反作用盘 7 推动制动主缸推杆 2 向前移动，此时制动主缸推杆上的作用力（即踏板力）和伺服气室反作用盘推力的总和，使制动主缸输出压力成倍增高。解除制动时，控制阀推杆弹簧 15 使控制阀推杆和大气阀向右移动，真空阀离开伺服气室膜片座 8 上阀座，真空阀开启。伺服气室前、后腔相通均为真空状态。膜片座和膜片在回位弹簧作用下回位，制动主缸解除制动。

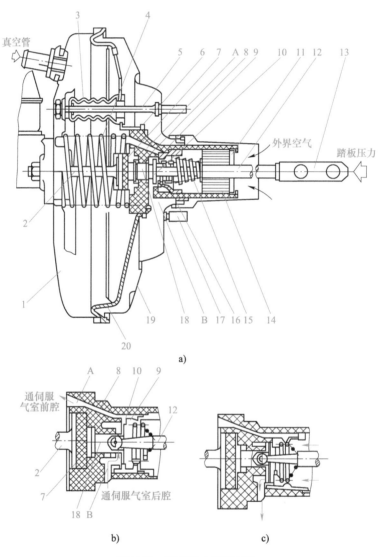

图 5-23　真空助力器的结构

1—伺服气室前壳体　2—制动主缸推杆　3—导向螺栓密封套　4—膜片回位弹簧　5—导向螺栓　6—控制阀
7—橡胶反作用盘　8—伺服气室膜片座　9—真空阀　10—大气阀座　11—过滤环　12—控制阀推杆　13—调整叉
14—毛毡过滤环　15—控制阀推杆弹簧　16—阀门弹簧　17—螺栓　18—控制阀柱塞
19—伺服气室后壳体　20—伺服气室膜片

5.3.4 气压制动传动装置

液压制动传动装置靠人力的作用制动，但对于重型车辆，需要更大的制动力。在助力制动系统中，制动所用的能量主要是由汽车发动机驱动的空气压缩机产生的气压能或由液压泵形成的液压能，驾驶人仅作为控制能源。

气压制动传动装置利用压缩空气作为动力源，并将压力转变为机械推力，使车轮产生制动。驾驶人可通过控制制动踏板的行程，便可调整气体压力的大小，来获得不同的制动力，从而得到不同的制动强度。气压制动传动装置的特点是制动踏板行程较短、操纵轻便、制动力较大、消耗发动机的动力、结构复杂、制动不如液压式柔和，一般用于中、重型汽车上。

1. 双回路气压制动传动装置的基本构造

图 5-24 所示为解放 CA1091 型汽车双回路气压制动传动装置的布置示意图。空气压缩机 1 由发动机驱动，其中的压缩空气经过单向阀 9 先流入湿储气筒 4（其上装有安全阀 5 和放气阀 3）。压缩空气在湿储气筒 4 内冷却，且在油水分离之后，分别经两个单向阀 9 进入储气筒 8 的前、后腔。储气筒 8 前腔与串联双腔式制动阀 14 的上腔相连，可向后制动气室 11 充气；储气筒 8 后腔与串联双腔式制动阀 14 的下腔相连，可向前制动气室 2 充气。

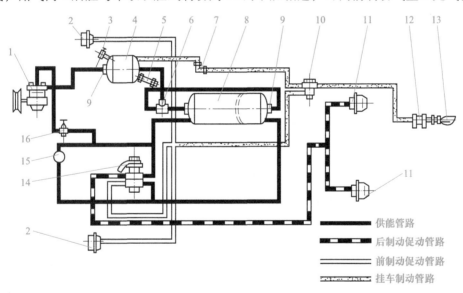

图 5-24 解放 CA1091 型汽车双回路气压制动传动装置的布置示意图
1—空气压缩机 2—前制动气室 3—放气阀 4—湿储气筒 5—安全阀 6—三通管
7—管接头 8—储气筒 9—单向阀 10—挂车制动阀 11—后制动气室 12—分离开关
13—连接头 14—串联双腔式制动阀 15—气压表 16—气压调节器

此外，储气筒 8 两腔的气压都经三通管与气压表 15 相连，气压表 15 为双指针式，上指针表示储气筒前腔气压，下指针表示储气筒后腔气压。并且，储气筒后腔还通过气管与单向阀 9 相连，当该储气筒后腔气压增大到规定值时，单向阀便使空气压缩机空转而停止向储气筒供气，储气筒最高气压为 0.8MPa。

当踏下制动踏板，通过拉杆机构拉动控制阀使之工作，储气筒前、后腔的压缩空气便通过串联双腔式制动阀的右腔和左腔进入前、后轮制动气室，使前、后轮制动。与此同时，通过前、后制动回路之间并联的双通单向阀接挂车制动控制阀，将湿储气筒与通向挂车的通路切断，使挂车进行放气制动。

2. 气压式制动传动装置主要部件的构造和工作原理

气压式制动传动装置主要由空气压缩机、调压阀、制动阀、制动气室、手动控制阀、快放阀与继动阀及其他有关附件组成。

（1）空气压缩机　它是整个制动系统的动力源。最常见的结构是空气冷却往复活塞式空气压缩机，它与往复活塞式发动机结构相似。空气压缩机按其气缸数量的不同可分为单缸式和双缸式两种。

以风冷单缸式空气压缩机为例，其结构如图 5-25 所示。空气压缩机固定于发动机一侧的支架上，由曲轴带轮通过齿轮或 V 带驱动。进气口 A 经气管通向空气滤清器 5，出气口 B 经气管通向湿储气筒。发动机运转时，空气压缩机随之运转。当活塞 1 下行时，进气阀 6 开启，外界空气经空气滤清器 5、进气阀 6 被吸入气缸。活塞 1 上行时，进气阀 6 在弹簧作用下关闭，气缸内空气被压缩并顶开出气阀 2，压缩空气经出气口 B 和气管送到湿储气筒。高压柱塞上部安有调压器，承受储气筒内的气压。当储气筒内的气压达到 0.7 ~ 0.81MPa 时，卸荷柱塞 3 顶开进气阀，使空气压缩机气缸与大气相通，不再压缩空气，卸掉活塞上的载荷，减少了发动机的功率损失。

（2）调压阀　其作用是保持储气筒内的气压在规定的范围内，且在过载时实现空气压缩机的卸荷空转，以减少发动机的功率消耗。

东风 EQ1090E 型汽车调压阀如图 5-26 所示。调压器由膜片组件、阀门、调压弹簧及壳体等机件组成。通储气罐管接头 1 接储气筒，管接头 10 接空气压缩机的卸荷装置。阀体 3 与阀盖 4 之间夹装有膜片组件 9。膜片组件 9 中心用螺纹联接着与阀体中央孔做间隙配合的芯管 8，其上部有径向孔，与其轴向孔道相通。其预紧力由调整螺钉 5 调定的调压弹簧 7 将膜片连同芯管 8 压推到下极限位置。芯管 8 下端面（出气阀座）紧密压住阀门 12，并使之离开阀体上的排气阀座。也就是说，调压阀的排气阀开启，出气阀关闭，此时空气压缩机卸荷气室与储气筒隔绝，而经调压阀的排气口 A 与大气相通。

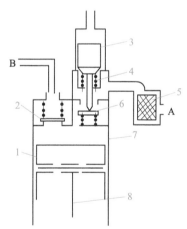

图 5-25　风冷单缸式空气压缩机的结构

1—活塞　2—出气阀　3—卸荷柱塞
4—柱塞弹簧　5—空气滤清器
6—进气阀　7—缸体　8—连杆
A—进气口　B—出气口

（3）制动阀　其作用是控制储气筒进入各个车轮制动气室和挂车制动控制阀的压缩空气量。它具有的随动作用可以保证足够强的"踏板感"，即在输入压力一定的情况下，使其输出压力与踏板行程成一定的递增关系，且保证输出压力渐进地变化。图 5-27 所示为东风 EQ1092 型汽车并列双腔膜片式制动阀。它主要由拉臂、上体、下体、平衡弹簧总成、滞后机构总成等组成。支架上装有限位螺钉，用以调整最大工作气压。拉臂上还装有锁紧螺母 26 和调整螺钉 27，用以调整踏板自由行程。上体内装有平衡弹簧总成（2、3、5），可上下移动。推杆 8 装入壳体中央压装衬套的孔内，能轴向移动。推杆上端与平衡弹簧座相抵，下端伸入平衡臂杠杆孔内。平衡臂杠杆两端压靠在两腔内膜片挺杆总成上。下体下部孔中安装有两个阀门，

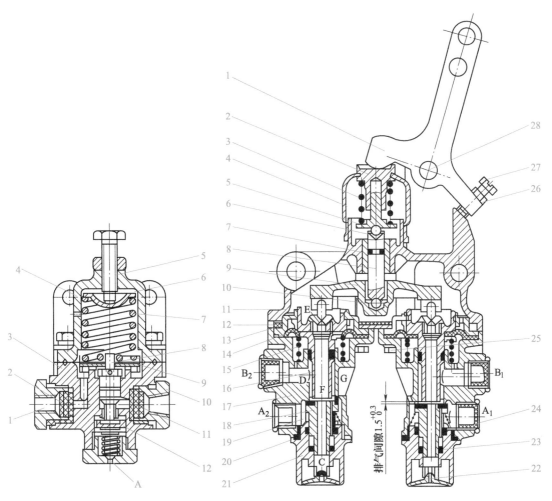

图 5-26　东风 EQ1090E 型汽车调压阀

1—通储气罐管接头　2—滤芯　3—阀体
4—阀盖　5—调整螺钉　6—弹簧座
7—调压弹簧　8—芯管　9—膜片组件
10—接空气压缩机卸荷装置管接头
11—密封圈　12—阀门　A—排气口

图 5-27　东风 EQ1092 型汽车并列双腔膜片式制动阀

1—拉臂　2—平衡弹簧上座　3—平衡弹簧　4—防尘罩
5—平衡弹簧下座　6、10—钢球　7、12、23、24—密封圈
8—推杆　9—平衡臂　11—上体　13—钢垫　14—膜片
15—膜片回位弹簧　16—芯管　17—下体　18—阀
19—阀门回位弹簧　20—密封垫　21—门导向座
22—防尘堵片　25—防尘堵塞（运输及储存时用）
26—锁紧螺母　27—调整螺钉　28—拉臂轴
A₁—进气口（通前制动储气筒）　A₂—进气口（通后制动储气筒）
B₁—出气口（通前制动气室及挂车空气管）
B₂—出气口（通后制动气室）　C—下部排气口　D—节流孔
E—上部排气口　F—排气阀座　G—进气阀座

两侧有 4 个接头孔，下方两个为进气口 A_1 和 A_2，上方两个为排气口 B_1 和 B_2。

　　并列双腔膜片式制动阀的工作过程如图 5-28 所示，踩下制动踏板时，拉动制动阀拉臂，将平衡弹簧上座 8 下压，经平衡弹簧下座 10、钢球 11，通过推杆 7 及钢球 11 压下平衡臂 12，推动两腔膜片总成下移。消除间隙后，先关闭排气阀口，再打开进气阀口，储气筒内的压缩空气经制动阀进入各制动气室，推杆推动调整臂使凸轮转动，制动蹄压向制动鼓，产生制动作用。

踩下制动踏板并停在某一位置不动时，由于压缩空气不断输送到前、后制动气室，同时压缩空气经节流孔进入平衡腔 V 的气压也随之增大。当膜片下方的总压力和回位弹簧的弹力之和大于平衡弹簧 9 的弹力时，膜片总成上移，通过平衡臂 12 顶着平衡弹簧下座 10 上移，平衡弹簧 9 被压缩，阀门将进气阀和排气阀同时关闭，储气筒停止对制动气室输送压缩空气，处于一种平衡状态。同样，各制动气室的压缩空气便保留在气室中，车轮应保持一定的制动强度，此时称为平衡过程。

放松制动踏板时，拉臂在回位弹簧的作用下回位，平衡弹簧座上端面的压力消除，推杆 7、平衡臂 12 和膜片总成均在回位弹簧及平衡腔内压缩空气的作用下向上移，排气阀口 E 打

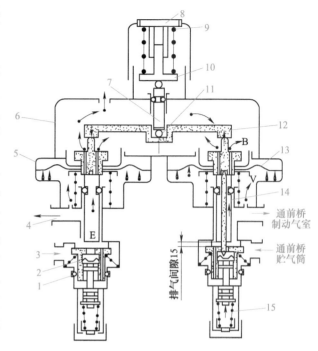

图 5-28　并列双腔膜片式制动阀的工作过程

1—密封圈　2—两用阀总成　3—通后桥储气筒
4—通后桥制动气室　5—下壳体　6—上壳体　7—推杆
8—平衡弹簧上座　9—平衡弹簧　10—平衡弹簧下座
11—钢球　12—平衡臂　13—膜片　14—膜片芯管　15—滞后弹簧
B—排气口　E—排气阀口　V—平衡腔

开，制动气室及制动管路的压缩空气便经排气阀口，穿过膜片芯管 14 内孔通道，从上体排气口 B 排入大气，同时，在回位弹簧的作用下，摩擦片与制动鼓分离，制动解除。

（4）制动气室　其作用是将输入的空气压力转变为转动制动凸轮的机械推力，使车轮制动器产生制动力矩。

东风 EQ1092 型汽车采用的膜片式制动气室如图 5-29 所示。它主要由盖 2、橡胶膜片 3、壳体 6、推杆 8 以及回位弹簧 5 等组成。夹布层橡胶膜片的周缘用卡箍 10 夹紧在壳体和盖的凸缘之间。盖与膜片之间为工作腔。用橡胶软管与由制动阀接出的钢管连通，膜片右方则通大气。弹簧通过焊接在推杆上的支承盘 4 推动膜片紧靠在盖的极限位置。

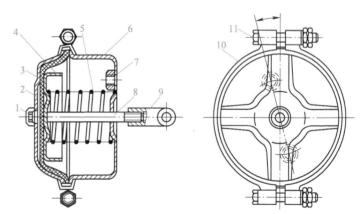

图 5-29　膜片式制动气室

1—进气口　2—盖　3—橡胶膜片　4—支承盘　5—回位弹簧
6—壳体　7—固定螺钉孔　8—推杆　9—连接叉　10—卡箍　11—螺栓

推杆的外端通过连接叉 9 与制动器的制动调整臂相连。制动时，膜片右移推动推杆，使调整臂转过一个角度。由于调整臂和凸轮轴相连，故凸轮转动使蹄片张开，紧贴制动鼓产生制动作用。

5.4 防抱制动系统（ABS）

案例：一辆别克轿车，ABS 故障灯点亮，ABS 不起作用，制动时车轮抱死。你知道是什么原因吗？读者通过学习防抱制动系统可以找到原因。

5.4.1 防抱制动系统（ABS）的功用

防抱制动系统（Antilock Braking System，ABS）被认为是汽车上采用安全带以来在安全性方面所取得的最为重要的技术成就，现已被广泛运用于汽车上。世界上最早的机械 ABS 是 1930 年瑞典工程师维奈发明的，采用 ABS 能有效地缩短制动距离，减少汽车侧滑，防止车轮抱死和弹跳，改善方向稳定性以及减轻轮胎磨损，保障制动平稳。采用 ABS 的各种汽车在紧急制动时不会有任何一个车轮被抱死，可以保持良好的附着力和转向性能，能够十分有效地提高汽车制动的安全性。

ABS 的功用是防止汽车制动时车轮抱死，并把车轮的滑移率保持在最佳滑移率范围内，以保证车轮与地面具有良好的附着力，有效防止制动时汽车侧滑、甩尾、失去转向等现象发生，提高了制动稳定性，同时缩短了制动距离，减少了轮胎磨损。

汽车在制动过程中，由驾驶人控制的促动力能源，通过制动器对车轮施加制动力矩，通过车轮与路面的附着作用，产生制动力。如果制动力小于轮胎与路面附着力，则汽车制动时会保持稳定状态，反之，如果制动力大于轮胎与路面附着力，则汽车制动时会出现车轮抱死和滑移。

当汽车直线行驶时，车轮抱死后，侧向附着系数基本为零，保持方向稳定性的车轮侧向力也接近于零。此时因路面不均匀、侧向风、左右轮地面制动力不相等引起的即使很小的偏转力矩，将会使汽车产生不规则运动而处于危险状态。

当汽车曲线行驶时，若只有前轮抱死，由于前轮的转向力基本为零，无法进行正常的转向操作，驾驶人无法控制汽车的运动方向。当只有后轮抱死时，后轮的侧向力接近于零，由于离心力和前轮转向力的作用，汽车不能保持原来的行驶方向，汽车将一边旋转一边沿曲线行驶，即发生甩尾现象。

所有的车轮全部抱死时，转向力、侧向力均接近于零。汽车完全失去操纵性和方向稳定性，进行与驾驶无关的不规则运动。

汽车制动时滑移程度用滑移率表示，其计算方法为

$$s = \frac{v - r_0 \omega}{v} \times 100\%$$

式中，s 为滑移率；v 为车速；ω 为车轮滚动角速度；r_0 为车轮运动半径。

如图 5-30 所示为路面附着系数与滑移率的关系，由试验得知，在当 $s = 0$ 时，车轮纯滚动，当 $s = 1$ 时，车轮被抱死。当滑移率 s 在 15%～20% 时，附着系数最大，可获得最大的总

制动力，同时不会丧失转向操纵性及产生甩尾，可以保持制动时行驶方向稳定性。所以在设计制动系统时，要能够使前、后车轮制动时不抱死，处于边滚动边滑动的滑转状态，滑移率保持在15%~20%，以获得最佳制动效果。

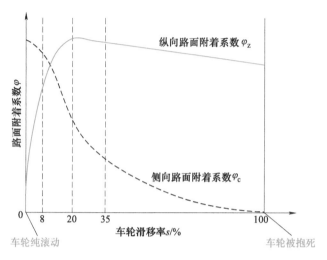

图5-30　路面附着系数与滑移率的关系

5.4.2　防抱制动系统（ABS）的组成

ABS根据其对制动压力的控制方式可分为机械式和电子式，目前大多数都采用电子式。该系统主要由车速传感器、电子控制单元及液压调节器3部分组成，如图5-31所示。

1. 车速传感器

车速传感器用来检测车轮转速，每个车轮安装一个。它一般采用磁脉冲式或霍尔效应式车速传感器。

2. 电子控制单元

ABS系统的电子控制单元，在汽车制动过程中会检测各车轮

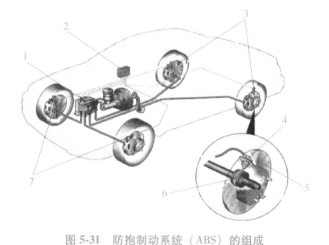

图5-31　防抱制动系统（ABS）的组成
1—ABS控制器　2—ABS控制单元　3—后轮车速传感器　4—感应器
5—制动盘　6—脉冲发生器　7—前轮车速传感器

车速传感器输入的信号，按特定的程序和计算方法，判断出哪一个车轮有抱死的趋势，并转变为控制信号，通过调节液压调节器中电磁阀的电流，改变滑阀的位置和制动液的流动方向，调节将要抱死的车轮制动器的制动力，以防止车轮抱死。

3. 液压调节器

液压调节器是ABS的执行机构。它安装在制动主缸与车轮制动器之间的管路上，用于在制动过程中，车轮有抱死趋势时，调节车轮制动器的制动力。

液压调节器一般由储油器、单向阀、回油泵、3 个或 4 个三位电磁阀等组成。

5.4.3　防抱制动系统（ABS）的类型

1. 按照汽车制动系统分类

1）液压制动系统 ABS。它广泛应用于轿车和轻型货车上。它又分为整体式、分离式和 ABS VI 型 3 种类型。

2）气压制动系统 ABS。它主要用于中、重型货车上，所装用的 ABS 按其结构原理主要分为 2 种类型：用于四轮后驱动气压制动汽车上的 ABS 和用于汽车挂车上的 ABS。

3）气顶液制动系统 ABS。这种 ABS 兼有气压和液压两种制动系统的特点，主要应用于中、重型货车上。它又分为通过对气顶液动力缸输入空气压力来控制制动压力的 ABS 和直接控制气顶液助力缸输出到各车轮制动轮缸液压力的 ABS。

2. 按照制动压力调节装置的布置分类

1）整体式 ABS。将制动压力调节装置和制动主缸组成总成的 ABS 称为整体式 ABS，它主要由制动缸、制动助力器（液压助力）、制动压力调节装置、电动泵总成及制动压力调节回路等组成。电动泵总成为回路提供高压，同时也提供主动助力。

2）分置式 ABS。具有独立的制动压力调节装置和独立的制动主缸的 ABS 称为分置式 ABS，它主要由带助力器（真空或液压助力）的制动总泵及分置的压力调节单元等组成，制动主缸产生的制动压力通过制动管路分配给各个车轮的制动器，压力调节装置独立地调节各个车轮制动器的制动压力，而不受制动踏板上作用力大小的影响。

3. 按照控制通道数目分类

根据 ABS 制动管路布置方式的不同，可分为四通道式、三通道式、双通道式、单通道式 4 种，ABS 通道布置分类如图 5-32 所示。

1）四通道式 ABS 属于四传感器、四通道、四轮独立控制式，根据各车轮轮速传感器输入信号分别对各个车轮进行独立控制，因此附着系数利用率高，制动时可以最大限度地利用每个车轮的最大附着力，如图 5-32a、b 所示。四通道控制方式特别适用于汽车左、右两侧车轮附着系数相近的路面，不仅可以获得良好的方向稳定性和转向控制能力，还可以获得最短的制动距离。如果汽车左、右轮附着力相差较大，制动时两个车轮的制动力就相差较大，因此制动时，汽车会向制动力较大一侧跑偏，不能保持汽车按预定方向行驶，会影响汽车制动时的方向稳定性。另外，这种系统造价高，所以实际中采用这种方式的汽车并不多。一汽红旗 CA718AE、CA7AE 等采用四通道式 ABS。

2）三通道式 ABS 有四传感器三通道式和三传感器三通道式两种，其中四传感器三通道式 ABS 又分前后布置和对角布置两种，如图 5-32c、d、e 所示。一般三通道 ABS 中，两前轮采用独立控制，两后轮按低选原则进行同时控制。三通道 ABS 在轿车上获得广泛应用，如桑塔纳 2000、一汽宝来、一汽大众捷达等轿车即采用这种形式。

3）双通道式 ABS 可以减少制动压力调节器的数量，降低系统成本，主要有四传感器式、三传感器式和两传感器式，如图 5-32f 所示。双通道 ABS 在方向稳定性、转向控制能力和制动效能各方面难以兼顾，目前很少采用。

4）单通道式 ABS 在后轮制动总管中设置一个制动压力调节器，在后驱动桥上安装一个传感器或者在两后轮上各安装一个传感器，如图 5-32g 所示。单通道式 ABS 结构简单、成本

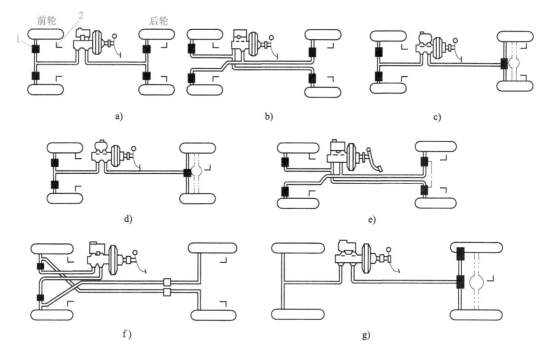

图 5-32　ABS 通道布置分类

a）四通道双管路前后布置　b）四通道双管路对角布置　c）四传感器三通道前后布置　d）三传感器三通道
e）四传感器三通道对角布置　f）四传感器双通道布置　g）单通道布置

1—制动压力调节器　2—传感器

低，所以单通道式 ABS 目前在一些轻型货车上仍广泛应用。

5.4.4　防抱制动系统（ABS）的工作原理

目前，ABS 生产厂家包括德国博世公司生产的博世（Bosch）ABS、德国大陆集团 ATE 公司生产的特维斯（Teves）ABS、美国德科公司生产的德科（Delco）ABS、美国本迪克斯公司生产的本迪克斯（Bendix）ABS。其中，博世（Bosch）ABS 和特维斯（Teves）ABS 应用最多，下面以一汽红旗 CA7220 轿车为例介绍 ABS 的工作原理。

红旗 CA7220 型轿车采用的是三位三通电磁阀控制的防抱制动系统，其组成及布置如图 5-33 所示，该装置采用 4 个轮速传感器四通道式布置形式，主要由前后轮车速传感器、液压调节器、电子液压控

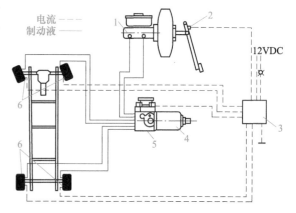

图 5-33　红旗 CA7220 型轿车防抱制动
系统（ABS）的组成及布置

1—制动主缸　2—制动灯开关　3—电子液压控制单元
4—电动机　5—液压控制装置　6—轮速传感器

制单元和 ABS 警报灯等组成。4 个轮速传感器分别将各车轮的信号传给电子控制器，经电子控制器运算得出各车轮的滑移率，并根据滑移率控制各轮缸油压。当滑移率在 8%～35% 时，车辆的纵向附着力和侧向附着力都较高。将这一附着区域内的汽车制动的有关参数预先输入 ABS 的控制系统，电子液压控制单元可随机地根据实际制动工况进行判断，给执行机构发出动作指令，使车轮的滑移率控制在这一最佳工作区范围内，即各车轮制动到不抱死的极限状态。因此汽车制动时，既不"跑偏"又不"甩尾"。

该系统工作过程如下：

（1）常规制动过程　如图 5-34 所示，ABS 未进入工作状态，常规制动电磁阀不通电，柱塞 8 处于图示的最下方，主缸 2 与轮缸 10 的油路相通，主缸 2 可随时控制制动油压的增减，此时液压泵不工作。

（2）轮缸减压过程　如图 5-35 所示，轮速传感器 12 检测到车轮有抱死信号并向电子控制单元 13 输入，轮速传感器 12 输入电磁阀 9 的电流较大，柱塞 8 移至图示的最上方，制动主缸 2 与轮缸 10 的通路被截断。制动轮缸和储液器 6 接通，制动轮缸的制动液流入储液器 6，制动压力下降。与此同时，驱动电动机 4 起动，带动液压泵 5 工作，把流回储液器 6 的制动液加压后送入制动主缸 2，为下一制动过程做好准备。

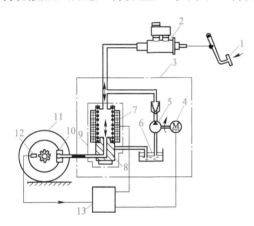

图 5-34　常规制动过程

1—踏板　2—主缸　3—液压部件　4—驱动电动机

5—液压泵　6—储液器　7—线圈　8—柱塞

9—电磁阀　10—轮缸　11—车轮

12—轮速传感器　13—电子控制单元（ECU）

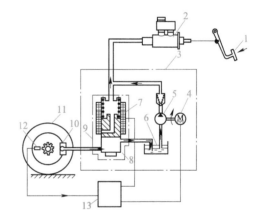

图 5-35　轮缸减压过程

（图注同图 5-34）

（3）轮缸保压过程　如图 5-36 所示，当轮速传感器输出抱死信号后，电子控制单元向液压调节器发出保持压力的指令，并给相应的电磁阀通以有限电流，轮速传感器产生的电压信号较弱，电磁阀通入较小电流，柱塞降至图 5-36 所示位置，所有通路被截断，以保持轮缸压力。如果在保持压力的指令发出后，还有车轮发出抱死信号，电子控制单元将发出降低压力的指令，输入较大电流，电磁阀被提起，回流通路将被关闭。

（4）轮缸增压过程　如图 5-37 所示，保压过程中，车轮转速趋于零，感应交流电压亦趋于零，电磁阀断电，柱塞下降到初始位置，制动主缸与制动轮缸油路再次相通，制动主缸的高压制动液再次进入制动轮缸，使轮缸油压回升，车轮又趋于接近抱死状态。

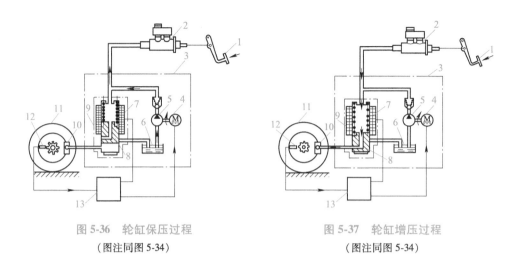

图 5-36　轮缸保压过程　　　　　　　图 5-37　轮缸增压过程
（图注同图 5-34）　　　　　　　　　（图注同图 5-34）

5.5　驱动防滑系统（ASR）

当汽车行驶在泥泞或冰雪路面上，或加速时出现打滑，不仅会使其驱动力使用效率降低，而且会影响到汽车的方向稳定性和操纵稳定性，甚至造成车辆失控。为了改善这类危险工况曾采用过很多办法（如安装防滑链、使用防滑轮胎、采用四轮驱动及防滑差速器等），效果都不是很理想。随着技术的发展，最终研制出了汽车驱动防滑系统（Acceleration Slip Regulation，ASR）。

5.5.1　驱动防滑系统（ASR）的功用

随着对汽车性能要求的提高，不仅要求在制动过程中防止车轮抱死，而且还要求在驱动过程中（起步、加速），特别是在非对称路面转弯时防止驱动轮滑转，以提高汽车在驱动过程中的方向稳定性、转向控制能力和加速性能。

汽车行驶时的车轮滑动，实际指两种情况：一种是汽车在制动时车轮抱死而产生的车轮滑移；另一种是车身不动车轮转动或者是汽车的速度低于转动车轮的轮缘速度时产生的滑转。ABS 可以控制前一种情况，但是对于后一种情况，则是通过 ASR 系统实现对汽车制动控制的，有些厂商将其缩写为 TCS、TRC 等。

驱动车轮产生滑转后，会造成车轮与地面附着力的下降，而纵向附着力的下降将使驱动车轮产生的牵引力减小，由此导致汽车起步、加速以及在平滑路面的行驶性能下降。ASR 系统就是当车轮出现滑转时，通过对滑转侧的车轮施加制动力或者控制发动机的输出转矩以抑制车轮的滑转，从而避免汽车牵引力与行驶稳定性的下降。因此，这种汽车驱动防滑控制系统又被称为汽车牵引力控制系统。

ASR 系统是在汽车 ABS 的基础上发展起来的，实质上，它是 ABS 基本思想在驱动领域的延伸和扩展。ASR 技术能够根据汽车行驶状态，运用数学算法和控制逻辑使汽车驱动轮在恶劣路面或复杂条件下充分利用地面的附着性能，以获得最大的驱动力。由于 ASR 系统能够提高汽车的牵引性、操纵性、稳定性和舒适性，减少轮胎磨损和事故风险，增加行驶安全性和驾驶轻便性，使得汽车在附着状况不好的路面上能顺利起步和行驶并安全制动。ASR 系统可独立设立，但大多数与 ABS 组合在一起，用 ABS/ASR 表示，统称为防滑控制系统。

目前在我国一些中高档轿车上配备，如奥迪 A6、A4 等。

5.5.2　ASR 的控制方式

ASR 的控制方式主要有发动机输出转矩控制、驱动轮制动力控制、防滑差速器转矩分配控制和离合器控制等。

1. 发动机输出转矩控制

通过调节发动机的输出转矩，可以达到调节输出到驱动轮上驱动力的目的，从而实现驱动轮滑移率的调节。目前发动机输出转矩调节的方式主要有副节气门开度调节、点火参数调节和供油量调节。

在汽车加速时，驾驶人通过加速踏板控制主节气门开度，使汽车加速。当 ECU 检测到的车轮滑移率过大时，给伺服电机发送控制信号，减小副节气门开度或者控制电子点火系统的点火时刻，减小点火提前角，甚至是停止点火，使发动机转矩降低；ASR 电子控制单元还可以控制喷油泵调整杆或汽油机电子燃油喷射系统，从而控制燃油喷射量。

发动机输出转矩控制只能对所有驱动轮的驱动力同时调节，而且可能会影响发动机的工作性能，所以其主要用于提高汽车的方向稳定性。

2. 驱动轮制动力控制

驱动轮制动力控制是指利用制动器对滑转的驱动轮施加制动力矩，使车轮转速降至最佳的滑移率范围内。驱动轮制动力控制反应时间最短，是一种最迅速的控制方式，但是对驱动轮制动时，容易影响汽车行驶的稳定性，而且容易使制动器过热，所以当车速达到一定值的时候，驱动轮制动控制将不起作用。驱动轮制动力控制主要应用在低速对开路面上，当低附着系数一侧的驱动轮打滑时，对其进行制动，以充分利用高附着系数一侧的附着力。

3. 防滑差速器转矩分配

通过在差速器输出端的离合器片上加压可以实现各个驱动轮的输入转矩分配，以最大限度地利用每个驱动轮所对应的路面附着系数。电子控制单元通过增加、保持或减少差速器中的液压来控制驱动轮滑转，它对各个驱动轮的锁止系数可由零增加到完全锁死，以适应不同的路面。但是防滑差速器容易在转弯时出现误判，影响汽车转弯和操纵稳定性。

4. 离合器控制

当驱动轮发生过度滑转时，可以通过减弱离合器的结合程度，使主、从动盘出现部分相对滑转，以减小传递到传动轴的输出力矩。但是由于压力和磨损等问题，离合器控制受到了很大限制。

另外还有主动悬架控制、变速器传动比控制等控制方式，但是由于现有技术的限制，这些控制方式暂时还无法得到实际应用。各种控制方式的比较见表 5-1。

表 5-1　各种控制方式的比较

控制方式		实现方法	优点	缺点
发动机输出转矩控制	副节气门开度调节	采用电子节气门	工作平稳，可以与其他控制方式联合使用	反应较慢，需要与其他控制方式配合
	点火参数调节	减小点火提前角，甚至终止点火	反应迅速	容易导致发动机工作粗暴
	供油量调节	减少或中断供油	简单方便，容易实现	容易导致发动机工作异常

（续）

控制方式	实现方法	优点	缺点
驱动轮制动力控制	对驱动轮施加一定的制动力	反应迅速	影响汽车稳定性，制动器磨损
防滑差速器转矩分配	在一定程度上锁止差速器	对路面高附着系数一侧的附着力充分利用	影响汽车操纵性能，不利于转弯
离合器控制	减少离合器结合程度	控制简单，容易实现	离合器磨损大

5.5.3　ABS/ASR 系统的组成和工作原理

现以日本丰田凌志 LS400 型轿车为例，介绍汽车 ABS/ASR 系统的组成和工作原理。如图 5-38 所示，该系统主要由车轮转速传感器、ABS/ASR 电子控制单元（ECU）、ABS 执行器（制动压力调节器）、ASR 执行器（包括隔离电磁阀总成和制动供能总成）、副节气门控制步进电动机和主、副节气门位置传感器等组成。

在制动过程中，该系统采用流通调压方式，三通道/前轮独立控制—后轮低选控制方式；在驱动过程中，通过调节副节气门的开度和驱动车轮介入制动的方式，对两后轮驱动轮进行防滑转控制。

ABS/ASR 电子控制单元接受各车轮转速传感器的信号，还接收制动主缸储液室中液位开关、ASR 制动供能总成中压力开关送入的监控信号，以及发动机和变速器 ECU-8 送入的主、副节气门位置（开度）等信号，经过计算处理形成相应的控制指令。主要控制对象是制动压力调节器中的 4 个调压电磁阀和电动回液泵 ASR 制动执行器中的 3 个隔离电磁阀和电动供液泵，以及副节气门步进电动机等，通过这些执行器动作，可实现防抱制动和驱动防滑转功能。

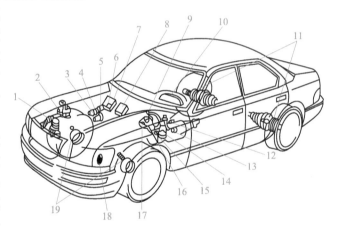

图 5-38　凌志 LS400 ABS/ASR 的主要部件在车上的布置

1—ABS 执行器　2—ASR 执行器　3—副节气门位置传感器
4—主节气门位置传感器　5—ASR 副节气门电动机
6—ASR 副节气门继电器　7—ABS 和 ASR 的 ECU
8—发动机和变速器 ECU　9—ASR 关断开关
10—ASR 警告灯和 ASR 关断指示灯　11—后轮转速传感器
12—制动灯开关　13—空档起动开关　14—ASR 供液罐
15—ASR 供液罐电动机继电器　16—ASR 蓄能器
17—制动液位开关　18—ASR 制动器主继电器
19—前轮转速传感器

ABS/ASR 电子控制单元还定期对系统中的主要电器部件进行检测，对系统状态进行监控。如果系统出现故障，会自动停止 ABS 或 ASR 工作，避免对系统进行错误控制，同时会点亮警告灯以提示驾驶人注意，并将故障信息存入存储器，进行自诊断时通过代码形式显示各种故障，凌志 LS400 ABS/ASR 的液压系统如图 5-39 所示。其工作情况简述如下。

在 ABS/ASR 系统未进行防抱制动和驱动防滑转控制时，制动压力调节器和 ASR 隔离电

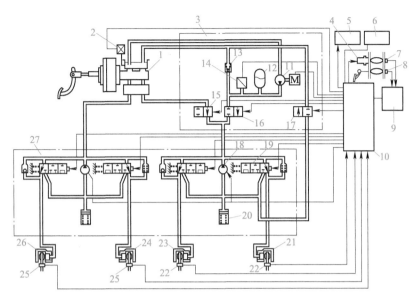

图 5-39 凌志 LS400 ABS/ASR 的液压系统

1—制动主缸 2—制动液液位开关 3—ASR 制动执行器 4—副节气门步进电动机 5—ASR 警告灯

6—ASR 断开指示灯 7—副节气门位置传感器 8—主节气门位置传感器 9—发动机与变速器电子控制单元

10—ABS 与 ASR 电子控制单元 11—电动机和液压泵 12—蓄能器 13—溢流阀 14—压力开关

15—制动主缸隔离电磁阀 16—蓄能器隔离电磁阀 17—储液器隔离电磁阀 18—回液泵 19—三位三通电磁阀

20—储液器 21—右后制动轮缸 22—后轮车速传感器 23—左后制动轮缸 24—右前制动轮缸

25—前轮车速传感器 26—左前制动轮缸 27—ASR 执行器

磁阀总成中的各个电磁阀均不通电，各电磁阀处于图中所示的状态；制动主缸 1 至各车轮制动轮缸的制动液液路都处于畅通状态；蓄能器 12 中制动液的压力保持在一定范围内；控制副节气门的步进电动机不通电，副节气门保持在全开位置。

在汽车起步、加速及运行过程中，ECU 根据车轮转速传感器输入的信号，判定驱动轮（后轮）的滑移率超过极限值时，就进入防滑转控制过程：首先 ECU 使控制副节气门的步进电动机通电运转，将副节气门开度减小，减小进入发动机的进气量，使发动机输出转矩减小；当 ECU 判定需要对驱动轮进行制动介入时，将使 ASR 隔离电磁阀总成中的 3 个隔离电磁阀通电，使制动主缸隔离电磁阀处于关闭状态，储液器隔离电磁阀和蓄能器隔离电磁阀处于流通状态。此时，蓄能器中被加压的制动液会通过蓄能器隔离电磁阀、后轮三位三通调压电磁阀，进入后轮制动轮缸，后轮制动轮缸的制动压力随之增大。在驱动防滑转制动介入过程中，ASR 独立控制两个后轮调压电磁阀的电流值，对两后轮制动轮缸的压力进行增大和减小的循环控制，以防止驱动滑转并使驱动轮的滑移率保持在规定的范围内。注意在此时的压力调节过程中，增压时进入制动轮缸的制动液不是来自制动主缸，而是来自蓄能器中被加压后的制动液；减压时从制动轮缸流出的制动液不是流回储液器，而是经调压电磁阀、储液器隔离电磁阀，流回制动主缸的储液室，此时 ABS 电动回液泵并不工作。另外，ASR 工作时，当压力开关检测到蓄能器中液压下降到一定值时，ECU 会接通供液泵电动机电路，使供液泵运转，将蓄能器中液压升至正常值。

5.5.4 ASR 的发展趋势

1. 与其他系统集成

ASR 是在 ABS 的基础上发展起来的、与 ABS 一起对车轮的滑移率进行控制的系统,它是 ABS 的自然延伸。ASR 与 ABS 的很多硬件可以共用(如轮速传感器、制动压力控制器和电子控制单元等),形成了 ABS/ASR 系统。另外,ABS/ASR 还与其他系统集成形成功能更强大的汽车电子集成控制系统,如 ABS/ASR 与电子制动力分配系统(Electric Brakeforce Distribution,EBD)、车身电子稳定系统(ESP)和自适应巡航系统(ACC)等集成形成了 ABS/ASR/EBD、ABS/ASR/ESP、ABS/ASR/ACC 系统。

2. 现有技术的提高

目前 ASR 的控制方式主要以逻辑门限值控制为主,虽然逻辑门限值控制方法简单,但是其逻辑复杂,门限值需要用大量的试验数据确定,而且采用此方法的 ASR 系统通用性相对较差。随着技术的提高,可以将一些智能控制方法,如神经网络控制、模拟控制、PD(比例-积分)控制等方法应用于 ASR 系统,进而提高系统的精度和可靠性。

3. 实现信息共享

随着总线技术的发展,汽车各个系统之间可以实现信息共享,提高了信号利用率。ASR 系统也不例外,总线技术可以实现 ASR 与变速器、发动机、悬架等系统之间的信息共享,使所有控制器的功能都更加完善,为整车控制奠定基础。

5.6 车身电子稳定系统(ESP)

5.6.1 车身电子稳定系统(ESP)的作用

车身电子稳定系统(Electronic Stability Program,ESP),是一种牵引力控制系统,与其他牵引力控制系统比较,ESP 不但可以控制驱动轮,而且可以控制从动轮。如后轮驱动汽车常出现的转向过度情况,此时后轮失控而甩尾,ESP 便会制动外侧慢的前轮来稳定车子;在前驱车出现转向不足时,为了校正循迹方向,ESP 则会制动内侧慢的后轮,从而帮助车辆遵从驾驶人的转向意图。ESP 系统包含 ABS 及 ASR,是这两种系统功能上的延伸。因此,ESP 称得上是当前汽车防滑装置的最高级形式。有 ESP 与只有 ABS 及 ASR 的汽车,它们之间的差别在于 ABS 及 ASR 只能被动地做出反应,而 ESP 则能够探测和分析车况并纠正驾驶的错误,防患于未然。

德国博世公司是车身电子稳定系统的发明者。1987—1992 年间,博世公司与戴姆勒-克莱斯勒公司合作,一同研发出车身电子稳定系统,并且于 1995 年率先将其搭载到奔驰旗下的 S 级轿车上。很多公司也研发出了类似的系统,如丰田的车身稳定控制(Vehicle Stability Control,VSC)系统、本田的车身稳定辅助(Vehicle Stability Assist)系统和宝马的动态稳定控制(Dynamic Stability Control)系统等。随着主动安全技术的发展,车身电子稳定系统的实用性功能越来越多。目前,在很多国家 ESP 都已被规定为车辆强制标配的安全系统,消费者对这项安全配置的重视程度也越来越高。

5.6.2 车身电子稳定系统（ESP）的组成部分

ESP 系统由电子控制单元及转向传感器（监测转向盘的转向角度）、轮速传感器（监测各个车轮的速度转动）、侧滑传感器（监测车体绕垂直轴线转动的状态）、横向加速度传感器（监测汽车转弯时的离心力）等组成，如图 5-40 所示。

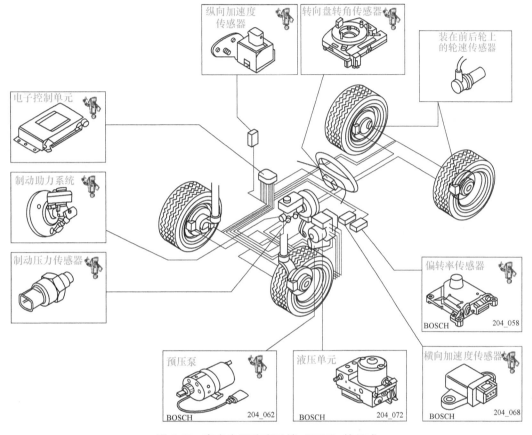

图 5-40 车身电子稳定系统（ESP）的组成

1）传感器。负责采集车身状态的数据，包括转向传感器、轮速传感器、侧滑传感器、横向加速度传感器、转向盘转角传感器、加速踏板传感器等。

2）电子控制单元。将传感器采集到的数据进行计算，算出车身状态，然后与存储器里面预先设定的数据进行比对。当计算机计算出的数值超出存储器预存的数值，即车身临近失控或者已经失控的时候，则命令执行器工作，以保证车身行驶状态能够尽量满足驾驶人的意图。

3）执行装置。ESP 的执行器是 4 个车轮的制动系统，ESP 就是帮驾驶人踩制动踏板。装备有 ESP 的车辆其制动系统具有加压功能，计算机可以根据需要在驾驶人没踩制动踏板的时候，代替驾驶人向某个车轮的制动油管加压，让这个车轮产生制动力。

4）与驾驶人沟通装置。与驾驶人沟通的装置如仪表盘上的 ESP 灯。

5.6.3 车身电子稳定系统（ESP）的工作原理

ESP 的作用就是当驾驶人操纵汽车超过极限值后，计算机自动介入修正驾驶。计算机控制车辆运动的手段有两个：一是控制节气门收油，衰减汽车动力，让速度降下来；二是对某些车轮进行制动，让汽车的速度能够减小到极限值以内。

ESP 通过两套传感器为计算机搜集行车信息，一套是转向盘转角传感器，一套是车轮轮速传感器（每个车轮上都装有一个），前者用来收集驾驶人的转向意图，后者用来监测车辆运动状况。当转向盘转角传感器检测到驾驶人的转向角度以后，就会通知 ESP 计算机；与此同时，各个车轮轮速传感器测得的车轮转速信息也会传递到 ESP 计算机。

计算机可以根据各个车轮的转速计算出车辆的实际运动轨迹。如果实际运动轨迹与理论运动轨迹有区别，或者检测出某个车轮打滑（丧失抓地力），计算机就会首先通知节气门减小开度（收油），然后通知制动系统对某个车轮进行制动，来修正运动轨迹。当实际运动轨迹与理论运动轨迹（驾驶人意图）相一致时，ESP 自动解除控制。

ESP 主要对车辆纵向和横向稳定性进行控制，保证车辆按照驾驶人的意图行驶。在汽车制动情况下轮胎即将抱死时，车身电子稳定系统会采用"机械点刹"的形式在 1s 内进行上百次的制动，使车辆在完成全力制动时仍然可以保持通过转向盘来控制车辆行驶的方向，这一点与 ABS 的功能有异曲同工之妙。

ESP 与发动机 ECU 是协同工作的，当驱动轮打滑时，发动机 ECU 会立刻减少节气门的进气量，降低发动机转速从而减少动力输出，而车身电子稳定系统的 ECU 则对打滑的驱动轮进行制动。这样便可以减少打滑并保持轮胎与地面抓地力之间最合适的动力输出。这一原理借鉴了 ASR 的部分功能。

当车身电子稳定系统的传感器检测到车辆发生转向不足时，ESP 会额外对内侧车轮施加更多制动力；如果是发现车辆转向过度，则车身电子稳定系统会额外对外侧车轮施加更多制动力；系统通过调整汽车变换车道或在过弯时的车身姿态，使汽车在变换车道或在过弯时能够更加地平稳而安全。

5.6.4 车身电子稳定系统（ESP）的工作过程

车身电子稳定系统（ESP）的工作原理如图 5-41 所示。

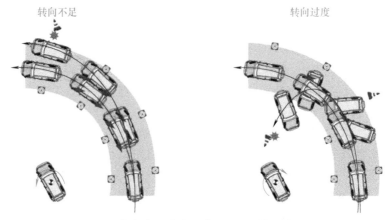

图 5-41　车身电子稳定系统（ESP）的工作原理

1）当车辆出现转向不足时，ESP 各个传感器会把转向不足的消息告诉计算机，然后计算机就控制左后轮制动，产生一个拉力和一个扭力来对抗车头向右推的转向不足趋势。

2）后轮抓地不足或后驱车加速踏板踩猛出现转向过度时，ESP 会控制右前轮制动，同时减小发动机输出的功率，纠正错误的转向姿态。

3）直线制动，由于地面附着力不均匀出现跑偏时，ESP 会控制附着力强的轮子减小制动力，让汽车按照驾驶人预想的行驶线路前进。同样，当汽车转向的时候，ESP 也会控制某些车轮增大制动力或者减小制动力，让汽车按照驾驶人的意图行进。

拓展知识：主动制动/主动安全系统

汽车安全系统主要分两种：主动安全系统和被动安全系统。主动安全系统包括 ABS、ESP 等电子设备，被动安全系统涉及车体吸能结构、安全带、安全气囊等。目前主动安全系统前沿技术已发展到预碰撞安全系统并有普及之势，很多车型上已有类似装备，如斯巴鲁 Eye Sight、沃尔沃 City Safety、奔驰 Pre-safe 系统、雷克萨斯 Pre-Collision System（PCS）、大众 Adaptive Cruise Control（ACC）、英菲尼迪 Distance Control Assist（DCA）等。预碰撞安全系统作为一项最新的主动安全技术，它能够帮助驾驶人避免城市交通常见的低速行驶时的追尾事故。

主动制动功能是指车辆在非自适应巡航的情况下正常行驶，如车辆遇到突发危险情况时能自身主动产生制动效果让车辆减速（但具备这种功能的车辆并不一定能够将车辆完全制动），从而提高行车安全性的一种技术。

主动制动安全技术（图 5-42）主要由三大模块构成，包括控制模块（ECU）、测距模块和制动模块。其中测距模块的核心包括微波雷达、人脸识别技术和视频系统等，它可以提供前方道路安全、准确、实时的图像和路况信息。该技术采用雷达测出与前车或者障碍物的距离，然后利用数据分析模块将测出的距离与警报距离、安全距离进行比较，小于警报距离时就进行警报提示，而小于安全距离时即使在驾驶人没有来得及踩制动踏板的情况下，系统也会启动，使汽车自动制动，从而为安全出行保驾护航。

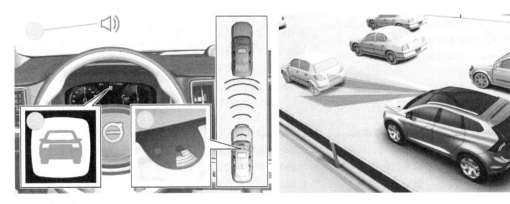

图 5-42　主动制动安全技术

以沃尔沃城市安全系统为例，当车辆的速度达到 30km/h 时，这套系统就会自动启动，系统通过前风窗上的光学雷达系统，探测并分类前方的车辆、骑行者、路人和大型动物。它可以探测保险杠前方10m以内的汽车及其他物体。以与前方车辆的距离和汽车本身的车速为基础，城市安全系统每秒进行50次计算，从而确定避免碰撞所需要的制动力。如果计算的制动力超过了一定值而驾驶人仍然没有做出反应，该系统便认定碰撞即将发生。系统会通过自动制动和减小节气门开度来避免或者减小碰撞的严重程度，同时制动灯闪烁以警示其他车辆。如果驾驶人做出反应，系统仍会工作，当驾驶人的操作不当，比如制动力度不足，系统会介入修正。同时系统还可以通过调整转向盘，来改变车辆行驶路径，以避开障碍物。城市安全系统能够检测到前方道路上的行人以及骑行人，如果驾驶人没有及时应对，系统会自动制动，减少或避免碰撞。

5.7 汽车制动系统常见故障

5.7.1 汽车制动系统常见故障现象及原因

汽车制动系统常见故障现象及原因见表5-2。

表5-2 汽车制动系统常见故障现象及原因

故障名称	故障现象	故障原因
制动不灵	汽车行驶制动时，制动负加速度小，制动距离长，不能迅速减速或停车	① 制动液不足，油液变质；制动管路泄漏或有空气；油管变形，管路不通，软管老化 ② 制动主缸活塞与缸体的间隙过大；密封圈密封不严；制动主缸的进油孔、补偿孔堵塞 ③ 制动器踏板自由行程过大；制动踏板传动机构松旷；制动主缸和轮缸推杆松动 ④ 真空管漏气，控制阀阀门密封不严，增压缸活塞磨损过多 ⑤ 制动鼓、制动蹄或制动盘、制动器衬片磨损严重
制动失效	汽车行驶时，踩下制动踏板车辆不减速，即使连续踩几脚制动也无明显作用	① 制动主缸内制动液严重不足 ② 制动主缸、轮缸皮碗严重破裂 ③ 制动软管、金属管断裂或接头处严重泄漏 ④ 制动踏板至制动主缸的连接脱开 ⑤ 制动液压系统内有较多空气 ⑥ 制动钳与制动盘之间的间隙过大，在第一脚制动时踏板位置过低，制动压力不能立即建立
制动拖滞	当驾驶人解除制动时，放松了制动踏板，但是车轮制动器仍全部或局部处在制动状态不能迅速解除制动，将导致制动鼓（盘）发热，行驶阻力增大	① 制动踏板没有自由行程，以及踏板回位弹簧松脱、折断或太软 ② 制动踏板轴锈蚀或磨损而发卡，回位弹簧不能使其回位 ③ 制动液太脏或黏度太大，回油困难 ④ 制动主缸回油孔、旁通孔被脏物堵塞 ⑤ 制动主缸活塞发卡或橡胶皮碗发胀使其回位不灵活，堵住主缸回油孔 ⑥ 制动主缸活塞过软或折断，制动主缸回油阀弹簧过硬

（续）

故障名称	故障现象	故障原因
制动跑偏	汽车制动时，车辆行驶方向发生偏斜，紧急制动时甚至出现掉头或甩尾现象	① 一侧制动管路泄漏或制动轮缸不工作 ② 左、右轮轮胎气压不一致，直径或花纹不一致等 ③ 左、右摩擦片接触面不一致，质量不一致，一侧制动摩擦片有油污等 ④ 各车轮制动器的制动间隙不一致 ⑤ 各车轮制动器的制动鼓的圆度、圆柱度，盘式制动器的制动盘厚度不符合标准 ⑥ 各车轮制动器的制动蹄回位弹簧弹力相差过大 ⑦ 某侧鼓式制动器制动底板松动或盘式制动器制动钳固定支架（板）松动 ⑧ 制动压力调节器比例失效，应予更换，前轮定位不正确，应予调整或更换部件 ⑨ 两侧车轮制动器制动间隙不一致，制动系统某个支路或轮缸内有空气未排出
制动异响	汽车制动时，车轮发出不正常的响声，有时发出一种尖锐、刺耳的声音，而且伴有车身抖动；有时汽车在运行过程中不踩制动踏板，制动器也会发出"嘶、嘶"的声音	① 盘式制动器的制动轮缸活塞回位的密封圈弹力不足引起拖磨；减振垫片脱落或失效；摩擦块表面材料硬化 ② 鼓式制动器的摩擦片材质差；制动蹄表面精度低，动平衡不好；制动鼓失圆，与摩擦衬片接触不良或磨损不匀；制动后回位不及时 ③ 制动器间隙过小

5.7.2　ABS 常见故障现象及原因

ABS 常见故障现象及原因见表 5-3。

表 5-3　ABS 常见故障现象及原因

故障现象	故障原因	故障原因
汽车在行车制动时，有车轮抱死现象，无 ABS 调节功能	当制动液液位过低、轮速传感器信号不正常、电磁故障，泵/电动机和 ABS ECU 不良时，ABS 警告灯点亮，ABS 失去作用，制动时车轮会抱死	① 制动液液位过低、蓄能器充液不足或已无制动液 ② ABS 液压回路泄漏 ③ 泵/电动机总成不合格或蓄压器压力下降 ④ 供给 ABS 电子控制单元的电压低或接地不良等 ⑤ ABS 继电器不合格、电磁阀不工作或工作不正确 ⑥ 轮速传感器脉冲轮损坏、线路不良、传感器到脉冲轮间隙不正确或传感器损坏 ⑦ 制动灯开关或压力开关不良 ⑧ ABS ECU 不良，新换的 ABS ECU 未正确编码等 ⑨ 点火系统火花塞、高压线不良或发电机故障等产生电磁干扰导致 ABS ECU 错误工作 ⑩ 个别轮胎型号不对或轮胎磨损过甚

练习题

一、填空题

1. 行车制动装置按制动力源可分（　　）、（　　）和（　　）3类。

2. 液压制动传动装置主要由（　　）、（　　）、（　　）、（　　）、（　　）等组成。

3. 真空增压器由（　　）、（　　）和（　　）3部分组成。

4. ABS 防抱制动装置是由（　　）、（　　）及（　　）3部分构成的。

二、选择题

1. 汽车制动时，制动力的大小取决于（　　）。

A. 汽车的载重量　　　　B. 制动力矩　　C. 车速　　　　　　D. 轮胎与地面的附着条件

2. （　　）制动器是平衡式制动器。

A. 领从蹄式　　　　　　B. 双领蹄式　　C. 双向双领蹄式　D. 双从蹄式

3. 当滑移率为 100% 时，横向附着系数降为（　　）。

A. 100%　　　　　　　　B. 50%　　　　　C. 0　　　　　　　　D. 都不正确

4. ASR 是防止汽车在驱动过程中（　　）。

A. 车轮滑转　　　　　　B. 车轮抱死　　C. 防止抱死　　　　D. 车轮偏转

三、简答题

1. 汽车制动系统的作用是什么？

2. 简述盘式制动器的基本结构与工作原理。

3. 简述液压制动传动装置的组成与工作原理。

4. 简述气压制动传动装置的组成与工作原理。

5. 简述电控 ABS 是如何工作的（工作原理）。

6. 简述 ASR 的基本结构与工作原理。

7. 简述 ESP 的工作过程。

第 6 章

认识新能源汽车底盘

☞ 教学目标:

1. 了解我国经济社会发展绿色化、低碳化和碳达峰碳中和的意义。
2. 掌握新能汽车的定义和分类。
3. 理解新能源汽车传动系统与传统汽车传动系统的差异。
4. 理解新能源汽车制动系统与传统汽车制动系统的差异。

☞ 思考:

汽车底盘作为新能源汽车重要组成部分,也随着新能源汽车的快速发展迎来新的挑战,新能源汽车底盘和传统汽车底盘相比有哪些变化呢?

6.1 新能源汽车分类

发展新能源汽车是我国从汽车大国迈向汽车强国的必由之路,是应对气候变化、推动绿色发展的战略举措。党的二十大报告提出,推动经济社会发展绿色化、低碳化是实现高质量发展的关键环节,同时对"积极稳妥推进碳达峰碳中和"作出部署。绿色发展所要求的产业结构、能源结构、交通运输结构等调整优化,节能降碳先进技术的研发和推广应用;双碳目标中要控制的化石能源消耗、交通运输中的清洁低碳转型,都需要新能源汽车及其连带产业来实现。2021 年我国新能源汽车销量世界第一。新能源汽车作为战略性新兴产业将会在国家重点发展的行业之列,成为国家绿色发展、双碳目标达成的重要抓手,并按照高端化、智能化、绿色化制造业现代化产业体系要求快速发展。

我国于 2017 年 7 月 1 日正式实施了《新能源汽车生产企业及产品准入管理规定》,规定明确指出:新能源汽车是指采用新型动力系统,完全或者主要依靠新型能源驱动的汽车,包括插电式混合动力(含增程式)汽车、纯电动汽车和燃料电池汽车等。

混合动力汽车(HEV)指能够至少从下述两类车载储存的能量中获得动力的汽车:一是可消耗的燃料;二是可再充电能/其他能量储存装置。

纯电动汽车(BEV)即由电动机驱动的汽车,电动机的驱动电能来源于车载可充电蓄电池或其他能量储存装置。

燃料电池汽车(FCEV)是以燃料电池作为动力来源的汽车。燃料电池的化学反应过程不会产生有害物质,从节约能源和保护生态环境的角度来看,燃料电池汽车具有重要的发展意义。

新能源汽车底盘的主要功能是支撑整车的质量,将发动机/电动机发出的动力传给驱动车轮,同时还要传递和承受路面作用于车轮的各种力和力矩,并缓和冲击、吸收振动,以保证汽车的舒适性，并能够比较轻便和灵活地完成整车的转向及制动等操作。沿用传统燃油汽车结构划分方式，新能源汽车底盘可分为传动系统、转向系统、行驶系统、制动系统 4 部分。其中新能源汽车转向系统及行驶系统与传统燃油汽车没有太大差别，在本章不再赘述。

6.2　新能源汽车传动系统

传动系统的基本作用是将发动机或电动机的动力（转矩）按要求传递到驱动轮上，使地面对驱动轮产生驱动力，汽车能够在起步、变速及爬坡等工况下正常行驶，并具有良好的动力性和经济性。传动系统的组成因驱动形式和发动机（或电动机）安装位置而异。驱动形式是指发动机（或电动机）布置方法及驱动轮的数量、布置的形式。

6.2.1　混合动力汽车传动系统

混合动力汽车分类的方式有 3 种。一种是根据有无外接充电电源区分，另一种是根据混合度的不同分类，还有一种是根据结构特点分类。

按有无外接充电电源进行分类，混合动力汽车分为插电式混合动力汽车和非插电式混合动力汽车。插电式混合动力汽车具有优化发动机和电动机工作区域、实现制动能量回收等突出优点，既可降低燃油消耗又可满足续驶里程需求。

按照我国汽车行业标准中对混合动力汽车的分类和定义，将混合动力汽车按电动机峰值功率（电动机的瞬间最大功率）占发动机功率的百分比分为微混、轻混、中混和重混 4 种动力源的混合动力汽车。

混合动力汽车传动系统与传统内燃机汽车传动系统相差不大，其组成可根据动力系统结构形式分为串联式、并联式、混联式和复合式 4 类。

1. 串联式混合动力汽车（SHEV）

车辆的驱动力只来源于电动机，主要由发动机（内燃机）、发电机、电池组（带逆变器）、电动机、减速机构和驱动轮等组成。发动机驱动发电机发电，电能通过控制器输送到电池或电动机，由电动机通过变速机构驱动汽车。小负荷时由电池驱动电动机驱动车轮，大负荷时由发动机带动发电机发电驱动电动机。当车辆处于起动、加速、爬坡工况时，发动机-发电机

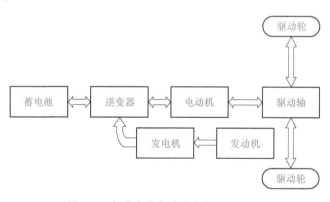

图 6-1　串联式混合动力汽车（SHEV）

组和电池组共同向电动机提供电能；当汽车处于低速、滑行、息速的工况时，则由电池组驱动电动机，当电池组缺电时则由发动机-发电机组向电池组充电。串联式混合动力汽车（SHEV）如图 6-1 所示。

2. 并联式混合动力汽车（PHEV）

车辆的驱动力由电动机及发动机同时或单独供给，主要由发动机、电池组（带逆变

器）、电动机/发电机、减速机构、变速器和驱动轮等组成。并联式装置的发动机和电动机共同驱动汽车，发动机与电动机分属两套系统，可以分别独立地向汽车传动系统提供转矩，在不同的路面上既可以共同驱动又可以单独驱动。当汽车加速爬坡时，电动机和发动机能够同时向传动机构提供动力，一旦汽车车速达到巡航速度，汽车将仅仅依靠发动机维持该速度。并联式混合动力汽车（PHEV）如图 6-2 所示。

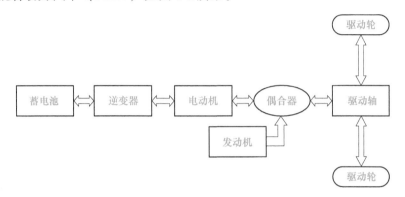

图 6-2　并联式混合动力汽车（PHEV）

3. 混联式混合动力汽车（PSHEV）

混联式混合动力汽车同时具有串联式、并联式驱动方式，它的结构特点在于内燃机系统和电机驱动系统各有一套机械变速机构，两套机构可以通过行星齿轮机构结合在一起，从而综合调节内燃机与电动机之间的转速关系。动力系统包括发动机、发电机和电动机，根据助力装置不同，它又分为发动机为主和电机为主两种。以发动机为主的形式中，发动机作为主动力源，电机为辅助动力源；以电机为主的形式中，发动机作为辅助动力源，电机为主动力源。与并联式混合动力系统相比，混联式混合动力系统可以更加灵活地根据工况来调节内燃机的功率输出和电机的运转，缺点是结构比较

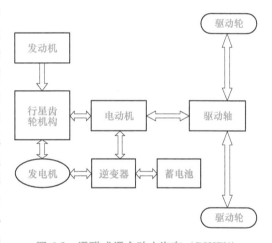

图 6-3　混联式混合动力汽车（PSHEV）

复杂，成本高。普锐斯（Prius）汽车采用的是混联式混合动力系统。混联式混合动力汽车（PSHEV）如图 6-3 所示。

4. 复合式混合动力汽车（CHEV）

复合式混合动力汽车结构与混联式混合动力汽车结构相似，因为它们都有起发电机和电动机作用的电机，两者的主要区别在于复合式混合动力汽车中的电动机允许功率流双向流动，而混联式混合动力汽车中的电动机只允许功率流单向流动。双向流动的功率流可以有更多的运行模式，这对于采用 3 个驱动动力装置的复合式混合动力汽车而言是可能达到的。复合式混合动力汽年同样具有结构复杂、成本高的缺点。不过，现在有些新型的混合动力汽车也采用双轴驱动的复合式系统。

6.2.2 纯电动汽车传动系统

1. 传动系统的分类

根据传动系统的组成及布置形式,纯电动汽车传动系统分为 4 种,分别为机械传动型、无变速器型、无差速器型及电动轮型。传动系统的组成和布置形式如图 6-4 所示。

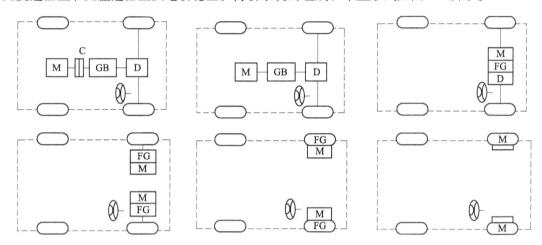

图 6-4　传动系统的组成和布置形式

C—离合器　D—差速器　FG—固定速比变速器　GB—变速器　M—电动机

（1）机械传动型　最早的电动汽车主要采用的都是机械式传动系统,其结构类似于传统的内燃机汽车,以电动机取代发动机,配备的驱动电动机一般具有较小的转矩与较高的转速等特点,而配备的变速器大多结构较为复杂。但由于其零部件多,在传动效率方面受到比较大的限制,无法在性能上满足电动汽车的设计需求。

（2）无变速器型　无变速器型纯电动汽车取消了离合器与变速器,采用了固定速比减速器,其通过控制电动机来实现变速功能。这种结构质量轻、体积小,但对电动机要求较高,要求具有较大的后备功率。

（3）无差速器型　无差速器型纯电动汽车采用两台电动机,通过固定速比减速器来分别驱动两个车轮,能够实现对每台电动机转速的独立调节。所以,当汽车转向时,可以通过电动机的电子控制系统控制两个车轮的差速,从而达到转向的目的。但是,这种结构的电动机控制系统相对来说非常复杂。

（4）电动轮型　电动轮型纯电动汽车将电动机直接安装在驱动轮内(也称轮毂电机),可以进一步缩短电动机至驱动轮之间的动力传递路径,减少能量在传动路径上的损失,但想要实现纯电动汽车的正常工作,还需添加一个减速比较大的行星齿轮减速器,将电动机的转速降低至理想的车轮转速。

2. 驱动方式

纯电动汽车的驱动系统由驱动电动机和驱动操纵系统共同组成,其结构形式不同,采用的驱动系统也不同。电动汽车驱动系统分为两大类,一类是集中式电驱动技术,电动机与变速器或减速器直接或通过传动轴连接,实现动力传动;另一类是分布式电驱动技术,又可以细分为轮边驱动和轮毂驱动。

（1）集中驱动方式　集中驱动方式纯电动汽车主要由电动机、变速器和差速器等组成。它采用单电动机驱动代替内燃机驱动，而其他零部件都采用传统内燃机汽车零部件，且结构不改变，故其设计制造成本低，但传动效率低，一般用于小型电动车辆。按有无变速器它又可分为传统型（图6-5）和电动机驱动桥型（图6-6），而电动机驱动桥型又可分为电动机驱动桥组合型和电动机驱动桥整体型两种。

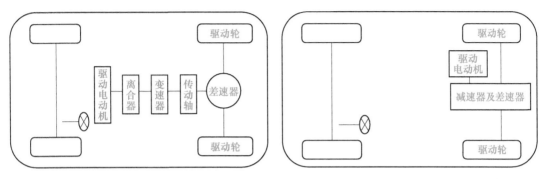

图 6-5　传统型驱动方式示意图　　　　　　图 6-6　电动机驱动桥型驱动方式示意图

（2）轮毂驱动方式　轮毂电动机驱动系统的基本结构示意图如图6-7所示，轮毂电动机驱动系统可以布置在纯电动汽车的 2 个前轮、2 个后轮或 4 个车轮的轮毂中，成为前轮驱动、后轮驱动或四轮驱动的纯电动汽车。轮毂电动机驱动方式有两种结构：一种是内定子外转子结构，其外转子直接安装在车轮的轮缘上，这种结构没有机械减速机构实现减速，因此通常要求电动机为低速电动机；另一种是内转子外定子结构，其转子作为输出轴与固定减速比的行星齿轮变速器的太阳轮相连，车轮轮毂与其齿圈连接，这样能提供较大的减速比，放大其输出转矩。

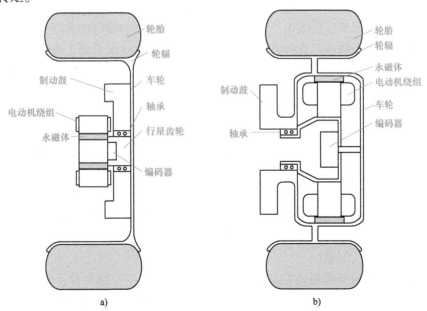

图 6-7　轮毂电动机驱动系统的基本结构示意图
a）内定子外转子结构　b）内转子外定子结构

6.3 新能源汽车制动系统

新能源汽车制动系统与传统汽车制动系统的区别不大，主要不同方面是新能源汽车在传统汽车液压制动系统基础上增加了电动真空助力系统，以及采用了制动能量回收模式。以下介绍纯电动汽车与混合动力汽车制动系统，着重介绍与传统汽车制动系统不同的结构。

1. 纯电动汽车制动系统

纯电动汽车采用的液压制动系统与传统汽车制动系统基本结构区别不大，但是在液压制动系统的真空辅助助力系统和制动主缸两个部件上存在较大的差异。

绝大多数的汽车采用真空助力伺服制动系统，人力和助力并用。真空助力器利用前、后腔的压差提供助力。对于纯

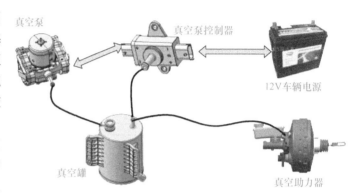

图 6-8　电动真空助力系统组成

电动汽车，由于没有发动机总成，即没有了传统的真空源，仅由人力所产生的制动力无法满足行车制动的需要，通常需要单独设计一个电动真空泵来为真空助力器提供真空源。这个助力系统就是电动真空助力（Electric Vacuum Pump，EVP）系统。如图 6-8 所示，电动真空助力系统由真空泵、真空罐、真空泵控制器（后期集成到 VCU 整车控制器里）以及与传统汽车相同的真空助力器和 12V 车辆电源组成。

电动真空助力系统的工作过程为：当驾驶人起动汽车时，车辆电源接通，真空泵控制器开始进行系统自检，如果真空罐内的真空度小于设定值，真空罐内的真空压力传感器输出相应电压信号至真空泵控制器，此时真空泵控制器控制电动真空泵开始工作，当真空度达到设定值后，真空压力传感器输出相应电压信号至真空泵控制器，此时真空泵控制器控制真空泵停止工作。当真空罐内的真空度因制动消耗，真空度小于设定值时，电动真空泵再次开始工作，如此循环。

2. 混合动力汽车制动系统

以典型的丰田普锐斯混合动力汽车的 THS-Ⅱ（第二代再生制动）制动系统为例，介绍混合动力汽车的制动系统。

丰田普锐斯混合动力汽车的 THS-Ⅱ 制动系统属于电子控制制动（Electronic Control Brake，ECB）系统。THS-Ⅱ制动系统可根据驾驶人踩制动踏板的程度和所施加的力计算所需的制动力。然后，此系统会施加需要的制动力（包括再生制动力和液压制动系统产生的制动力）并有效地吸收能量。

THS-Ⅱ制动系统的组成包括制动信号输入、电源和液压控制部分，取消了传统的真空助力器。正常制动时，主缸产生的液压力换成液压信号，而不是直接作用在轮缸上，可通过调整作用于轮缸制动执行器上的液压源液压，获得实际控制压力。THS-Ⅱ制动系统组成如图 6-9 所示。

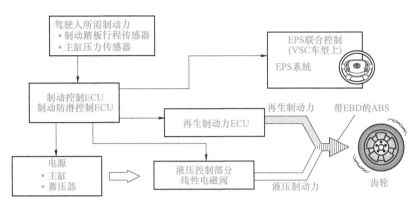

图 6-9 THS-Ⅱ制动系统组成

混合动力汽车制动系统的工作原理为：电源开关（电源信号）打开后，蓄电池向控制器供电，控制器开始工作，此时电动机械制动信号灯显示系统应正常工作。驾驶人进行制动操作时，首先由电子制动踏板行程传感器探知驾驶人的制动意图（踏板速度和行程），把这一信息传给 ECU。ECU 汇集轮速传感器、制动踏板行程传感器等各路信号。根据车辆行驶状态计算出每个车轮的最大制动力，再发出指令给执行器（电动机），让其执行各车轮的制动。电动机械制动器能快速而精确地提供车轮所需制动力，从而保证最佳的整车负加速度和车辆制动效果。

3. 制动能量回收系统

制动能量回收是电动汽车与混合动力汽车的重要技术之一，也是它们的重要特点。在普通内燃机汽车上，当车辆减速、制动时，车辆的运动能量通过制动系统而转变为热能，并向大气中释放。而在电动汽车与混合动力汽车上，这种被浪费掉的运动能量已可通过制动能量回收技术转变为电能并储存于蓄电池中，并进一步转化为驱动能量。例如，当车辆起步或加速，需要增大驱动力时，电动机驱动力成为发动机的辅助动力，使电能得到了有效应用。

制动能量回收系统包括与车型相适配的发电机、蓄电池以及可以监视电池电量的智能电池管理系统。制动能量回收系统回收车辆在制动或惯性滑行中释放出的多余能量，并通过发电机将其转化为电能，再储存在蓄电池中，用于之后的加速行驶。这个蓄电池还可为车内耗电设备供电，降低对发动机的依赖，并降低燃油消耗及二氧化碳排放。

练习题

一、填空题

1. 新能源汽车包括四大类型，即（ ）、（ ）、（ ）和（ ）。

2. 根据驱动系统的组成及布置形式，纯电动汽车分为（ ）、（ ）、（ ）及（ ）四大类。

3. 混合动力汽车传动系统根据动力系统结构形式分为（ ）、（ ）、（ ）和（ ）四大类。

二、简答题

1. 新能源汽车底盘的主要功能有哪些？

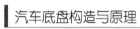

2. 分析比较新能源汽车和传统汽车驱动及制动过程。

3. 简述制动能量回收系统作用原理及过程。

4. 请在网上查找我国新能源汽车企业有哪些？列举其中一款车型的底盘结构。

参 考 文 献

[1] 陈家瑞．汽车构造：下册［M］.3 版．北京：机械工业出版社，2009.

[2] 沈沉．汽车构造：底盘部分　微课版［M］.北京：人民邮电出版社，2016.

[3] 陈新亚．汽车为什么会跑：图解汽车构造与原理［M］.3 版．北京：机械工业出版社，2016.

[4] 刘仁鑫，蔡兴旺．汽车构造与原理［M］.4 版．北京：机械工业出版社，2018.

[5] 徐立友．汽车构造：下册［M］.长沙：中南大学出版社，2016.

[6] 臧杰．汽车构造：下册［M］.3 版．北京：机械工业出版社，2017.

[7] 王旭斌，王顺利．新能源汽车底盘构造与检修［M］.2 版．北京：高等教育出版社，2019.

[8] 张立新．汽车底盘电控系统检修［M］.北京：人民交通出版社，2012.

[9] 周林福．汽车底盘构造与维修［M］.3 版．北京：人民交通出版社，2014.

[10] 胡胜．汽车底盘构造与维修［M］.北京：机械工业出版社，2018.

[11] 尤扬，张士涛，薛雯．汽车底盘电控技术［M］.2 版．北京：清华大学出版社，2021.

[12] 赵英勋．汽车检测与诊断技术［M］.北京：机械工业出版社，2020.